ヘーゲル『法(権利)の哲学』

形成と展開

●

滝口清栄

御茶の水書房

ヘーゲル『法(権利)の哲学』目次

目次

凡例

序説 3

第一部 ヘーゲル法哲学の形成――イェーナ期

第一章 近代をめぐる逡巡と古典的ポリース論 23
――『自然法論文』から『人倫の体系』へ

第二章 人倫構想の変転 45
――フィヒテの「強制」概念を軸として

第三章 近代の二元性と〈知にもとづく共同体〉 71
――『体系構想Ⅲ』の新たな構想

第四章 意志論と原法哲学の成立 87
――ルソーの批判的継承

第二部　法哲学形成史の中の『精神現象学』

第五章　『精神現象学』の社会哲学的モチーフ　111
——「人倫的実体の生成」と「道徳性の生成」

第六章　近代的人倫の知としての良心　135
——フィヒテを視野におさめて

第七章　「疎外」と近代的啓蒙　153
——伝統的公私関係の解体、新たな着手点

第三部　ヘーゲル法哲学の確立と展開

第八章　憲法闘争と『法(権利)の哲学』の成立　173
——ハイデルベルクからベルリンへ

第九章　『法(権利)の哲学』の基本線　197
——精神の教養形成と制度の体系

第一〇章　ヘーゲル国家論とホトー、グリースハイム講義筆記録　213
——現代史の総括、そして歴史的生成の視点

第一一章　ヘーゲル最晩年の法哲学――231
――『イギリス選挙法改正論文』をめぐって

補　論　ヘーゲル法哲学の研究状況――249
――イルティング・テーゼをめぐって

注　268
あとがき　313
索引
欧文目次

凡　例

ヘーゲルの文献について、以下の略号を用いた。

引用は次の略号と、巻数、頁数で表わす。邦訳がある場合はそのあとに漢数字を付した（訳文はそのままではない）。

GW: *G. W. F. Hegel Gesammelte Werke*, in Verbindung mit der Deutschen Forschungsgemeinschaft, hrsg. von der Reinisch-Westfälischen Akademie der Wissenschaften, Hamburg, 1968ff.

HW: *G. W. F. Hegel Werke in zwanzig Bänden*, hrsg. von E. Moldenhauer und K. M. Michel, Frankfurt a. M., 1969ff.

Br: *Briefe von und an Hegel*, Bd. 1-3, hrsg. von J. Hoffmeister, Hamburg, 1969. Bd. 4/1, 4/2, hrsg. von F. Nicolin, Hamburg, 1977, 1981. Br のあとに巻数、頁数をおく。

PR: *Grundlinien der Philosophie des Rechts*,『法(権利)の哲学』（*Hegel Werke in zwanzig Bänden*, Bd. 7, Frankfurt a. Main.）は、節番号で表す（A. は注解を指す）。ただし、節が長い場合は原頁数を付す。邦訳は藤野渉・赤澤正敏訳（世界の名著、中央公論社）、上妻精・山口忠彰・佐藤康邦訳（岩波版ヘーゲル全集所収、上・下巻、二〇〇〇年、二〇〇一年）を参照した。

I　一八一七・一八年法哲学講義（バンネンマン）*G. W. F. Hegel, Vorlesungen über Naturrecht und Staatswissenschft. Heidelberg 1817/18.* hrsg. von C. Becker .... Mit e. Einl. von O. Pöggeler, Hamburg, 1983. 高柳良治・神山伸弘・滝口清栄他訳『自然法と国家学講義——一八一七・一八年ハイデルベルク大学』法政大学出版局、近刊（なお、すでに邦訳として尼寺義弘訳『自然法および国家学に関する講義』晃洋書房、二〇〇二年、がある）。この講義録については『法(権利)の哲学』と同様に表示する。

Ⅱ　一八／一九年法哲学講義筆記録（ホーマイヤー）『自然法および国家法――『法の哲学』第二回講義録』尼寺義弘訳、晃洋書房、二〇〇三年。

Ⅲ　一九／二〇年法哲学講義筆記録（筆記者不詳）G. W. F. Hegel, *Philosophie des Rechts. Die Vorlesung von 1819/20*. hrsg. von D. Henrich, Frankfurt am Main, 1983. D・ヘンリッヒ編『ヘーゲル法哲学講義　一八一九／二〇』中村浩爾他訳、法律文化社、二〇〇二年。

Ⅴ　二二／二三年法哲学講義筆記録（ホトー）

Ⅵ　二四／二五年法哲学講義筆記録（グリースハイム）『ヘーゲル法哲学講義』長谷川宏訳、作品社、二〇〇〇年。

＊Ⅱ、Ⅴ、Ⅵについては、*G. W. F. Hegel:Vorlesungen über Rechtsphilosophie 1818-1831*, Ed. v. K.- H. Ilting, Stuttgart-Bad Cannstatt, 1973-74. Bd. 1がⅡに、Bd. 3がⅤに、Bd. 4がⅥに所収。

Ilt: *G. W. F. Hegel, Die Philosophie des Rechts. Die Mitschriften Wannenmann (Heidelberg 1817/18)* ... hrsg. von K.- H. Ilting, Stuttgart, 1983.

PG: *Die Philosophie der Geschichte, Vorlesungsmitschrift Heimann (Winter 1830/31)*/G. W. F. Hegel; hrsg. von Klaus Vieweg, Wilhelm Fink Verlag, München, 2005. ハイマンの筆記録は一八三一年三月二五日で終わっている。本書は、その後にカール・ヘーゲル（一八三一年三月二八日から四月一日）とアーカスダイク（同前）の筆記録を付している。ただし、アーカスダイクの筆記録は、要約的な形になっている。本書で引用する範囲では内容上両者に相違はない。ズーアカンプ版は一八四〇年のカール・ヘーゲル版に拠っている。ヘーゲル『歴史哲学講義』（下）長谷川宏訳、岩波文庫、一九九四年。

主な引用文献、原典所収巻数

『キリスト教の実定性』続稿（『ヘーゲル初期神学論集Ⅰ』久野昭・水野建雄訳、以文社、一九七三年、所収）HW., Bd. 1 所収。

『キリスト教の精神とその運命』（『ヘーゲル初期神学論集Ⅱ』中埜肇訳、以文社、一九七四年、所収）HW., Bd. 1 所収。

『ドイツ国制論』（『ドイツ憲法論』金子武蔵訳、『ヘーゲル政治論文集（上）』、岩波文庫、一九七四年、所収）GW., Bd. 5 所収。

『自然法論文』（『自然法の学的取り扱いについて、実践哲学におけるその位置と、実証法学に対するその関係』、松富弘志・国分幸・高橋洋児訳『近代自然法批判』、世界書院、一九九五年）GW., Bd. 4 所収。邦訳に原頁がついているので邦訳頁数は省略。

『人倫の体系』（上妻精訳、以文社、一九九六年）GW., Bd. 5 所収。

『イェーナ体系構想Ⅰ』「精神哲学」草稿、GW., Bd. 6 所収。

『イェーナ体系構想Ⅲ』「精神哲学」草稿、GW., Bd. 8 所収。

＊いずれも、加藤尚武監訳『イェーナ体系構想』（法政大学出版局、一九九九年）に所収。邦訳に原頁がついているので邦訳頁数は省略。

『精神現象学』（金子武蔵訳『精神の現象学』上下、岩波書店、一九七一、七九年）GW., Bd. 9 所収。

『領邦議会論文』（『一八一五年および一八一六年におけるヴュルテンベルク王国地方民会の討論、一八一五年—一八一六年の議事録、三三節』上妻精訳、ヘーゲル『政治論文集』下、岩波書店、一九七四年）GW., Bd. 15 所収。

『法（権利）の哲学』HW., Bd. 7 所収。

『イギリス選挙法改正論文』（『イギリス選挙法改正法案について』上妻精訳、『ヘーゲル政治論文集』（下）所収、岩波書店）GW., Bd. 16 所収。

ヘーゲルの著作・草稿の執筆時期は、おもにHeinz Kimmerle, Zur Chronologie von Jenaer Schriften, in: *Hegel Studien*, Bd. 4, Bonn, 1967, S. 125-176による

引用、本文を問わず、（　）内は筆者の補足であり、〈　〉は、筆者による強調、ないしは意味のまとまりを示す。

ヘーゲル『法(権利)の哲学』——形成と展開

序説

一　ヘーゲル『法(権利)の哲学』の思想像――再検討と可能性

ヘーゲルの『法(権利)の哲学』(一八二〇年)は、出版以来さまざまな批判と評価を生みだしてきた。後世に大きな思想的影響を与えながら、これほど毀誉褒貶にさらされた書物もめずらしいであろう。そこではプロイセンの国家哲学者というR・ハイム以来の先入観が多かれ少なかれ、この書の読解に影を落としてきたが、この呪縛も過去のものとなった。その上今日では法哲学関係の講義筆記録がほぼ出そろうなど、『法(権利)の哲学』のこれまでの読解を正面から問い直す環境が整うにいたった。『法(権利)の哲学』は人間の実践的領域全体に関わる包括的な理論という性格をもっている。それだけに今日的な問題関心から読み解く試みもなされている。しかし、ヘーゲル法哲学を読み解く枠組みという点では、そのようななかになお旧い枠組みが残り続けている。

かつてJ・ハーバーマスは「労働と相互行為」(一九六七年)で、『イェーナ体系構想Ⅰ』(一八〇三/〇四年)の「精神哲学」に、モノローグ的な意識哲学とちがった相互承認を基軸とした立論を見てとり、ヘーゲル社会哲学の別の可能性をクローズアップしてみせた。しかし、この相互承認論は、『イェーナ体系構想Ⅲ』(一八〇五/〇六年)の「精神哲学」で、主体間の相互承認を通じていくつかの水準にわたる承認のありようと制度が成立する理路を論じながら、結局のところモノローグ的な〈精神〉の自己展開の一要素になり下がる。普遍意志があらかじめ個別意志に対して前提されているために、相互承認論が体系的な機能を果たせなくなったと、ハーバーマスは言う。この見方は、承認論の現代的な展開を意図するL・ジープやA・ホーネットも共有している。

この見方の線上で、〈精神〉の自己展開という構成に由来する難点があげられる。ヘーゲルは市民社会論で個人の自由と権利という問題を見据えて、社会的公正や公共圏の問題を取りあげ、さらに市民社会の内在的な目的として政治的国家を立てる。ところが結局のところ、ヘーゲルは市民的自由と権利、あるいは市民的政治能力に限界を設けて、市民社会を国家へと回収し、国家を個人に対する不動の実体的意志に仕立て上げる。さらにヘーゲルの描きだす「立憲君主制」は「君主権」という「復古的」要素を残しており、時代に順応した所産にほかならない。このような理解の枠組みはなお残存している。あるいは、市民社会と国家の関係という点では、市民社会論の問題領域が積極的にクローズアップされるときには、国家論は、そこで設定されたテーマをあいまいにする障害と目される。かつてこれと別のコンテクストでは、市民社会の内在的矛盾を鋭く指摘するヘーゲルがクローズアップされる反面で、この矛盾を止揚する理性国家の理念に焦点があてられた。そこで評価に値するのは、主体的自由と客観的自由の統一という国家の理念であり、ヘーゲルの描く国家像はたんなる外皮と見られたにすぎない。

確かにハイム的な思想像は過去のものになりはした。しかし個別意志に対する実体的意志の優位という観点、ならびにそこで描かれる国家像を、ヘーゲル法哲学の難点と見る理解は、現代的な読解のなかでも広く残存している。この枠組みは、ヘーゲル本来のモチーフを看過して、ヘーゲル法哲学の読解の幅を狭め、ひいては現代との実りある対話を妨げている。市民社会と政治的国家という区分は概念史的に理解できよう。しかし、そもそもこの区分はヘーゲルのどのようなモチーフに根ざすものなのか。実は、今見たような読解の枠組みには、この二極性そのものに込めたヘーゲルのモチーフは何かという問いが欠落している。本書は、この原モチーフに立ち返って二極性の意味を問い返し、ヘーゲル法哲学の思想像を描き直し、新たな読解の可能性を引き出すことをねらいとしている。

ヘーゲル哲学は近代の二元的分裂、あるいは二元論の止揚をめざしたと言われる。しかし、社会哲学的な視点からは、近代の二元的分裂は否定的なものではなく、むしろ積極的な歴史的成果なのである。『イェーナ体系構想Ⅲ』（一八〇五／〇六年）の「精神哲学」は、近代では普遍と個別がまったく別個のものとして立ち現れることによって、新たな可能性をもつ知の空間が開かれたと言う。ヘーゲルはこうして普遍意志と個別意志を二つの極とする意志論の枠組みで知の舞台を構成する。法（正義）と権利、政治的国家と市民社会はこの二極性を下地としている。ここに込めたヘーゲルの原モチーフというべきものを読み取る必要がある。本書は、この二極性に、公と私を新たなかたちで構築し関係づけるというモチーフを見いだして、ヘーゲル法哲学の基本線を明確にすることをめざしている。この基本線を明確にすることを通して、先にあげておいた読解の枠組みがヘーゲル法哲学の全体像の理解としては不十分であることが、明らかになるであろう。

また、『法(権利)の哲学』を読み解く上で、とかくテキストだけから理解するという傾向が長らく見られた。このことも『法(権利)の哲学』の読解の幅を狭めてきたことは否めない。ヘーゲルの法哲学的思索が『法(権利)の哲学』に表現されているとしても、テキストを読み解くためには、思想形成過程を詳らかにしておく必要がある。また同時代の経験や、思想的影響関係も視野に入れておく必要がある。近年、法哲学をめぐる講義筆記録もほぼ刊行されるにいたっている。また、イェーナ期（一八〇一―〇七年）の草稿類がアカデミー版全集として刊行され、ヘーゲル哲学の形成過程についても多くの研究が現れるようになった。『法(権利)の哲学』というテキストだけからではなく、以上のような背景をおいて、これまでの読解を問い直す環境も生まれている。本書は、これらをできるかぎり視野に入れて、新たな読解の可能性を引き出すことをめざしている。

二　研究史

『法(権利)の哲学』(一八二〇年)は、ヘーゲルの存命中すでに保守派からリベラル派にいたるまでさまざまな反応を生みだした。ある論者は『法(権利)の哲学』を当時のプロイセンの保守的傾向に迎合するものとみ(ルドルフ・ハイム)、別の論者はヘーゲルの「立憲君主制」が合理主義的性格をもち、むしろ「革命」を招来しかねないものとみる(シューバルト)。このように読解の幅が大きいという点に『法(権利)の哲学』の特質がある(一九世紀における反響の主なものを「『法(権利)の哲学』の反響――一九世紀を中心に――」(加藤尚武・滝口清栄編『ヘーゲルの国家論』理想社、二〇〇六年、所収)としてまとめておいた)。とくにヘーゲル国家論については、プロイセンの国家哲学者というハイムの評価、二〇世紀に入っては、ヘーゲル法哲学をプラトン以来の全体主義の正統な嫡子として描きだすカール・ポッパーの評価などが、ヘーゲル法哲学の読解に影響を及ぼしてきた。ヘーゲル法哲学をプロイセントゥームの呪縛から解き放ち、旧来の読解から救い出そうとする動きは、T・M・ノックス『ヘーゲルとプロイセン主義』(一九四〇年)やH・マルクーゼ『理性と革命』(一九四一年)に見られた。この動きは、第二次世界大戦後に加速する。J・リッター『ヘーゲルとフランス革命』(一九五七年)、M・リーデル『ヘーゲル法哲学研究』(一九六九年)、S・アヴィネリ『ヘーゲルの近代国家論』(一九七二年)などをその代表的な研究としてあげることができよう。リーデルは、概念史的な検討を踏まえて、近代社会における政治的解放の問題を、市民社会の問題に立ち返って捉えなおし、これら二つの領域を包括する理論をめざすという思想像を示し、アヴィネリは、ヘーゲルの国家像が近代社会の肯定的意義を認めた上で、個と全体が直接向き合うのではなく、諸階層、コルポラツィオーン、議会、その他の諸団体が共同し規制しあう多元主義的性格をもつことを浮かび上がらせた。このようななかで、ヘーゲル法哲学の豊かな内容を、同時代の理解を含む、広い思想史的視野のなかで読み解くという姿勢が共有されるようになっている。本書もこのような姿勢をとりつつ、読解の新たな視点を立てて（「三、本論文の視角と構成」）、ヘーゲル法哲学の思想像を描きだすことをめざす。

さらにイルティングは、一八二二／二三年法哲学講義筆記録（ホトー）、一八二四／二五年法哲学講義筆記録（グリースハイム）を公刊して（一九七三、七四年）、『法（権利）の哲学』と「補遺」の関係という問題を浮かび上がらせた。補遺は、E・ガンスがベルリン版ヘーゲル全集の『法（権利）の哲学』（一八三三年）に、今あげた講義筆記録から採録して付したものであるが、一八三九年に保守派の論客K・E・シューバルトは、とくに二八〇節の補遺（ホトー筆記録から採録）、つまり完成した国家組織では君主は最後のピリオドを打ちさえすればよいという論点を見とがめて、ヘーゲルの立憲主義は「君主主義的な見かけをもつ共和制」であると批判していた。「君主権」はテキストの出版当初から、ヘーゲルの国家像をめぐる争点のひとつであり、そこにはテキストと補遺の差異という問題がすでに立ち現れていた。二〇世紀になって、F・ローゼンツヴァイク（『ヘーゲルと国家』一九二〇年）は、「全体の絶対的に決定を下す契機」（二七九節本文）と先の論点との差異を「深い思想的矛盾」とした。君主権をどうとらえるか。これは、ヘーゲル法哲学を読み解く上で、長らくつまずきの石であった。それに対して、イルティングは、『法（権利）の哲学』刊行当時の政治状況を背景において、それを「政治的な立場転換」の産物としてとらえ、本来の思想をテキストのなかにではなく、講義のなかに見た。こうしてテキストと補遺の「矛盾」を失効させて、ヘーゲル法哲学のリベラルな解釈を提示したのであった。イルティングは、さらに一八一七／一八年講義筆記録（ヴァンネンマン）を公刊して、「立憲君主制」について、この講義と、同時代フランスの立憲主義とのつながりも指摘して、ヘーゲル法哲学のリベラルな解釈を補強した。ここに同時代の立憲主義をめぐる思想的影響関係という問題も浮かび上がった。

このように、ヘーゲル法哲学の本来の思想を講義に見るというイルティング説に対して、さまざまな反応があった。その主なものについて「補論」で、ルーカス、ラマイル、ホルストマン、ヘンリッヒ、ジープなどの見解を取り上げておいた。そこでは、カールスバート決議（一八一九年九月二〇日発効）に示される政治状況を前にして、ヘーゲルが原‐原稿に手を入れて書き換えをおこなったという主張は妥当性をもたない（ルーカス／ラマイル）、「政治的な立場転換」の意味がどのレベルのものか明確になっていない（ホルストマン）、講義筆記録を視野に入れても、最終的意志決定の契機としての「君主権」の優位に変化はなく、ヘーゲル法哲学の「リベラル」性には限界がある（ジープ）など、イルティング説に批判的な見解が現れた。そもそもテキストと講義には本質的な差異があるのか（ホルストマン）ということも論点となった。このような批判的見解にもかかわらず、イルティングが指摘したプロイセンの当時の政治的状況が『法（権利）の哲学』執筆に与えた影響という問題、また一八一七／一八年法哲学講義に見られる同時代のフランス立憲主義との関連という問題は、イルティングの提起した重要な問題であり続けるであろう。イルティングがテキストと講義との差異という問題を提起したのは、旧来のヘーゲル法哲学の読解に対して、それを突き崩してより積極的な読解を提示するというねらいをもっていた。本書も、このスタンスを踏まえて、読解の新たな可能性を探るであろう。

ところで、ヘーゲルはイェーナ期（一八〇一―〇七年）に本格的に人倫の思索を開始して、その跡をいくつかの論文、草稿に残している。この時期の思索は、通常、古典的実践哲学に依拠して、近世自然法ならびに主体性の原理に批判的な前期と、近世自然法の立論を批判的に受けとめて、古典的実践哲学を放棄する後期に分けられる。この時期の思索をめぐる研究のなかで、プラトンやアリストテレスの実践哲学との関係、あるいはホッブズやフィヒテとの関係、市民社会的領域と国家をめぐる関係など、すでにいくつかの問題が取り上げられている（本書第一部各章の注で、各章の内容と関連するかぎりで言及しておいた）。後期のヘーゲル法哲学との関係では、肯定的には、ヘーゲルが伝統的な意味での「市民社会」概念を脱色して、近代的意味での市民社会と国家の関係づけという問題に着手したという指摘がある反面（M・リーデル）、否定的には、フィヒテにルーツをもつ「相互承認」が立論の機軸となりながら、結局のところ普遍意志と個別意志の「非対称性」という構成のなかでこの立論が消えて行くという指摘もある（L・ジープ）。

このイェーナ期をめぐり留意すべき点がある。ヘーゲルの思索の跡を示す『自然法論文』、『人倫の体系』、『イェーナ体系構想Ⅰ』、『イェーナ体系構想Ⅲ』、これらはイェーナ期という短い期間内に書き留められて、しかもそれぞれ立論を異にしている。それぞれのテキストに思想史的な視点からさまざまな影響関係を指摘することができよう。しかし、この期間全体を通じてヘーゲルの一貫したモチーフを見いだせるかどうか、そのことによってイェーナ期ヘーゲルの法哲学的思索の形成を明確に描きだせるかどうか。また後期の法哲学的思索とのつながりを念頭において、どのような積極的な到達点を見いだすことができるか。先にあげたリーデルやジープの指摘も踏まえた上で、新たな読みの可能性を確認しておくことが必要であろう。本論文は、この点を念頭において、イェーナ期ヘーゲルの思索を検討する。

なお、ヘーゲル法哲学形成史の面で、『精神現象学』（一八〇七年）が取り上げられることはほとんどない。本論文はイェーナ期の成果を確かめて、『精神現象学』の社会哲学的問題を取り上げる。後期ヘーゲルの法哲学的思索とイェーナ期の関係を問う上で、『精神現象学』を検討する必要がある。

三　本論文の視角と構成

ヘーゲル法哲学のこれまでの読解の枠組み、そしてこれまでの研究状況について概略的な確認をしてみた。さて、ヘーゲル法哲学の読解の可能性を探る上で、どのような視点を立てることができるだろうか。

（一）本書の視角――公と私の脱構築

ヘーゲル法哲学の解釈をめぐり、国家論がそれを左右している事情をすでに見ておいた。しかも「国家」概念ならびに「市民社会」概念には、近現代史のなかですでにさまざまな負のイメージが付着している。ヘーゲル法哲学を読み解くにあたっては、これまで付着してきたイメージから距離をとることが重要であろう。『法（権利）の哲学』に「愛国心」（二六八節）が登場している。そもそもこの言葉すら、当時のコンテクストではフランス革命に由来し、共和主義的な「祖国」を連想させる言葉であったという。個別意志と普遍意志、市民社会と国家という立論は、思想史的視点あるいは概念史的視点から理解を進めていくことができるであろう。しかし、新たな共同社会をめぐるヘーゲル自身の原モチーフというべきものに立ち返って見るならば、この立論の意図ならびに『法（権利）の哲学』の思想空間をはっきりととらえることができるであろう。

ヘーゲルは『ドイツ国制論』（一七九九年―一八〇二年）のなかで「ドイツはもう国家ではない」（GW5. 161, 四九）と嘆き、ベルリン期の法哲学講義（一八二四／二五年）では「国家の理念というとき、特殊な国家や特殊な制度を念頭においてはならない」（VL. 633, 五〇〇）と言う。ドイツの現状は、旧社会の腐敗が露わになり、「国家」と言える状態にほど遠く、時代の課題は改革にあった。近代的意味での「国家」は新たに形成されるべきものであり、ヘーゲルはその基本的構図を探ろうとする。また、『法(権利)の哲学』の「国家」は、歴史が用意した良質の素材を使って、現代史のなかの国家をめぐる批判的総括の上で、公的な圏と私的な圏を人倫的共同体においてさまざまな工夫を凝らして構成しようとしている。この基本的構図を理解するためには、できあいの先入観を斥けて、原モチーフというべきものに立ち返る必要がある。それは、とくにヘーゲルが著した時事論文のうちに見出せるであろう。時事論文を支えるモチーフとヘーゲルの法哲学的思索を切り離すとすれば、時事論文、法哲学的思索それぞれを貶めることになろう。

二つの時事論文に目を向けてみる。『ドイツ国制論』は、ドイツには国法学がない、公法と言われているものは私法にすぎない、国家を形づくる権力の乱雑さかげんは「私人の所有権の場合とまったく同じ」(GW5. 60, 五七)と嘆きの声をあげる。そうして中心的問題を「国家に本来帰属すべき事柄」と「市民生活に帰属すべき事柄」(GW5. 178, 七九)を明確に区別する点に見る。あるいは『領邦議会論文』(『ハイデルベルク文芸年報』に一八一七年一二月と一八年初頭に発表)は、これまで君侯と領邦議会(地方議会)はドイツ帝国(神聖ローマ帝国)と言う第三者のもとで、「私法的な権利所有者の仕方」(GW15. 60, 六〇)で関係してきた、しかし、私法の支配に対して「公法の支配」(GW15. 42, 三〇)への移行が時代の趨勢になっていると注意をうながす。領邦議会は「私法的な権利所有者の仕方」で特権をもち、課税徴収権を含む「収税金庫」を管理している。そこでは公費の乱費、公的なものの「私的強奪」(GW15. 57, 五五)が横行し、しかも町書記や区書記が公的領域の文書作成もおこない、その支払いを私的に手にしている。ヘーゲルはこれを「ブルジョワ貴族政治」(GW15. 108, 一四八)と呼び、これから解放されることなくして「法、自由そして憲法について真の概念が定着することは不可能」と言う。公的なものの私的簒奪、私的特権の存在と真に公的な空間の不在に、ヘーゲルの視線が向いている。この事態を新たに立て直すという課題は、法哲学的思索と無縁ではない。

初めての法哲学講義、つまりハイデルベルク大学での法哲学講義（一八一七／一八年）は、「われわれの時代には、国家が理性的な現存在となる歩みが生じている。この歩みは千年来生じることがなかった。理性の権利が私権に対して真価を発揮したのである」（I. § 125A）と、また、ベルリンでの二回目の講義（一八一九／二〇年）は、「近年のすべての闘争は、政治的生活を封建的諸関係から純化することにある」（III. 238, 一七九）と言う。時事論文の視線は法哲学講義の視線に通じている。本論文は、公的なものと私的なものを立て直し、新たに区別し関係づけるというスタンスに、法哲学的思索の原モチーフを見て取り、このスタンスからヘーゲル法哲学の基本線を明らかにするであろう。

さて、個別意志と普遍意志、権利と法、市民社会と政治的国家、これらの概念がヘーゲル法哲学の骨格を形づくる点にとくに異論はないであろう。イェーナ期の法哲学的思索の到達点を示す『イェーナ体系構想Ⅲ』は、近代を「いっそう高次の分裂」（GW8. 262）ととらえて、近代の二元性に積極的な評価を下している。ヘーゲルの原法哲学と言えるものは、この地点に姿を現している。先の基本的な諸概念は、この近代の二元性を積極的に評価できる思想的境位と不可分の関係にある。これらの概念は新たな公と私を打ち立てる上で不可欠のものであった。そうしてヘーゲルは歴史的成果を見定めて、自己意識の知のはたらきを機軸として、また理性的なものを具体化するもろもろの制度を通して、公的空間と私的空間を構成しようとする。公と私の脱構築ともいうべき視角からヘーゲル法哲学を読み解くときに、その真価が明らかになるであろう。なお、本書は Recht の権利と法の二つの局面をふまえて、Philosophie des Rechts の訳語として『法（権利）の哲学』を用いる。

（二）本書の構成

本書は、ヘーゲル法哲学の基本性格を明らかにすることをめざして、第一部でイェーナ期（一八〇一年―一八〇七年）、第二部で『精神現象学』、第三部でハイデルベルク期（一八一六—一八年）、ベルリン期（一八一八—三一年）の法哲学講義、『法（権利）の哲学』、「イギリス選挙法改正論文」（一八三一年）などを扱う。本書の全体を理解しやすくするために、各章の内容を概観しておこう。

（1）第一部について

第一部は、ヘーゲルが本格的に人倫の思索を開始したイェーナ期を取り上げる。この短い期間に、ヘーゲルはそれほどの間を置かずにいくつかの草稿、論文を著している。しかも、それらは人倫の構想という点でつねに変化している。この変化の意味を明らかにし、その到達点を確認することが重要になる。第一部は、そのような思索に四つの面からアプローチしてみる。

『自然法論文』（一八〇二年、一八〇二年一一月以前脱稿）はヘーゲルが本格的に人倫の思索を開始したことを告げている。それは近代の「占有の体系」を視野に収めて、古典的ポリース論を準拠枠としている。『人倫の体系』（一八〇二年冬—〇三年春）は『自然法論文』執筆後まもなく書かれていながら、近代の主観性の原理ないし近世自然法に否定的であるという共通点をもつものの、人倫とその非有機的自然である〈欲求と法の領域〉の関係についてきわめて大きな変化を示している。『自然法論文』が人倫とその非有機的自然（「占有の体系」、「政治経済学の体系」）との関係を純粋に否定的なものとして描き出す（「人倫における悲劇の上演」）のに対して、『人倫の体系』は「欲求の体系」を、普遍性を生みだす運動としてその自己統治力を認め、外からの介入を可能なかぎり控えるというスタンスを打ち出している。「欲求の体系」の積極的な意義を踏まえることによって、この構想は、この体系を一身分の領域とする古典的ポリース論から脱却する下地を用意している。第一章はこれらの事情を明らかにする。また、これら二つの文献に、公的な領域と私的な領域に明確な一線を引いて、公の領域を確立するというねらいを指摘しておいた。

イェーナ期のめまぐるしい人倫構想の変転のなかに、どのような一貫した問題意識を読み取ることができるか。その上で、イェーナ期の法哲学的思索の到達点をどのようにとらえることができるか。第一章はこれらの問題を扱う。ヘーゲルは『差異論文』でフィヒテ的〈相互制限としての自由〉を、自由な共同体を不可能にするものとして厳しく批判した。第二章は、この自由観の批判的克服という課題意識を『自然法論文』、『人倫の体系』、『イェーナ体系構想Ⅰ』（一八〇三／〇四年）の底流に見いだして、その諸相を検討する。『イェーナ体系構想Ⅰ』「精神哲学」の相互承認論は、フィヒテ的〈相互制限としての自由〉を克服するというモチーフに根ざしている。それだけでなく、〈相互的承認〉そのものが止揚されざるをえない理路を示すというねらいももっている。フィヒテ自由論の批判的克服というモチーフは、むしろフィヒテ的な問題設定を批判的に受容する『イェーナ体系構想Ⅲ』（一八〇五／〇六年）に決着をみる。この事情は、フィヒテの「強制」概念に対する対応にはっきりと現れる。『自然法論文』は「強制」概念を厳しく批判し、「抑制作用（Bezwingen）」を対置していた。「抑制作用」はそれ以降、術語としては消え去り、「強制」概念が『イェーナ体系構想Ⅲ』にいたって個別意志と普遍意志を媒介する重要概念として受容される。ここに意志論にもとづく共同体構想が語りだされる。

『イェーナ体系構想Ⅲ』「精神哲学」は、ヘーゲル法哲学にとって原法哲学というべき位置を占めている。第三章は、その基本的な枠組を明らかにする。それは、個別と普遍、それぞれが独自の領域を形づくるようになった点に近代の特徴を見る。『自然法論文』、『人倫の体系』、『イェーナ体系構想Ⅰ』は、人倫によるその非有機的自然の「有機化」というスタンスを採りつづけ、そこでは主観性の契機が普遍を離れて独自の意義をもつことはなかった。ヘーゲルは今や近代の二元性を肯定的に受けとめて、個別と普遍を知の舞台に乗せる構想を立てる。それはフィヒテの思想圏で中心概念であった権利と法を中心概念とする。二元性は個別意志である権利と普遍意志である法として、労働や交換という実在的な行為を支えとして、権利が生きる市民社会的な領域と、法という公的 - 普遍的レベルでの政治的国家の領域として、具体像を結んでいく。この構想は、知るはたらきを本性とする自己意識を中軸として、知が主体と制度に浸透する〈知にもとづく共同体〉となるであろう。

さて、以上の構想の中軸には意志論がある。『法(権利)の哲学』(一八二〇年)はこの意志論にもとづいて叙述される。意志論の源流はどこにあるのか。またそのモチーフはどのような点にあるのか。ヘーゲルのルソー批評は、ルソーが意志論を国家の原理としたことを正しいと認めながら、ルソーが普遍意志を普遍意志としてとらえていないとする。共同体構想も含めて、ルソーとヘーゲルの差異は大きいように見える。第四章は、自由論を軸にしてルソーとヘーゲルの関係を問い返し、人倫の構想にとっての意志論の意味を明らかにしようとする。共同は自由の拡張という論点、個と共同体の生きた関係の構築という意志論のモチーフがルソーとヘーゲルをつないでいる。『イェーナ体系構想Ⅲ』の意志論による〈知にもとづく共同体〉という構想はこの線上にある。ただし、ルソーの立論の批判的継承には、ヘーゲルの近代の二元性の積極的な評価(第三章)が介在している。

こうして第一部はイェーナ期の到達点を明らかにして、後期ヘーゲル法哲学の原型を描き出すであろう。

(2) 第二部について

これまで『精神現象学』がヘーゲル法哲学の形成史という視点から取り上げられることはあまりなかった。本書は、イェーナ期と後期ヘーゲルの間に横たわる『精神現象学』のなかに法哲学的問題を三点にわたって探った。

第五章は、道徳性と人倫の関係について扱う。『法(権利)の哲学』は「人倫」を「道徳性」より高次のものとして扱うのに対して、『精神現象学』は「精神」章で「道徳性」を「人倫」より高い境地に位置づける。一見するとここには逆の関係があるように見える。立ち入ってみると、この問題についてヘーゲルは「理性」章Bの冒頭で、先々の展開を念頭において「人倫的実体の生成」と「道徳性の生成」について語っている。しかし、この個所の十分な検討はなお見受けられない。本章は、ヘーゲルが「道徳性の生成」を「対自存在に属する面」と「実体自身から出てくる面」に区別している点に注目して、後者がとくに本来の道徳性の意義をもち、それが「人倫的実体とは何かの意識」、「良心」を指していることを明らかにする。このことは、「理性」章Cで登場する「事そのもの」に「良心」が初めて充実を与えることからも確認できる。「道徳性」の完成形態である「良心」に、人倫的共同体の根底をなす知という意義が託される。『精神現象学』の人倫‐道徳性関係はむしろ後期ヘーゲル法哲学の基礎を示していることが浮かび上がるであろう。

第六章は、このような人倫的共同体の根底をなす知という「良心」の位置づけの先行者として、初期フィヒテの良心論に目を向ける。良心とは、普遍的義務と内的確信が内的確信においてぴったり一体化した意識形態である。ヘーゲルは、さらに良心が相互承認の問題を必然的に含まざるをえない所以を浮かび上がらせる。良心が普遍的義務を語る以上、他者による承認が不可欠になるからである。この問題は「良心」論をまって初めて登場する。そうしてヘーゲルは良心論で精神の契機をなす即自‐対自‐対他を全面的に展開し、相互承認が期せずしてそれらを契機とする精神的全体性の成立となる所以を叙述する。ヘーゲルがなぜ良心をもって「人倫的実体とは何かの知」とするかは、以上の検討から明らかになるであろう。

『精神現象学』のいわゆる疎外（Entfremdung）概念は、ヘーゲル左派的な疎外論的な視点から読まれやすい。第七章は、ヘーゲルの Entfremdung 概念がそのような枠組みとは異なる固有の意義をもつことを確認する。そして

Entfremdung概念は何よりもまず伝統的公私関係を解体する場面に生きていること、またこの解体を通して近代的主体を登場させる論理であることを、「精神」章Bに見る。本章ではこの意味を汲んで"der sich entfremdete Geist"に「自己から離反する精神」という訳語をあてた。また「絶対自由と恐怖」は、普遍と個別の直接的な一致がもたらす難点を露呈させて、普遍と個別、ないし全体と個の区別と関係という近代的人倫の新たな着手点を指し示している。

以上の検討から、『精神現象学』が法哲学的思索という点でイェーナ期と後期ヘーゲル法哲学をつなぐものであり、ヘーゲル法哲学の基本性格を理解する上で重要な位置を占めることが理解できるであろう。

(3) 第三部について

第三部は、ハイデルベルク期、ベルリン期を扱う。ハイデルベルク大学法哲学講義は、ヘーゲル法哲学の確立を告げている。その基本的な視点を明らかにし、次いで、『法(権利)の哲学』の基本骨格を描きだしてみよう。そこでは、イェーナ期の成果である意志論と〈知にもとづく共同体〉が基本線となる。さらに『法(権利)の哲学』後の、講義、最晩年の『イギリス選挙法改正論文』を取り上げて、そこに歴史に開かれた思索が基本的なスタンスとなっている事情を明らかにする。

第八章は、ハイデルベルク大学での法哲学講義(一八一七/一八年)にヘーゲル法哲学の確立をみてとる。イルティングはこの講義を公刊して、同時代のフランス立憲主義の影響を指摘し、国家論に議院内閣制を骨子とする体制を読み取った。本章は、この影響をまずふまえる。ただし、同時代フランスに生まれた「立憲君主制」の特質を君主権と執行権の分離に見る。ヘーゲルは公的自由の圏を確立するというモチーフのもとにこの分離を評価し、分離を通して形式化した頂点に、公的自由の圏の結節点という役割を見いだす。このことは市民社会の発展をまって初めて可能になると言う。個別的自由(権利)の自覚と普遍的自由(法)の自覚が表裏の関係としてとらえられている。また本章は、プロイセンにおける立憲化の動きを念頭において、「立憲君主制」概念を用いることが危険視される状況のなかで、ヘーゲルがみずからの構想の基本線を『法(権利)の哲学』に描きこもうとしていることを明らかにするであろう。

第九章は、ヘーゲル法哲学の基本的構図を描きだすことをめざしている。すでに意志論の意義、意志論にもとづく構想については第一部で検討しておいた。ヘーゲルはこの意志論を機軸として〈知にもとづく共同体〉を構想するというスタンスを一貫してとり続ける。『法(権利)の哲学』は、個別意志と普遍意志、権利と法の差異をふまえて、人倫的共同体の構成要素を、段階的にたどり、全体像を描きだす。その各々を、自己意識の知るはたらきが貫いている。陪審裁判、議会の公開、言論・出版の自由などの〈公開性〉はこの視点に由来する。〈公開性〉は市民社会そして政治的国家の基本線となる。このようなヘーゲルの叙述は、知るはたらきを通して理に適ったものを存立に値するものとする。そしてヘーゲルは、とくに公的な圏の構成に、またそれを担う公民の形成に腐心する。この格闘の痕跡を国家論が示している。

第一〇章は、さらに一八二二/二三年法哲学講義筆記録(ホトー)、一八二四/二五年法哲学講義筆記録(グリースハイム)に目を移して、そこに特徴的な論点を取り上げる。ヘーゲルは、ヨーロッパに見られた近年の立憲運動が挫折してきたことを念頭において、国家が「恣意、偶然、誤謬の圏にある」ことをはっきりと認めて、国家の理念と、特殊な制度や国家を区別し、理性的な知の立場に立つ必要を訴える。そこでは、憲法体制を、歴史的生成ないし変化の相でとらえるという視点が表立つ。そしてヘーゲルは立法権の行方に注意を払う。本章から、ベルリン期ヘーゲルが歴史に開かれた思索を基本的なスタンスとしていたことが明らかになろう。なお、君主権に関してはとくに講義とテキストの落差が指摘されてきた。本章は、講義の論点を、君主権と統治権の分離、君主権の形式化というハイデルベルク大学での講義、そして『法(権利)の哲学』の線上にあると見る。

第一一章は、最晩年の『イギリス選挙法改正論文』を扱う。この論文については、晩年をむかえたヘーゲルの思索力の後退を示しているという見方があった。ここでヘーゲルはフランス七月革命に端を発した歴史の新たな動きを前にして、この動きの行方を慎重に検討し、〈存在するものの理解〉を基調にしている。ヘーゲルは、ペトリが明らかにしたようにイギリスのニュース・ソースとして功利主義派の『モーニング・クロニクル』を利用していた。「古い特権」が公的なものを蝕んでいる。このようなイギリス状況の理解は、『ドイツ国制論』や『領邦議会論文』の視点に通じている。公と私の立て直しを必要とするイギリスで、選挙法改正がどのような危機を生みだすか、ヘーゲルは慎重な検討をほどこす。そこには歴史の動きから新たなものを読み取るという開かれたスタンスが生きている。

なお、イルティングはテキストと講義をめぐる問題を提起した。ここからさまざまな議論と問題が浮かび上がった。ヘーゲル法哲学研究にとって、これらを整理しておく必要がある。この議論の主なものを「補論」として整理しておいた。

本書は、ヘーゲルが、公と私の新たな構築という原モチーフを、歴史的成果を吟味して、人倫的共同体として具体的に構想するさまを描き出した。国家論の君主権論もこのコンテクストのなかで初めて意味をもつものであり、『法(権利)の哲学』は、以上の思想的格闘を表現するものであった。またこの思索は歴史的生成のスタンスにもとづいていた。本書を通して、整合的な体系に安住したベルリン期ヘーゲルという既成観念をはっきりと退けることができるであろう。

近年、「公共哲学」が新たな知の動向として表われている。本書を通して、この動向に対して、『法(権利)の哲学』

が「公共哲学」の最も優れた古典であると、言うことができるであろう。

第一部　ヘーゲル法哲学の形成――イェーナ期

第一章　近代をめぐる逡巡と古典的ポリース論

――『自然法論文』から『人倫の体系』へ

はじめに

よく知られているように、青年ヘーゲルにとって、古代ギリシアの自由な共和国のありようは熱い憧憬の的であった。ヘーゲルの人倫をめぐる思索は、この理想がくずれ去ったときに、そして荒々しい相貌をもって現れてきた近代の経済社会を視野に入れたときに始まった。歴史的に見るならば、私的所有にもとづく〈欲求と法の領域〉は、古代共和国を侵食し崩壊に導いたものであり、この視点からすれば、近代国家は「歯車国家」(1)にすぎず、所有関係は共同のきずなを排他的な関係へと解体するものと見られた。イェーナ期以前のヘーゲルは、総じて近代の国家のありように否定的であった。しかし、古典古代がすでに歴史的過去のものであることが意識されるにつれて、視線は近代世界に向けられる。イェーナに移る直前の「ステュアートの経済学の独訳への注解」(一七九九年)(2)もこのような事情によるものであろう。一八〇一―〇二年の「哲学への導入」の講義草稿では「精神の学」が立てられて、そのなかに「欲求と法の領域」(GW5. 264)が取り上げられる。こうして私的所有と労働によって成り立つ「欲求と法の領域」を構成要素とする人倫の思索が始まる。

「欲求と法の領域」は古典的ポリース論では、公共的な政治的領域に対して、私的な欲求とその充足にかかわる領域として、厳格に区別されていた。しかし、近代では、このような区別の上で、この領域を包括的に扱うことのできる理説は見当たらない。J・ロックにしても、A・スミスにしても公共的な政治的領域は、私的なこの領域の活動を保証するものと見ている。独自の威力をそなえて立ち現れているこの領域を、公共的な領域との明確な区別の上でしかるべく扱うことのできる理説は、今なお古典的ポリース論しかなかった。ヘーゲルは、まずこの理説に準拠しながら、人倫を構想することになる。それが『自然法論文』であり、『人倫の体系』であった。

さて、「合一する力が人間生活から消えうせ、対立項がそれらの生き生きとした関係や相互作用を失って自立してしまうとき、哲学が必要になる」(GW5. 14, 一七)。『フィヒテとシェリングの哲学体系の差異』(一八〇一年)でヘーゲルはこう述べて、分裂を固定する悟性に対して、全体性を回復する理性の立場を掲げる。ヘーゲルは同時代の哲学(カント、フィヒテ、ヤコービ)を「主観性の反省哲学」として描き出し、分裂を総合する「同一性と非同一性の同一性」を導きの糸として、次第に独自の体系構築に向かう。

ヘーゲルは、この独自の構想を打ち出そうとする歩みのなかで、後の『エンツュクロペディー』の「客観的精神」の領域、すなわち『法(権利)の哲学』(一八二〇年)の領域を初めて体系的に扱い始める。先の「同一性と非同一性の同一性」は、「人倫(Sittlichkeit)」の場面では「無差別と関係の統一」(GW4. 433)として語られる。「人倫」の枠組みは、プラトンやアリストテレスの古典的ポリース論の枠組みの中で、ポリティカル・エコノミー(ヘーゲルはこれをStaatswirtschaftと訳している)を、その積極的な意味を認めて受容している。『人倫の体系』の「普遍的統治」の「第一体系」である「欲求の体系」は、さまざまな撹乱要因を抱えながら、相応の自己統治力を備えている。しかし、「欲求の体系」は、人倫的共同体の中の「徳」の差異から演繹された身分のもとにある。この点で、人倫の構想は、万人が自由であり、万人が能動的に公共的体制を担い支えるという「人倫」の理念から大きなへだたりがある。

さて、『自然法論文』（一八〇二年秋脱稿、一八〇三年春刊行）は、『人倫の体系』の直前に執筆されたものであり、理論的な枠組みとして『人倫の体系』同様、古典的ポリース論に依拠している。しかし、そこには「欲求の体系」（『自然法論文』は「占有の体系」とよぶ）をめぐり、『人倫の体系』とほぼ正反対の評価がある。「占有の体系」は、私人の利己的な利害関心を人倫的共同体に蔓延させることによって、人倫を崩壊に導くものと見られている。そのため、『自然法論文』はこの体系を断固として制御しようとする。それと反対に、『人倫の体系』は、ヘーゲルが初めてA・スミス的な〈自然的自由の体系〉を視野に収めた作品である。わずか数年のイェーナ期のなかで、人倫的共同体をめぐる構想は二転三転する。その最初の転換がここにある。

本章では、まず『自然法論文』の「占有の体系」評価ならびに「人倫」の構成上の問題点を見定めておこう。そして『人倫の体系』が「欲求の体系」の積極面を視野に入れることによって成立している事情を明らかにする。この「欲求の体系」の積極的評価が、古典的ポリース論と異なる枠組みの追求を促すことになる。それは「人倫」を「万人の共同作品」（GW 6. 315）として示そうとする一八〇三／〇四年の精神哲学草稿のモチーフに通じるであろう。

一　「人倫における悲劇の上演」（『自然法論文』）と人倫論のアポリア

ヘーゲルは『自然法論文』で、人倫の理念とこれまでの「自然法」とを比較して、後者が一面的であり、それを徹底すると自己廃棄にいたらざるをえない事情を明らかにする。従来の自然法とは、ホッブズに代表されるような近世自然法の立場（「自然法の経験的な取り扱い方」）とカント、フィヒテに代表される実践理性の立場（「自然法の形式的な取り扱い方」）である。自然法を経験主義的に扱う前者は、経験的なものと理念的なものを混同して、自然状態というフィクションを立て、そこから離脱するさまざまな理由をあげて、国家状態を導き出そうとするが、この移行には何の必然性もなく、そのため、諸個人と法的状態には外面的な調和があるにすぎない。それに対して、後者は経験的なものと理念的なものの区別を明確にして、統一の理念を示すものの、そこに示される統一は形式的なものにすぎず、経験的な数多性との対立を免れない。形式的理念と経験的な数多性の関係は、理性が感性を制限し支配するという因果関係を脱することができない。これら二つの取り扱い方は、「人倫」の有機的あり方を寸断したものとされる。こうして「人倫」は個人に先立つ肯定的なものとして、あらかじめ前提されていて、これら二つの抽象的な立場を越えるものとして構想された。

ひるがえって、古代ギリシアの古典的ポリースはすでに歴史上の過去のものである。それは、ヘーゲルの見るところでは、個別性原理にもとづく「占有の体系」、そしてそれがもたらした形式的法・形式的平等が拡大・浸透することによって崩壊したのであった。この「占有の体系」の拡大は、普遍的な公務に携わる自由民（第一身分）と生活資料を提供する非自由民（第二身分）の区別を取り払い、「第二の身分だけから成立している状態」（GW4. 457）を生み出してしまった。「自由な人倫」は失われた。形式的法のもとで、私人のせまい利害関心が満ちあふれる反面で、国家は個人にとって外面的な威力と化してしまった。このような理解を背景にして、ヘーゲルは「占有の体系」をきわめて否定的に取り扱う。「物的な欲求とそのための労働および蓄積に関わる普遍的な相互依存の体系」（GW4. 450）は、今やひとつの独自の威力となっている。それはその「本性」からして、不平等をますます拡大する。だからこの不平等を阻止するだけでは不十分であって、否定的な取り扱いが必要不可欠となる。

「この実在性の体系は、まったく否定性のうちにあるので、……肯定的全体性によってまったく否定的に扱われなければならないし、その支配に服し続けなければならない」（ibid.）。

「肯定的全体性」である「人倫」の手綱がゆるむならば、「実在性の体系」はたちどころに独自の構成をもつ独自の威力に成長して、「人倫」を蝕むことになるからである。『自然法論文』のヘーゲルは、絶対的人倫とその構成要素である「占有の体系」のこのような関係を、「絶対的なものが永遠に自己自身と演じる、人倫的なものにおける悲劇の上演」（GW4. 461）と言う。

「人倫的自然が、自分の非有機的自然を、それが自分ともつれあわないように、運命として自分から分離し、自分に対置する。そして闘争におけるこの運命を承認することによって、両者（人倫的自然とその非有機的自然——筆者）の統一としての神的本質と和解する」（GW4. 497）。

この含意を人倫と「占有の体系」の関係にかぎって見るならば、人倫が人倫として成り立つためには、それを担う諸個人の一部をその絶対的領域から切り離し、それを特定の身分として固定する。そしてこの体系をつねに否定的に扱う。本来「絶対的無差別」である人倫にとって、「占有の体系」はその「非有機的自然」であり、「対立のうちにある実在的諸関係」である。

「占有の体系」は人倫から厳しく区別され峻別されなければならない。この体系の身分は、所有と労働の成果を享受できる反面、「ブルジョワ（bourgeois）」つまり私人として、公共的・普遍的な生活から完全に排除されて「政治的に無」の状態におかれる。これは、勇敢によって自然的欲求を越えることのできる第一身分のもとでこそ可能である。これらはそもそも同じ生きた人倫をかたちづくるものであり、「占有の体系」に対する厳しい取り扱いは、けっして外面的強制（Zwang）ではない。この「相互に交互的に厳粛な運命」を「人倫的なものにおける悲劇の上演」と言う。ヘーゲルは、ここに現れる断固たる態度を正当化する論理を「抑制作用（Bezwingen）」として示すのである（第一部第二章）。

さて、「人倫における悲劇の上演」(4)のもとで、第二身分は公共的・普遍的意志の形成にまったく関与することなく、むしろ完全に排除される。「国民（Volk）」としての人倫は万人が意識的に支え担うものとなっていない。さらに、ヘーゲルがフィヒテの「強制」概念から区別する「抑制作用」概念が、「強制」概念を越えたという保証はどこにもない。ヘーゲルは『ドイツ国制論』清書断片「国家の概念」（一八〇二年一一月以降執筆）――『自然法論文』執筆後、『人倫の体系』執筆前あるいは執筆初期と重なるであろう――で、『自然法論文』の人倫と「占有の体系」の関係を自己批判するかのように、あるいはフランス革命下の国家体制を念頭において次のように述べている。「気高い目的に捧げられはしているが、機械論的な、きわめて悟性的なヒエラルヒーは、何事にかけてもその市民（Bürger）に信頼を示さない。したがってまた彼らから何一つとして期待できないのである」（GW5. 176, 上七九）。国家権力にとって「必然的な事柄」と「偶然的な事柄」を区別して、「最高の国家権力が、できるだけ多くのものを市民独自の配慮に委ねるところでだけ、国民（Volk）自身の努力は、その生命をもつのである」（GW5. 177, 上七八）。このような国家権力が「無限に強力」なものとして認められる。この論点は、「占有の体系」の破壊的な力をクローズアップし、それに対する断固とした制御を主張し、第二身分を徹頭徹尾「政治的に無」とする『自然法論文』とスムーズにつながるであろうか。「できるだけ多くのものを市民独自の配慮に委ねる」という論点は、場面の違いはあるものの、ほぼ反対の見解となっている。この清書断片「国家の概念」のスタンスは、清書断片執筆時期と重なる『人倫の体系』が引き継いでいる。そこには「占有の体系」の評価をめぐり、『自然法論文』からの大きな転換がある。アリストテレスによれば、理想的なポリースは人口、国土とも「一目で見渡しうる」規模のものであった。ヘーゲルは、それよりもはるかに大きな規模で人倫的共同体を構想しなければならない。

二　『人倫の体系』の構成と「欲求の体系」

『人倫の体系』は、人倫のイデーを概念と直観の相互包摂を通して勢位（Potenz）を上昇させて認識にもたらそうとする。絶対的人倫は、差別の自己還帰として直観によって与えられる。構成は次のようになる。

（1）関係（Verhältnis）の面から見た絶対的人倫＝自然的人倫、直観のもとへの概念の包摂

（2）否定的なものあるいは自由あるいは犯罪、概念のもとへの直観の包摂

（3）人倫、直観と概念の同一性

「人倫の体系」は、個別的なものに沈む感情（差別なき直観）から始まる。絶対的人倫は自然として現象し、特殊なものとしての「概念」が支配している。この概念が無差別的で普遍的な「直観」との関係に入っていく。こうして、数多性が優位にある自然的人倫が展開され、さらにこの勢位の否定的なものの展開を通して、絶対的人倫のイデーが真に普遍的なものとして直観されることになる。『自然法論文』は、シェリングとは異なって〈精神の、自然に対する優位〉を基調として、「自然法(5)は、いかにして人倫的自然がみずからの真の権利に到達するか構成すべきである」（GW4. 68, 八三）という課題を立てていたが、この課題は『人倫の体系』にも引き継がれる。

さて、「概念と直観の相互包摂」を通して、勢位が高まるなかで、それぞれの勢位に「中間（Mitte）」が成立する。それは、自然的個別性を越えでる理性的なものである。この成立と次元の高まりが、「欲求の体系」の示す諸相である。そこでは「占有の体系」の評価が一変して、「欲求の体系」が積極的な機能をもつにいたっている。この点を注目しておく必要がある。「人倫、統治、B、普遍的統治、A、欲求の体系」の展開の先には、「欲求の全体」と「余剰の全体」との間に成立する「全体の無差別」がある。それは、社会的な分業に支えをもち社会的な広がりをもつ市場

と、そこに成立する均衡を指している。ヘーゲルは、「欲求の体系」に成立するこの無差別的中間という普遍的なものに、そしてそれに対する市民の信頼に、人倫にとっての積極的な意義を見いだしている。自然的人倫は、商業活動によるこのような相対的同一性とともに、法と権利、権利の主体としての人格をもたらす。それは形式的なものという限界をもつにしても、個別性原理を越えるイデアリテート（Idealität）という意義をもつにいたっている。ヘーゲルはこれを成果として確認する。「占有の体系」を否定的に見る『自然法論文』では、法と権利は個別性原理に関わるものととらえられて、肯定的な意味をもつことはなかった。

こうして、自然的人倫は、断固とした抑制の対象としてではなく、肯定的な成果をもって、人倫に組み込まれる。「欲求の体系」は、積極的に人倫を成立させるものとなったのである。本章の第四節でこの諸相を明らかにしよう。その前に、自然的人倫に、概念と直観の相互包摂を通した理性的「中間」の成立と高まりを確かめておこう。

三　理性的中間と欲求の体系——自然的人倫の展開

（一）理性的中間としての子供、道具、言葉

自然的人倫は、本来的な自然すなわち個別的なもののうちに沈み込んだもの、感情から始まる。感情は、主体的なものと客体的なものの分離を本質としている。分離の感情である欲求‐分離を破棄する労働‐享受はトリアーデをなしている。ここに生じる主体と客体の同一性は、客体を完全に破棄したり、飲食する。このような自己保存の活動から生じる同一性は、個体のなかに移されている。ここには主体と客体を媒介する中間としての同一性は成立しない。

さて、労働のなかで、欲望（Begierde）と享受の差別が立てられて、労働に生産物の占有（Besitz）の根拠が求められる（J・ロックの労働‐所有論が思い起こされる）。このような労働は個別的な対象支配であるかぎり、つまり対象加工

的なものであるかぎり、この客体にとって外的なものであり続ける。一八〇五／〇六年の「精神哲学」の「自己を対象とすること」としての労働論を視野に入れるならば、労働は、「機械的」「因果性」による対象支配という意義をもつにとどまっている。占有は、個別的に存在する主体が客体を保持することにとどまる。

ヘーゲルは、労働のうちでも、生き物に働きかける労働に本質的なものを見る。植物の栽培、動物の飼育などには、労働と享受（喜び）の相互包摂が成り立ち、生ける労働が生ける客体に包摂される。ここに総体的な「生き生きとした労働」（GW5. 288, 二八）を通して、知性が姿を見せる。高められた勢位のなかで、各人は加工される客体ではなく、端的に生きるものであり、自然性をもちながらも、「主体であるとともに普遍的なもの」（ibid., 同前）として、他者のうちに自己を見、同時に自己を他者として見る。性愛にもとづくこの自然的一体性は、子どものうちに止揚される。個体のあり方が高められ、より高い個体性がより高次の関係を担う。そうして個体と個体の中間・媒体が示される。

その勢位は（1）子ども（「両性の生み出された、可視的な中間」）、（2）道具（「労働の持続的規則性」）（GW5. 292, 三六。道具は、対象を直接破棄する主体の行為を止揚する。個別的な労働は道具に習熟することによって、普遍的なものに高められる。）、（3）語り（Rede）である。語りは発話する諸知性間の「理性的なきずな」（GW5. 294, 四一）であって、実在的なものをその「イデアリテート」のうちに取り上げては、それを個体的なものとして表示する。このイデアリテートは個別性を越えでていないにしても、労働する諸個体が作り上げる実在的な諸関係の勢位を用意する。

（二）イデアリテートの形成――占有から所有への転化、交換、契約

実在的な諸関係のなかで、個別的なものは端的に他のものとの関係のなかにある。個別的なものはひとつの普遍的なものに生成する反面で、個別的に単独で存在するというあり方を止揚する「観念的なもの（das Ideeles）」、普遍的な

ものが支配するようになる。ただし、占有という個別性がベースにあるために、この実在的な諸関係が生み出す普遍性は「形式的なイデアリテート」にとどまる。ヘーゲルは、労働‐余剰‐交換という実在的な関係に生まれてくる「中間（Mitte）」が次第に次元を高めて、法形成（Rechtschaffen）に進むさまを描きだす。法・権利がその成果であることを踏まえながら、その形式的であるという限界を見定めようとするのである（「否定的なものあるいは自由あるいは犯罪、概念のもとへの直観の包摂」）。

さて、前の勢位では、労働は自然に向けられ、この労働に占有の根拠が求められていた。実在的な諸関係の勢位では、労働と占有物が普遍的なものに包摂される。労働が普遍的なものに包摂されると、まずひとつの全体として成り立っていた労働が、個々の部分に分けられるようになり、それとともにこの労働様式は、自分の労働に直接関連する欲求以外の欲求を、他者の労働の所産によって満たす。ヘーゲルは作業の分割や社会内の分業を念頭においている。「ひとつの全体としての対象に関わる労働は、自己自身のうちで自己分割し、個々の労働行為となる」。そうして「この個々の労働行為は、多様性がそこから締め出されるので、いっそう機械的なもの、いっそう普遍的なものとなるとともに、全体性に疎遠なものとなる」（GW5. 297, 四七）。

この労働の分割のなかで、生産物は、主体の欲求を越える「余剰（Überfluss）」となって、他者が使用する普遍的可能性、量一般として存在する。そして交換可能性をもつ余剰の占有は、主体が他者との関係のうちに立つことによって、「普遍的に個別的なもの」として、「所有（Eigentum）」に転じる。この普遍性をもつにいたったものの抽象として「権利（Recht）」（GW5. 297f., 四六—四七）がなりたつ。ヘーゲルは、概念（個別）と直観（普遍）の相互包摂を通して、実在性の関係における「中間」の高まりと、そこに生まれるイデアリテートを扱っている。しかしこの方法は、占有から所有への転化、あるいは権利・法関係の成立にあたって、相互承認論を必要としていない（なお『イェーナ体系構想Ⅲ』はそこに相互承認論を組み込む。それは新たな理論水準を示すであろう。第三章を参照のこと）。

以上のかたちで成立した観念的なものを、使用あるいは欲求の充足に結びつける実在的な関係が成立する。「交換」である。これをヘーゲルは「流通するイデアリテート（die durchgängige Idealität）」（GW5. 300, 五一）と言う。ここに実践的知性の勢位が始まる。普遍的に個別的である「権利」とともに、交換を成立させるイデアールな尺度である価値が、抽象としての同等性である。それは経験的な尺度としては価格となる。交換を通して、このような権利と価値というイデアールな関係が現実化する。「所有は、交換に従事し相互に承認しあう多数の諸人格によって、実在性のうちに現れる」（GW5. 301, 五二）。さて、交換はさしあたり同時的な「取り換え」であるが、この「対立するものの同一性」は、余剰が多様化したり、移転が多様化したりするにつれて不確実なものとなる。現実性と可能性が分離して、経験的偶然が幅を利かせることになる。「理性的中間」である「契約（Vertrag）」（GW5. 302, 五五）が、この分離と偶然を廃棄するものであり、個々の物から自立したイデアリテートである。しかしこれも真のイデアリテートとは言えない。もろもろの個々の規定態が依然として存続しているからである。

(三)　自然的人倫の成果と限界

この理性的中間の高まりは、「貨幣」そして「商業活動」で頂点に達する。貨幣は余剰における無差別であり、あらゆる欲求の普遍的媒体である。この普遍的用具があることによって、余剰を余剰と交換する「商業（Handel）」が成立する。この活動は自然的人倫のなかで、「営利の交換における普遍性の最高点」（GW5. 337, 一一八）である「相対的同一性」をもたらすのである。そしてこの商業活動を通して、個別的な物の占有者は権利の主体である「人格」として承認される。誰もが権利の主体として認められているというイデアリテートは、たしかに「あらゆる諸規定の無差別」ではある。しかし、それは「形式的に生あるもの」（GW5. 304, 五八）として認められているにすぎず、形式的法のもとでの各人の同等性・平等なのである。

以上検討してきたことから明らかなように、ヘーゲルは、商業活動が作り上げる相対的同一性と、そこに成立するイデアリテートすなわち形式的法ならびに人格（所有主体としての承認）を自然的人倫の成果と見ている。なるほど、この自然的人倫はアリストレスのポリースにおけるオイコス（家経済）の領域に重なる。しかし、J・ロック的な労働‐所有論を思わせる起点、またA・スミスを思い起こさせる分業‐余剰‐交換‐商業の確立という展開は、オイコスの追認ではないであろう。そのねらいは、むしろ近代的な主体にもとづく「政治経済学」の成果の確認にあると言えよう(6)。この確認の上で、自然的人倫は、古典的なポリース論の枠組のなかとはいっても、人倫の肯定的な構成要素とされるのである。

さて、自然的人倫の成果であるイデアリテートすなわち形式的法は、限界を負っている(7)。「平等は抽象にほかならない」（GW5. 305, 六〇）。ここに生の不平等が生じる。支配と隷従、過剰と欠乏の関係が生まれざるをえない。このような自然的人倫の差別的関係を前にして、この限界を越える関係を、ヘーゲルは家族に与える。家族は自然的人倫のうちにありながら、自然的人倫に見られる差別的関係を無差別化するよう働く。それは「他の家族と本質的に経済的関係」(8)を結んでいる。この家族は、アリストテレスにおけるように、自由人に対する奴隷を含むものではない。またカントのように契約によって成り立つものでもない。家族においては、余剰、労働、所有が「共同体的に(gemeinschaftlich)」（GW5. 307, 六四）(9)編成され、個的人格や私的所有が原理なのではない。家族は「自然がなしうる最高の全体性」（GW5. 309, 六七）である。しかし、絶対的同一性はなお内的なものにとどまる。

(四) 否定的なものを媒介とした人倫の自覚

自然的人倫の成果は人格としての承認にあった。その形式的なあり方は、所有主体としての人格という個別性の絶対化を伴っていた。ヘーゲルはこの個別性の自由の発現である「犯罪」というネガティヴな面を全面的に展開することを通して、肯定的自由である人倫の自覚を導き出そうとする。これは「弁証法的」な「イデアリテートの認識と規定性の実在的止揚」(GW5. 310, 六九) をめざして構成される。この頂点は「名誉」をめぐる人格全体を賭した闘争となるが、これは人格という自然的人倫の成果をまって、初めて成立している。

「否定的なものあるいは自由あるいは犯罪」[10]のまず第一の勢位 (概念の直観のもとへの包摂) は「破棄それ自体 (Vernichtung für sich)」として、文化一般に対する目的なき破壊、劫掠 (東洋のチンギス・カン、チムール) である。第二の勢位は概念のもとに包摂されたものとして、劫掠が所有 (差別の肯定的関係) に向けられる。ここでは、強奪でも、窃盗でも、承認されている所有に対する侵害であり、権利への、つまりは人格への侵害にほかならない。この侵害は人格に関わることから、侵害に対する反作用は、奪われた物を取り戻すことにとどまらず、支配と隷従の関係を立てるまで進む。しかし、ここでは人格全体を賭けたものではないために、成立してもこの関係はつかの間にすぎない。

次いで第三の勢位は、第一、第二の勢位の無差別であって、人格全体に関わる。否定が「名誉」という人格的なものに関わることから、問われるのは所有物という個別的なものではない。侵害されるものは、名誉であることから、人格全体を賭けた人格と人格との闘争が現れる。誘因は何であれ、いったん闘いが始まるや、正当性は双方にある。それは殺人に行きつかざるをえない。次いで報復 (Rache) が残された家族のメンバーによって行われ、すでに生じていた包摂関係が実在的に転倒され、ここに「危険の同等性」が現れる。そうして一方の優位がくつがえされて、双方が危険の平等を自覚せざるをえない。双方に、「生成する否定の意識」(GW5. 321, 八八) が等しく入ってくる。この闘争の形式は「絶対的な不安定のうちにある何かあるもの」（GW5. 322, 九一）にある。ここに怒りは治まり、同等性の感情に立ち返る。「この全体の理性性は、対立にありながらの無差別の同等性である。……中間は、双方が完全に入り混じり、不確実であるなかでの、双方の一体存在である」（ibid., 九二）。こうして「イデアリテートの認識と規定性の実在的止揚」を通して正義の自覚がもたらされる。諸個人は、人倫の存在を、否定的なものの展開によって自覚するよう促されるのである。

四　人倫の内的編成と欲求の体系

（一）身分間関係は「有用性」にもとづく

こうして自然的人倫は、「否定的なもの」の展開をへて、「形式的無差別、人格であることが、国民（Volk）のうちで尊重され」（GW5. 336, 一一七）るにいたる。自然的人倫が人倫的自然の構成契機として取り込まれる。すなわち人倫の現象である諸徳のひとつ、相対的人倫＝律儀（Rechtschaffenheit）として、それが有機化された全体性つまり実在的な身分として取り込まれる。ヘーゲルは、自然的人倫の成果を認め、その否定面の全面的な展開を通して、つまり主体的な自覚を通して自然的人倫と人倫との結合を説いている。

この点を『自然法論文』と対比してみると、はっきりした相違がある。『自然法論文』の「占有の体系」は、もっぱら私的生活を普遍化して、実体的人倫を崩壊に導く、個別的なものの相互依存の体系であった。そこに成立する法体系は、「個別性を固定して絶対的に定立するもの」にほかならなかった。それは歴史的に見れば、古代ギリシアのポリースを崩壊させたものであった。ヘーゲルはプラトンを引いてこう述べる。「王者の術は、……粗野と低劣のうちにある人々を奴隷的な種族に引き下げて隷属させる」（GW4. 455f., 七〇）。これを可能にするものが「抑制作用」の論理であった。

『人倫の体系』でも人倫の理念そのものに変更はない。「人倫は、自然関係だけがなしうる特殊性と相関的同一性の完全な無化（Vernichtung）をもって、知性の絶対的同一性でなければならない」（GW5. 324, 九四）。経験的意識は絶対的意識と一体化しなければならない。そのときに、『人倫の体系』で「ヘーゲルは国民の実体的人倫を、主体性という「近代的」原理の充実として示そうとする」(11)。これは自然的人倫の検討から知ることができた。さらにヘーゲルはアダム・スミス的な〈自然的自由の体系〉を視野に入れて(12)、欲求の体系を人倫に組み入れる。『人倫の体系』では、もはや「抑制」はキーワードではない。

では、このような事情が人倫共同体の内部編成にどのような変更をもたらすだろうか。人倫は、その現象として、有機的全体性の契機である、勇敢（絶対的人倫）、律儀（相対的人倫）、信頼の徳から成り立つ。そして身分は、これらの徳とそのヒエラルヒーにもとづいて演繹される。第一の身分は、人倫全体の維持をめざす「普遍的労働」つまり国政に専念し死を賭けることのできる身分であり、ひとつの徳でありながら徳の止揚でもある勇敢をみずからのものとする。第二身分は、「欲求の体系」で活動し、商業身分（Handelstand）が代表する。その徳は律儀にある。そして信頼を徳とする第三身分である農民は付随的に扱われる。さて、律儀の徳は、すでに自然的人倫で潜在的に形成されていたものであった。今や人倫に組み入れられたときに、それは実在的なものとなる。「相対的人倫の全体性は、個別者の経験的生存であり、その維持を、自分の場合にも他者の場合にも重視する」（GW5. 331, 一〇七）。成文法の行使に先立って、律儀は、公平（Billigkeit）に従って、家族や同胞市民の個々の窮乏救済にかかわる。しかし、人倫へのかかわりは、生活資料を提供し、あるいは納税をするという間接的なものであって、自己犠牲を欠いている。「人倫の絶対的なもの」は、この身分にとっては「ひとつの思想」にとどまる。

このような古典的構成の欠陥は、近代において人倫を構想するとき明瞭である。「この身分論の欠陥は、根本的に言って、真の人倫的参入が、第一身分（治者身分）にだけ成立し、他の身分は間接的に絶対的身分の自由に関与できるだけという点にある」(13)。この問題は、古典的ポリース論に準拠するかぎりつきまとう。ここに古典的ポリース論からの離脱という問題が生まれてくるが、ここでは、身分の意義と、諸身分の関係を確かめておこう。

さて、身分は諸個人を素材として有機的に構成される。諸個人は身分に帰属することによって普遍的なもののもとに包摂され、このような普遍的個人として人倫に関与できる。ヘーゲルは「C　自由な統治」で次のように述べる。「絶対的な国家体制にとっては、貴族政あるいは君主政の形式はどうでもよい。それは諸身分における民主政でもある」（GW5. 361, 一六二）。人倫のうちで諸身分がそれぞれ有機的に編成されて、それぞれ相対的自律性をそなえる。そしてこの自律性を前提として、徳にもとづく諸身分にふさわしい関係が、人倫の存立と安定をもたらす。ヘーゲルが語ろうとしているのは、こうしたことであろう。律儀を徳とする相対的人倫がこの資格をそなえていることは、これまで検討したことから明らかであろう。

そして、今指摘したそれぞれの相対的自律性にもとづく関係を、ヘーゲルは「有用性」（GW5. 335, 一一五）の関係と言う。それは同等性の形式に従うというのである。第一身分は、他の身分から生活資料を供給されて、欲求充足の個別的労働を免れている。その代わり、国政ならびに防衛に専念し、人倫の絶対的なものを具体的なかたちで他の身分に提示する。他の身分は、少なくとも第二身分（給養身分）は勇敢から免除されて、占有と所有の保全を認められる。『自然法論文』は、プラトンの「王者の術」を援用し、第二身分を政治的に無とする一方的な「抑制」の関係を強調していたが、『人倫の体系』はむしろ身分間の関係を、有用な相互反照的な関係とする。

この点は、普遍的なものと特殊なものの差別でありかつ止揚である絶対的統治と、その下位体系の関係にも見て取ることができる。最高の統治は、「諸身分のこのような区別が確定したあとでは、この区別の維持をめざす」（GW5. 344, 一三二）。高貴な普遍的労働に携わる第一身分は身分という関係のうちにある。この点でそれは他の身分に対する一身分である。絶対的統治は本来、差別を止揚するものであることから、身分に帰属せず端的に理念に生きる第一身分出自の「長老と司祭たち」に委ねられなければならない。彼らは身分間関係より高い見地から「全体の維持」に携わることができる。こうして絶対的統治のめざすものは「区別の維持」と「全体の維持」である。「絶対的統治が形式でないのは、それが諸身分の区別を前提し、こうして真に至上のものであることによってである。絶対的統治がこの区別を前提しないときには、実在の全威力は崩壊する」（GW5. 345, 一三三）。

この人倫の内的編成は、「欲求の体系」の自己統治力の積極的な評価の上に成立するであろう。鍵を握るのは「欲求の体系」なのである。

(二) 欲求の体系の自己統治力と普遍的統治

では、この欲求の体系はどのような相をもち、また統治とどのようなかたちで結びつくのであろうか。欲求の体系は「普遍的統治」の第一体系に位置している。「普遍的統治」は普遍的なもののもとへ特殊なものを包摂する運動であり、諸個人を国民（Volk）へと教養形成（Bildung）することをめざしている。第二体系は「正義（司法）の体系」、第三体系は「訓育（Zucht）の体系」であり、それぞれ、第一体系が潜在的に形成したものを普遍的な形式のもとに取り上げて包摂する。とくに第三体系は教育、教養形成ならびに訓育（個人にかかわるポリツァイ、あるいは戦争も含む）によって、諸個人を自覚的国民として実在的に包摂することをめざしている。これら三つの体系は、『法（権利）の哲学』（一八二〇年）の「市民社会」の諸領域、すなわち「A　欲求の体系」、「B　司法活動」、「C　福祉行政と職業団体」にほぼ重なる。

ヘーゲルはこの欲求の体系のもつ自己統治力すなわち交換を媒介とする市場経済の統合力を吟味し、普遍的統治とのスムーズな接合をもくろむ。この統合力は普遍的なものへの信頼を確立するものであって、この点をヘーゲルは重視する。これなしには国民としての教養形成は不可能だからである。ヘーゲルは欲求の体系の諸相を検討し、この自己統治力への期待を終始変えていない。

(1) 差別を無差別化し中間を確立する――欲求の体系の思想的意義

「欲求の体系は、形式的に普遍的な双互的な物的相互依存の体系として概念把握される」(GW5. 350, 一四三)。この体系は個別性が作り上げる合成態であるが、しかし個別性のたんなる総和ではない。何ひとつとして単独で(für sich)存在するものはない。しかも「あらゆる個々の種類の余剰は、全体において無差別化され、そしてこのような全体のうちへ受容されることによって、普遍的なものに即して計られる」(GW5. 351, 一四四)。この「全体」とは市場を指していると見てよいであろう。「全体」は個別的なものを普遍的なものとして取り上げて規定する。そして差別を無差別化して中間を打ち立てるというのである。アダム・スミス風に言えば、市場にもたらされる商品の数量と有効需要との間には変動がありながらも、自然的バランスが生まれる。このように「全体」は静止的な統一ではない。個別的なものから成り立つ「全体」と、個別的なものとの交互作用(Wechselwirkung)として動的な統一である。

では、この「全体」の問題点はどのような点にあるだろうか。ここに成立する「普遍的なもの」にはつねに個別性がつきまとう。そのため、「全体」は「原子論的に集計されざるをえない」(GW5. 351, 一四五)。「もろもろの質の比率」として規定される「価値」は、「不断に上昇・下降する大波」(GW5. 350, 一四四)のようなものとなる。「統治するものは、もろもろの欲求とその充足の仕方の没意識的で目先の利かない全体として現象する」（GW5. 351, 同前）。ここに言う「統治するもの」とは、「全体」のもつ統合力を指している。このような表現にも、欲求の体系の自己統治力に対する評価が現れている。「全体」は余剰と欲求の関係として認識される。ヘーゲルはこの欲求の体系が撹乱される三つの相にわたり、この自己統治力と普遍的統治との接合のあり方を検討する。

（2）自己統治力と身分の自己内編成

ヘーゲルは欲求の体系の基本的な姿をこう描き出す。「正しい均衡が、時にはささいな変動のもとにおのれを維持し、時には外部からかなり撹乱されることになっても、それだけ大きい変動を通して自己を回復する。このことはおのずと自然に生じることである」（GW5. 351, 一四五―六）。ヘーゲルはこの点に期待を込めて、「普遍的なものは、ひとつの統治となることができなければならない」（ibid., 一四四―五）と述べる。「普遍的なもの」とはこれまで出てきた「全体」であり、ヘーゲルはここで、外部からの介入を極力控えるという姿勢を語っている。言葉を変えるならば、欲求の体系内の自己統治力に期待を寄せている。

第二に、「大きな変動」の場合には、あまりに低い「価値」やあまりに高い「価値」によって、国民の一部の生存が破壊され、ひいては普遍的なものへの「信頼」が裏切られる。均衡の自然的回復が遅れるならば、全体への不信が生まれざるをえない。ヘーゲルは、「全体」あるいは「普遍的なもの」によって諸個人の生計の安定がもたらされているという「信頼」を重視している。それゆえ、「統治は、このような自然に対して働きかけ……静止的中間と均衡を主張しなければならない」（ibid., 一四六）。個々の種類の余剰について価格を規制することが、具体的施策として考えられている。これは、普遍的なものへの信頼がなお存続していることを前提としている。

第三に、富の不平等、富と貧困という両極への分解が想定される。ヘーゲルは、自然に均衡が回復するという論点をはみだすかたちで、「富の不平等は、即かつ対自的に必然である」(GW5. 353, 一四九)と言う。この根はおおよそ、占有と労働に限界があるのに対して、経験的な欲求・享受が無限に肥大化する点に求められている。富の不平等、営利身分の分化、そして「労働する階級」の窮乏化が「欲求の体系」の内在的な問題とされる。「この必然的な不平等は、……ある支配の関係を生み出し、莫大な個別的富がひとつの威力となる」(GW5. 353, 一四九)。この富のかたまりが「即自(Ansich)」つまり実体的な威力となると、普遍的なものへの信頼が崩れさり、「国民の絶対的なきずなである人倫的なものが消えうせる。……統治はできるかぎりこの不平等に対して……働きかけなければならない」(GW5. 354, 一五〇)。統治は、価格の安定、累進課税による営業の規制、高利潤の困難化、富の不平等の緩和などを外的手段として講じる。これらの「外的な諸制限」は、欲求の体系内部の自律的な運動を背景において始めて発動される。この点に留意する必要がある。

「統治が、この国民の一部を機械的な工場労働のために犠牲とし、そして野蛮に委ねる場合には、統治は全体を、これに可能な生動性において絶対に維持しなければならない。しかし、このことは、きわめて必然的にあるいは直接に、身分の自己内編成によって生じるのである」(ibid., 一五〇)。

この「身分の自己内編成」は『法(権利)の哲学』での職業団体(Korporation)[14]に通じるであろう。これは欲求の体系内部で、しかもこの第二身分のうちで「生動性」を生みだして、「限りない富そのものへの衝動」を廃棄し、不等関係に立ち向かう。

以上検討したように、ヘーゲルは「欲求の体系」の自己内統治力に期待を寄せつつ、統治のおこなう介入を「外的条件」として、きわめて控えめなものとしようとする。この自己内統治力の形成なしに、統治による「外的制約」の発動は考えられていない。『人倫の体系』の人倫構想は、古典的ポリース論という枠組みをもちながら、この構想が安定して存立する鍵を「欲求の体系」に与えているのである。

結び

本章では、『人倫の体系』の人倫構想を『自然法論文』と対比して検討した。『人倫の体系』は、近代の「欲求の体系」について、その思想的意義を積極的に認めた最初の文献である。そこには名前こそ明示されていないが、アダム・スミスの思想を受容していることが窺われた。そして『人倫の体系』は「欲求の体系」の否定面を『自然法論文』と同様に取り上げながら、社会的分裂に「身分の自己内編成」によって対応するという構想を語っていた。このように「欲求の体系」に人倫の内部で重要な位置を与えるという線を進めていくならば、統治のたんなる下位体系という位置づけを、見直さざるをえないだろう。ヘーゲルはさらに人倫の構想を変化させる。次章では、この事情を『イェーナ体系構想I』（一八〇三／〇四年）と『イェーナ体系構想III』（一八〇五／〇六年）を視野に入れて見ておこう。

第二章　人倫構想の変転

――フィヒテの「強制」概念を軸として

はじめに

イェーナ期（一八〇一―〇七年）に始まる人倫の思索は、わずかな期間にめまぐるしく変化していく。前章ではすでに『自然法論文』から『人倫の体系』への変化を見ておいた。通常、イェーナ期の人倫構想は、おおよそ、古典的実践哲学に依拠して近世自然法ならびに主体性の原理に否定的な前期と、近世自然法の立論を批判的に受けとめて古典的実践哲学を放棄する後期に分けられる。この時期の著作、草稿の執筆はわずかな間をおくにすぎない。にもかかわらず、構想に大きな差異が現れる。この点に驚かざるをえない。この変化をできるかぎり内的脈絡のもとに整理することが課題となる。本章では、フィヒテ自然法批判を視軸として、この問題にアプローチしてみよう。フィヒテは、ヘーゲルが人倫を構想するにあたり、強烈な対決意識をもった当の人であった。シェリングはこのころ次のように述べている。「国家を再び実在的組織として構成しようとする最初の企ては、フィヒテの自然法だった」(一)。時の人フィヒテの自然法は、経験的な自然法を内省化し、有限な理性的存在者に発して〈自由な存在者の共同体〉を理性的に演繹しようとする。この意欲的な企ては、ルソーの「一般意志」と「全体意志」の位相差を踏まえて、共同体の境位を前者においていた。

さて、ヘーゲルのきわめて厳しいフィヒテ批判は、『差異論文』ならびに『自然法論文』に見いだせる。ヘーゲルの人倫論は内容の上で豊かであり、フィヒテ自然法の形式性は否めないが、ヘーゲルは、フィヒテの立てた〈自由な存在者の共同体はいかにして可能か〉という核心に向かう。ヘーゲルの見るところ、フィヒテ自然法のネックは〈相互制限としての自由〉論にあり、それによるかぎり、「外面性の体系」を招来せざるをえない。この自由論の克服という問題意識を、人倫の構成の変化の底流に見出すことができる。そしてヘーゲルがフィヒテ自然法の問題設定を正面から受けとめて、それをみずからの精神哲学構想のなかに位置づけるには、『イェーナ体系構想Ⅲ』（一八〇五／〇六年）の「精神哲学」をまたなければならなかった。『自然法論文』、『人倫の体系』、『イェーナ体系構想Ⅰ』（一八〇三／〇四年）の「精神哲学」は、人倫の構成の点で、そして人倫と〈欲求と法の領域〉（GW5. 264）との関係の点で、それぞれ異なっているものの、ある一貫したスタンス、つまり人倫によって非有機的な〈欲求と法の領域〉を有機化するというスタンスを共有している。『イェーナ体系構想Ⅲ』はこれを放棄した地点に立ち現れている。以上を念頭において、イェーナ期人倫論の展開を検討してみよう。

一　フィヒテ自然法批判の視点──「強制」と「抑制作用」

「人が他者と取り結ぶ共同性は、本質的に個人の真の自由の制限とみなされてはならず、その拡張と見なされなければならない。能力の面からいっても、実行の面からいっても、最高の共同性は最高の自由である」（『差異論文』GW4. 54, 八五）。このヘーゲルのよく知られた言明は、フィヒテ批判のなかでおこなわれた。ヘーゲルはこう述べるときに、反面でフィヒテの自由観を厳しく批判していた。フィヒテの自然法においては「制限作用」が「自由の国」を構成し、「真に自由な、それ自身で無限で無制限の、つまりうるわしい生の関係は、一切否定されている」（ibid., 八四）。〈相互制限としての自由〉のもとでは、悟性的な対立が固定されるために、国家は「有機的組織」であることができず、国民は豊かな共同性を喪失して、「原子論的な生命の乏しい数多性」にすぎなくなる。このバラバラな数多性の上に、「共同意志（gemeinsamer Wille）という固定的な抽象物」（GW4. 58, 九一）、つまり法が、外面的で疎遠な圧力として働いている。この体制の根幹は、「他の理性的存在者の自由が可能であるために自由が制限される仕方」（GW4. 55, 八五）のうちにある。このあり方の克服を、ヘーゲルはみずからの人倫を構想する上で必須の課題とした。

この課題意識は『自然法論文』でも変わらない。そこにはフィヒテの自由観そして共同体構想への厳しい批判がならぶ。そしてフィヒテが抱える難点を克服しようとする姿勢がより明瞭になる。ヘーゲルはフィヒテの自然法体系を、「外面性の体系」、「強制の体系」とよぶ。そこでは、純粋自己意識（自我）が実在的意識に進むと、相互に制約を受けつつ関係するという「制限しうるものとして定立される自由」が基調となる。そこでは、本来分離して考えられるべきでないのに、諸個人の自由と分離した「万人の普遍的自由の概念という空疎な抽象物」（GW4. 446）が現れて、それとともに諸個人の自由がそれだけで孤立したものとして現れる。分離という非同一性が基調にあるかぎり、普遍的自由は「実在性をもたない抽象物」（ibid.）にすぎない。そこでは、諸個人の自由は「根源的自由、普遍的自由の概念によって制限を受けるべきだとされる」（ibid.）。こうして「強制（Zwang）」による外面性の体系、「強制の体系」（GW4. 443）が生じていると言う。

しかし、「最初の根底にある同一性に即して両者が立てられるならば」、これらはまったく別の相貌で現れるであろう。そうであるならば、「制限可能なものとして立てられる自由は、絶対的なものではない」（GW4. 446）。しかるに「強制」概念は、自由に対してつねにある外的なものを立てる。しかし、「自由に対してはいかなる強制も起こりえない」（GW4. 476）と、ヘーゲルは強調する。

もちろん、このような「強制の体系」をフィヒテの自然法が意図したわけではない。フィヒテは「自由な存在者の共同体はいかにして可能か」（FW3. 85）という課題をかかげて、有限な理性的存在者としての個体から出発して、共同の自由を理性必然的に演繹しようとする。しかし、ヘーゲルは先に述べたような問題点を見て取ったのであった。ヘーゲルは、この体系を「各個別者の活動が普遍意志によって強制される、機械的必然性が作用する仕組み」（GW4. 443）とまで言う。この表現はフィヒテ自身にもあり、彼自身は「機械的必然性をもって作用する仕組み」（FW3. 140）と述べていた。こうして〈相互制限としての自由〉を固定する「強制」概念に対して、厳しい批判が繰り広げられる。『自然法論文』は、フィヒテの「強制」に対して、「抑制作用（Bezwingen）」を対置する。この「抑制作用」には、フィヒテの自由観の難点を克服し、さらに人倫が「占有の体系」に対しておこなう厳しい取り扱いを正当化するねらいがあった。抑制作用は「あれか‐これか（Entweder-Oder）という選択の自由」、もしくは経験的自由、規定態のもとでの自由を克服し止揚するという強烈な問題意識を背景にしている。この自由を克服しなければ、普遍的自由と個別的自由が分裂する「強制の体系」を乗り越えることはできないと、考えられたからである。

このような「自由観は完全に投げ捨てられなければならない」。真の自由とは「対立しているもの、+Aならびに-Aの否定であり、観念性（イデアリテート）である。……この自由にとって強制は断じてありえない」（GW4. 446）。

+Aと-Aがあれば、自由はそのいずれかとして規定されて、この「あれか‐これか」に束縛される。それに対して、抑制作用は「本来的に純粋な否定的な態度」（GW4. 448）で、これら規定態の一面性、そしてこの特定のあり方そのものを廃棄して、+A－A＝0すなわち観念性（イデアリテート）をもたらす。こうなれば、「主体は抑制されはしても、強制されてはいない」（GW4. 448）。

ヘーゲルはここで人倫をあらかじめ肯定的なものとして前提している。「肯定的なものは本性上、否定的なものよりも先にある。あるいはアリストテレスが言うように、国民（Volk）は本性上、個人に先立つ。なぜなら個人は孤立したときにけっして自立的なものでないならば、個人はすべての部分がそうであるように、全体とのひとつの統一のうちに存在しなければならない」（GW4. 468）。否定的なものは個別的なままの差別の相から「無差別」のうちに取り込まれるときに、「真に人倫的なもの」（GW4. 469）となる。そうして徳とは「全体の理念の一面がより力強く立ち現れたもの」（ibid. 469）である。このように「抑制作用」が純粋な否定作用であるときに、個別的なものを無差別の相に立ち返らせることができると、見込まれている(2)。この「抑制作用」が、人倫とその非有機的自然（第二身分からなる「占有の体系」）の関係の根幹にある。「抑制作用」は、『自然法論文』の自由論 - 人倫論の要諦なのである。

では、「抑制作用」は人倫の場面でどのように現れているのだろうか。「自然法は、いかにして人倫的自然がみずからの真の権利に到達するか、構成すべきである」（GW4. 468）。ヘーゲルはこの問いを立て、自然法の経験主義的な取り扱い、形式主義的な取り扱い（カント、フィヒテ）の一面性をえぐりだして、その止揚の必然性を明らかにしようとする。「国民」である絶対的人倫はまず肯定的なものであり、それに対して個別性原理にもとづく「占有の体系」は「形式的法」のもとで私人の狭い利害関心をまき散らして、「増大する差別と不平等の形成」（GW4. 451）を本性とする。「占有の体系」は、第一身分（自由民、治者身分）と第二身分（非自由民、給養身分）の区別――それは人倫のもとで徳の差異にもとづく――を取り払い、人倫を崩壊に導き、第二身分だけからなる状態を生み出す当のものである。この状態にいたる営利 - 占有 - 交換 -（私）法の領域の動きは、古代ギリシア的人倫の崩壊と結びつけられている。このと、公的領域と私的領域の厳格な区別がくずれて、私的なものが公的なものを手段化し、相互排斥的な原子的個人が跋扈するであろう。商業活動は徹底して圧迫されなければならない。そうでないなら、この体系は人倫を侵食し、独自の威力に転じるであろう。「実在性の体系（占有の体系――筆者）はまったく否定性のうちにあるので、……肯定的全体性によってまったく否定的に扱われなければならない」（GW4. 450）。ヘーゲルは『自然法論文』で個別性原理に固有の意義を認めることがない。この否定的な関係は「人倫における悲劇の上演」として表現された。それは、非有機的自然である「占有の体系」が人倫の存立にとって必要でありながら、徹底して否定的な関係が結ばれなければならないという事情を物語っている。すると、この関係はフィヒテの「強制」とさほど変わらないように見える。しかし、ヘーゲルはフィヒテの「強制」と端的に異なるものとして「抑制作用」を提出して、以上の関係を正当なものとしている。

さて、ヘーゲルは「抑制作用」に以上のように重要な役割を与えた。しかし、「強制」と「抑制作用」には実質的に区別が成り立つのだろうか。この二つの概念のゆくえをまとめてみる。

	強制の用法	抑制作用の用法
『自然法論文』	規定態の固定化	規定態を無化する純粋否定性
『人倫の体系』	特に用例なし	より大きな Gewalt による より小さな Gewalt の包摂
『体系構想Ⅰ』	特に用例なし	特に用例なし
『体系構想Ⅲ』	承認された状態のもとでの普遍意志の回復	特に用例なし

「強制」概念は『自然法論文』で厳しい批判を受けた。その後、『人倫の体系』、『体系構想Ⅰ』では姿を見せないが、『体系構想Ⅲ』の「精神哲学」の重要な術語として登場する。ここには「強制」概念をめぐり、正反対の評価が生ま

れている。フィヒテの思想圏に属する「相互承認」、「法」あるいは「権利」、「強制」の概念の基底には、「各人は、他者の自由の可能性によって、みずからの自由を制限する」相互制限としての自由がある。これらの術語は、『体系構想Ⅲ』にいたるまで消極的な意義をもつにすぎなかった。視点を変えるならば、『体系構想Ⅲ』は、これらの術語をみずからの構想の重要な術語とするにいたった。ここから『体系構想Ⅲ』がヘーゲルの社会哲学形成のなかで格別な位置をもつことが窺われるであろう。

ヘーゲルが「抑制作用」に込めた〈相互制限としての自由〉を克服するというテーマは、どのように継承されていったのであろうか。さらに、「強制」概念が厳しい批判の対象から、重要な術語となったときの思想的境位を明らかにしなければならない。そこにヘーゲル法哲学の原型が現れるであろう。その前に、フィヒテの立論を『自然法の基礎』（一七九六年）に見ておこう。

二　フィヒテ自然法の構成――「自由な存在者の共同体はいかにして可能か」

フィヒテの自然法は周知のように知識学を前提として展開される。自然法の場面では人格における非我、すなわち「他者」が現れる。

「有限な理性的存在者は、自由な実働性が他の理性的存在者のものでもあること、したがってまた他の理性的存在者を自己の外部に想定することなしには、感性的世界のうちで自由な実動性を自分のものとすることができない」（FW3. 30）。

自我は、自己の自由を定立し、自己をそういうものとして意識するために、他者を定立せざるをえない。こうして個体性の概念は「交互概念（Wechselbegriff）」（FW3. 47）と言われる。フィヒテは『自然法の基礎』の課題をこう述べる。「この二つのことはいかにして両立できるのであろうか。これに応えることが法学の課題をかたちづくる。この根底にある問題は、自由な存在者の共同体はいかにして可能か、である」(FW3. 85)。フィヒテの共同体構想は、有限な理性的存在者から、それも「交互概念」としての個体性から出発して、共同の自由を理性必然的に演繹しようとする。個体が交互概念であることから、「私はどのような場合でも、私の外部の自由な存在者を、他者の自由の可能性の概念によって、私の自由を制限するものとして承認しなければならない」(FW3. 52)。このように他者概念を媒介として各人に固有の行為の範囲を区別し、そこに成立する自我と他者の関係を保障するものが、「権利(ないし法)関係」である。「権利(ないし法)関係」は道徳性と区別される適法性(Legalität)の領域をかたちづくる。フィヒテによれば、「権利(ないし法)概念は、理性の純粋形式から、自我から演繹される」(FW3. 53)。

さて、人格の自由、すなわち「根源的権利(Urrecht)」は、感性界で自己を表現する身体権、合目的行為によって対象を自己の目的に服させる所有権、自己の合目的行為を保障する自己保存権からなる。私が他者を認識することから権利関係が生じるのだから、認識は、そしてこの認識を通じて生じた自己の制限は相互的でなければならない。とくに所有権は身体による合目的行為の範囲を表していることから、人格間の自由は、各々の所有の範囲を確定することによってもたらされる。こうして、所有権は「相互承認」を通して成立することになる。これを法的に表現したものが「契約」である。「相互承認」も「権利(ないし法)関係」も、このように「自己制限の相互作用」(FW3. 123)にもとづいている。ここには「各人の権利の平衡」(FW3. 136)が生じるはずである。ただし、このままでは依然として権利をめぐる抗争が残らざるをえない。各人は権利を侵害されるかぎりで、法に反する行為に対して「強制権」を行使する権利をもつ。「強制権」の行使にはこのような条件がある。

そこで、この強制が解除される可能性、つまり将来にわたる相互不可侵性のために必要なものは何か。そのために

「第三者」が導入される。「両者は、自分のすべての力を、自分が信頼を託す第三者に委ねなければならない」（FW3. 101）。このことが相互の安全保障には不可欠である。するとここに「矛盾」が生まれる。自己の自由を発揮することと、自己の力ならびに法的判断を何の留保もなしに譲渡することである。その解決は、「私が完全な自由をもって法的法則に服する」（FW3. 102）という点にある。フィヒテはこうも言う。「人は、法の必然的でどのような例外もありえない意志に、理性的な仕方で、自分の力と法的判断とを委ねる」（FW3. 104）。「完全な自由をもって」や「理性的な仕方で」が可能かどうかは、第三者である「法の意志」のうちに各人の権利侵害の不可能性が含まれていることを洞察できるかどうかにかかっている。この洞察があるならば、「私は、この従属によって私の権利を喪失するどころか、それによってこそ人が権利を有する唯一の条件を充足したのだと、表明する。こうして私は私の権利を保持するのである」（ibid.）。フィヒテはルソー社会契約論の「一般意志（volonté générale）」論を念頭においている（FW3. 204）。フィヒテは「不変の私の意志」である「法の意志」を、ルソーの「一般意志」のレベルで捉えて、そこで行われる全面譲渡の理性必然性を説こうとしている(3)。フィヒテは、こう強調する。「法を通して私に示される究極目的は、相互の安全である」（FW3. 144）。ヘーゲルはフィヒテ自然法の根底に相互制限としての自由を見た。これは妥当だといってよい。

さらに、この法は形式的にすぎないものであってはならない。各人の意志が以上のように合一したことを前提として、法がひとつの「強制する権力」（FW3. 146）となる必要がある。このために「国家公民契約」（FW3. 152）が結ばれる。ここに法と権力を統一する「共同体（Gemeinschft）」が演繹される。そして立憲的法律のもとで法状態の実現に、政府・行政権力があたる。「強制法」は、法に反する行為に対してという条件下で、例外のない「機械的必然性をもって作用する仕組み」（FW3. 142）を通して発動される。ただし、行政権力はこの原則から逸脱するかもしれない。

それをチェックするために、憲法上定められた選挙によって選出される監督官が立てられる。監督官のつとめは、主権はつねに「共同意志」、「共同体」のものであって、行政権力のものではないということを保障する点にある。フィヒテは、監督官と行政権力の区別をことのほか重視する。この区別にこそ国家の理性性が現れていると見るからである。フィヒテは、この区別なしには、民主制にしても君主制にしても専制に陥ると言う。フィヒテの「共同体」は、このように有限な理性的存在者の根源的権利を、将来にわたり現実に保障するために、理性的判断を通して演繹された、という形をとっている。

さて、すでに見たように、「全面譲渡」がめざすものは、あくまで個別的存在者相互の安全保障であった。強制法の発動も権利の侵害が生じるかぎりでという条件がつけられた。また、「相互承認」、「所有権」、「権利（ないし法）関係」、「強制」などの根底にあるものは、「各人は他者の自由の可能性によって、自分の自由を制限する」（FW3. 120）ことであった。この「共同体」は、人格の自由をなす所有と労働を保障するために、社会の細部まで統括する。『差異論文』のヘーゲルは、とくに『自然法の基礎』第二部『応用自然法』（一八九七年）を念頭において、「制限作用」という「悟性の支配」の欠陥は、「果てしない規定と支配の活動」として露呈し、「自由の制限はそれ自身果てしないものとなる」（GW4. 57, 八九）と厳しく批判した。実際の侵害行為を刑罰によって罰するばかりでなく、「侵害の可能性をも予防しなければならない」（GW4. 56, 八六）はめになり、「予防的悟性とその権力たる警察の義務はこのような果てしのない可能性にかかわらざるをえない」（ibid., 八七）。ヘーゲルはここに市民の挙動を監視する警察国家を見た。フィヒテの共同体構想は出発点のねらい通りになっていない。

ところで、『自然法論文』の「抑制作用」は、純粋否定性によって個別的な規定態に向かうものであった。そこでは、「抑制作用」が規定態にとって圧力あるいは外面性にならないという保障がどこにあるのか、必ずしも定かでなかった。『自然法論文』執筆直後の『ドイツ国制論』清書断片「国家の概念」（一八〇二年一一月以降執筆）でヘーゲルはフィヒテの自然法とフランス革命の下での国家理論を念頭において、国家固有の任務をきわめて狭くとり（軍事的な国家防衛とそれに伴う諸機関）、こう述べていた。「最高の国家権力が、できるだけ多くのものを市民独自の配慮に委ねるところでだけ、国民（Volk）自身の努力はその生命をもつ」（GW5. 177, 七八）。この国家権力が「最高に強力」なものとされた。この批判ははたしてフィヒテに妥当して、『自然法論文』のヘーゲルには無縁のものであろうか。この清書断片は、「占有の体系」を否定的にだけ見てはいない。「抑制作用」は『自然法論文』以降、術語としては消える。『人倫の体系』は第一章で検討したように、「欲求の体系」（『自然法論文』では「占有の体系」）を普遍化の運動として肯定的に捉えていた。人倫が純粋否定性によって「欲求の体系」に向かう必要がなくなったのである。ただし、〈相互制限としての自由〉を克服するというテーマは、姿を変えて『人倫の体系』に引き継がれる。それは「否定的なものあるいは自由あるいは犯罪」の章で扱われる。

三　〈相互制限としての自由〉の克服――「否定的なものあるいは自由あるいは犯罪」

すでに前章で見ておいたように、『人倫の体系』第二部「否定的なものあるいは自由あるいは犯罪」(4)は第一部「関係の面から見た絶対的人倫」（「自然的人倫」）の成果を前提として、その否定面の展開という性格をもっている。その上で、「自然的人倫」は、人倫の肯定的な一身分に包摂されたのであった。

『人倫の体系』の自然的人倫の到達点は、「商業（Handel）」にあり、それは「営利の活動における普遍性の最高点」（GW5. 337, 一一八）とされていた。そこでは個別的労働そのものの分割そして社会内部での労働の多様化が生まれて、労働生産物の余剰が幅広く市場に出てきて、「交換」が、数多くの他者の欲求を満たす。それらの余剰は価値をもつ同等なものとして取り上げられる。ここにヘーゲルは、差別の相にある個別的なものが無差別の相に取り上げられる、という普遍化の運動を読み取ったのであった。実在的関係における「相対的同一性」とそこから昇華してくる「形式的イデアリテート」(「形式的法ないし権利」)は、その成果であった。所有主体の成立には、『イェーナ体系構想III』に見られるような相互的な承認は介在していないが、個人は所有主体、権利の主体である「人格」として肯定的な意義をもつにいたる。

しかし、自然的人倫の勢位はあくまで個別的な規定態にあるので、ここに成立した「イデアリテート」、「無差別」は、形式的なものという限界をもっていた。ヘーゲルは、規定態のもとでの自由、すなわち人格の自由が抱える否定的なものの全面的な展開を通して、人倫の存在を認識にもたらそうとする。第二部の課題はこう立てられる。「諸規定態の止揚は、絶対的止揚、あらゆる規定態を絶対的普遍性へと受容することでなければならない」(GW5. 310, 六八)。自然的人倫はこの場面を通して初めて、人倫のうちに所を得る。人倫はその外なる現象としての徳に応じて、勇敢-第一身分(治者)、律儀-第二身分(商業)、信頼-第三身分(農業)に分節化する。人倫はこのように古典的ポリース論の色彩を強く帯びていた。自然的人倫は、絶対的統治と区別される普遍的統治の「欲求の体系」となる。「欲求の体系」は、今や一定の自己統治力を備えたものであり、そのうちで不断に生成する均衡、「中間」が、普遍的なものへの信頼も生みだす。『人倫の体系』では、『自然法論文』の一方的な「抑制」(5)ではなく、相互的な「有用性の関係」(GW5. 335, 一一五)が身分と身分の関係となった。「欲求の体系」はこの関係を維持する要、さらに「全体の維持」にとっての要となっている。ただし、この体系には撹乱の相があるので、統治の介入が必要になるが、ヘーゲルはできるかぎりのことをこの体系の自己統治力に委ねて、介入の外観をできるだけ避けることを基本線としていた(第一章参照のこと)。

問題の第二部は、第一勢位（概念の直観のもとへの包摂、文化一般に対する目的なき破壊）、第二勢位（直観の概念のもとへの包摂、所有に対する侵害、権利ひいては人格への侵害）、第三勢位（両者の無差別、全人格に対する全人格の闘い）からなる。この第二、第三の勢位は、自然的人倫の成果である所有‐権利‐人格をめぐっている。自然的人倫では個別態が対他的になりはする。しかし依然として個別態が存続しているので、個別態を「無差別」の相で規定するあり方は、形式的にすぎない（「形式的イデアリテート」としての「形式法ないし権利」）。この基底にあるのが、〈相互制限としての自由〉であった。ヘーゲルはこの自由を脱して、人倫の存在を認識にもたらすために、「イデアリテートの認識と規定態の実在的止揚」（GW5. 310, 六九）というテーマを第二部に与えた。

ひるがえって、第二部は、第一部の成果を、つまりアダム・スミス的な商業社会を前提にしているから、近世自然法の自然状態論として読み解くわけにはいかない。また『人倫の体系』はたしかに古典的ポリース論を踏まえたものであるとしても、そこに第二部にあたるものはない。第二部は古典的ポリース論にとって異質である。自然的人倫の成果、すなわち所有‐権利‐人格は、フィヒテが想定する「根源的権利」とその主体、相互に制限しあう自由の場面と重なる。第二部は、『差異論文』以来のテーマ、人倫の理念と個別的主体を分離させる〈相互制限としての自由〉の克服という面から最もよく読み解くことができるであろう。

第二勢位で起こる所有物への侵害は、所有主体への侵害でもあるが、ただちに人格全体への侵害となるわけではない。しかし、「主体の客体への関係のうちで主体自身が侵害されるかぎりで、主体のうちで何かが廃棄されている。主体において廃棄されるものは、所有の減少ではない」（GW5. 316, 八〇）。個別的な物を侵害する状態が続くならば、権利の侵害は人格にかかわるものとなり、その所有主体である「人格」の「名誉」を傷つける。「名誉によって個別的なものは全体的なもの、人格的なものとなり、そして外見上、個別的なものだけの否定も、全体の侵害である」

（GW5. 318, 八四）。「名誉」は個的主体としての矜持だからであろう。そして名誉は人格にとってイデアールな欲求であり、これを実在的に回復するためには、「自分の生が賭けられなければならない」（GW5. 319, 八六）。闘いは「全人格に対する全人格の闘い」（GW5. 318, 八四）とならざるをえない。

ここに立ち現れるのは、闘いの誘因が何であっても、「危険の同等性」（GW5. 318, 八四）である。闘いは一方の死で収束するわけではない。殺人者は家族の他のメンバーによる「復讐」によって転倒される。この「絶対的不安定」のさなかに個別性が揺り動かされて、「生成する否定の意識」（GW5. 321, 八八）が双方に等しく入り込む。ここに「無差別の同等性」（GW5. 323, 九二）、理性性をなす「中間」（ibid., 同前）が立ち現れる。このようにして第二部「否定的なものあるいは自由あるいは犯罪」の結果として、「占有や特殊性に沈んだあり方は、可能なかぎり無差別化されている。あるいは形式的無差別すなわち人格存在は、国民のうちで尊重される」（GW5. 336, 一一七）。「占有や特殊性に沈んだあり方」は〈相互制限としての自由〉が成り立つ場面であり、第二部は、この否定的な展開を通して、人倫に対する覚醒をめざしたと言えるであろう。

さて、『人倫の体系』は『自然法論文』と異なって、「実在性の体系」を新たな視角から捉えているが、「自然的人倫」はなお古典的徳論にもとづく一身分として人倫に包摂されるにとどまった。万人の自由とそれにもとづく共同体という視点からすれば、『自然法論文』も『人倫の体系』も自由民と非自由民という古典的区別を残しており、このような区別はいずれ維持できなくなるものであった。その点ではフィヒテの共同体構想は万人の自由を基礎においており、近代の成果を踏まえたものであった。〈相互制限としての自由〉を克服するというテーマは『イェーナ体系構想I』（一八〇三／〇四年）で新たな展開を見る。

四　「相互承認」批判としての「承認をめぐる闘争」――フィヒテの自由な共同体構想の批判的受容

ヘーゲルは『イェーナ体系構想Ⅰ』の「精神哲学」で、古典的ポリース論から離脱し、「欲求の体系」を人倫の一身分から解放して「人倫的精神」（GW6. 317）の普遍的なエレメント（境位）とする構想を立てる(6)。「人倫的精神」は万人の自覚的参入を想定している。〈相互制限としての自由〉、〈規定態のもとでの自由〉を克服するというテーマは一身分領域（自然的人倫）のものではない。「人倫的精神」の存在が、この草稿で初めて立てられた〈相互承認‐承認をめぐる闘争〉を介して説かれる。すると、この構想は近世自然法の問題設定に沿うものと見られかねない。ひるがえって、ヘーゲルは『自然法論文』で、「自然法の経験的取り扱い方」は理念的なものと経験的なものを混ぜ合わせ、自然状態というフィクションから、何ら内的必然性がないにもかかわらず、社会状態を導きだすと批判していた。経験主義は、自然状態から法状態への移行を説くときに、「社交本能」（GW4. 426）から議論を立てたり、あるいは「合意」をあらかじめ前提する。とするならば、ヘーゲルがここで近世自然法を積極的に取り上げる理由が見当たらない。それに対して、カント、フィヒテの「形式主義」は有限な多様性と対立のうちにありはするものの、「純粋統一としての無限性」（GW4. 431）を対置した。ヘーゲルはこの点を高く評価していた。しかもフィヒテの自由観と自由な共同体の演繹について厳しい批判を向けていた。これらを考慮するならば、〈相互承認‐承認をめぐる闘争〉の主軸はむしろ『差異論文』、『自然法論文』以来の、フィヒテの自由観と自然法との対決にあると見た方がよい。

さて、フィヒテは有限な理性的な存在者に発して、各人の自由の範囲つまり所有の範囲を確定する「相互承認」を介して「権利（ないし法）関係」を、さらにルソーの「一般意志」に定位した「自由な存在者」の共同体を演繹しようとしていた。しかし、ヘーゲルの見るところでは、「相互承認」は個別的な規定態を固定して、「外面性の体系」、

「強制の体系」を招き寄せた。『イェーナ体系構想Ⅰ』は、人倫を「万人の共同作品」（GW6. 315）として示そうとする。出発点は「個別的全体性」である個としての「対自存在」にある。ヘーゲルは今やフィヒテと出発点を共有している。そして「自由な存在者の共同体」構想の土俵に上がり、その構想を正面から見据えている。『イェーナ体系構想Ⅰ』の「相互承認」論をフィヒテの〈相互制限としての自由〉批判のコンテクストで読み解くときに、ヘーゲルのねらいをもっともよく理解できるであろう。『イェーナ体系構想Ⅰ』の〈相互承認‐承認をめぐる闘争〉の特徴は、次のヘーゲルの言葉からよく知ることができるであろう。

「諸個人が彼らの個別的全体性を観念的なものとして定立するのであり、全体に対する万人の欺瞞を定立するのではないということが、真実とならなければならない」（GW6. 316）。

ヘーゲルは自分の体系がけっして外面性の体系ではないことを「作品（Werk）」（GW6. 315-318）という術語に託している。〈相互制限としての自由〉に場を与えようとするスタンスは見られない。『イェーナ体系構想Ⅲ』で初めて、権利と法が精神哲学構想の主軸となるが、ここではまだそうではない。フィヒテは権利と、ルソーの「一般意志」の境位にある法を主軸としているのに対して、ヘーゲルはこの点を十分に視野に入れるにはいたっていない。〈相互承認‐承認をめぐる闘争〉は『差異論文』以来のフィヒテ自由論の克服という線上にあり、そのねらいは、「有限な理性的存在者」（ヘーゲルの術語では「個別的全体性」としての「対自存在」）の承認を求める行為が、不可避的に〈承認をめぐる闘争〉を引き起こさざるをえず、〈相互制限としての自由〉にとどまることなく、より高い次元へと、すなわち「人倫的精神」へと止揚されざるをえない理路を示す点にある。ヘーゲルはフィヒテの「全面譲渡」までを一連の動的過程として「理性的な仕方で」説こうとする。

『イェーナ体系構想Ⅰ』では、〈相互承認‐承認をめぐる闘争〉(7) を「個別的全体性」である「対自存在」(8) が担う。このあり方は、「A　形式的な現存在」（GW6. 282、ただしこれは断片二〇の抹消部分に見える）の理論的勢位（記憶 - 言語）、実践的勢位（労働 - 道具）、第三の勢位（家族 - 家族財）を通して成立する。この方法は、〈意識するもの - 媒辞（中間、Mitte）としての意識 - 意識されるもの〉というトリアーデをなす意識が、その二つの端項を媒辞（中間）へと有機的に構成し自分の勢位を高める点にある。経験的意識は自然と否定的にかかわるなかで、みずからを自立的存在として有機的に構成し、絶対的意識（国民精神、人倫的精神、万人の共同作品）をめざすのである。

「意識するもの」としての能動的個体は、媒辞（中間）を介して、他者や他的存在に働きかける。媒辞にはいくつかの局面がある。記憶は感覚的存在を止揚し、意味をそなえた自立態である「言語」となり、「普遍的に伝達する現存在」（GW6. 289）として存在する。この媒辞のなかで自然は観念化される。このように自然を理論的に領有した意識には、「存在の全体」（GW6. 295）が立ち現れる。この対立を実践的に止揚するのが「労働」である。意識は労働を通して欲望の自制を身につけ、対象を止揚しながらもそれを持続的なものとする（生産物）。その成果は、労働と生産物を二つの端項とする媒辞、すなわち理性的な規則性をそなえた「道具」にある。さらにこうして生まれた欲望の自制が、性愛にもとづく共同性の下地となり、さらにそこから「家族」が成立する。子どもは両親の知を身につけて、その知と外的世界との合一をめざす「個別的全体性」となる。ヘーゲルは、このようにして自立的 - 主体的存在者の成り立ちを描きだす。〈相互承認〉をめぐる場面がこうして整う。ひるがえって、この「対自存在」は経験的自然法に見られる自然的個体を想定しているのだろうか。それよりもむしろフィヒテ的な「有限な理性的存在者」に近いであろう。

ヘーゲルは人倫の境位をこう述べる。

「いかなる構成物でも契約でもなく、暗黙のないしは明示的な根源契約でもない。個別者はその自由の一部を放棄するのではなく、全体を放棄するのである。彼の個別的自由は我執にすぎず、その死である」（GW6. 315、欄外）。

人倫的精神は、契約にもとづくのではない。契約論は総じて〈相互制限としての自由〉に立脚する。そこからは、「万人の媒辞」、「万人の行為であり、彼らが作った当のものとして存在する」（GW6. 315f.）ような「人倫的精神」は成立するはずもない。個別的主体に出発点をおきながら、このような「人倫的精神」を可能にする理路として、〈相互承認‐承認をめぐる闘争〉が設けられている。以上を踏まえて、この場面を見ておこう。

占有と生存の全体性である各人（「個別的全体性」）は、自分の個別性の外延から他者を排除して、自分を自分として示す。しかも占有は、大地・物が本来普遍的でありながら個人の占有物に帰しているという矛盾を抱えている。占有は妨害をこうむらざるをえない。そのとき、ヘーゲルは、個別的なものの侵害がただちにその人の「個別的全体性」を傷つけることになる、とする。このあり方は、フィヒテの「根源的権利」のありようにぴったり重なる。フィヒテは『自然法の基礎』でこう述べていた。

「根源的権利は絶対的で閉じた全体である。それをたとえ部分的にせよ侵犯しようとも、その侵犯は全体に関わり、全体に影響を及ぼす」（FW3. 118）。

個的存在者が「閉じた全体」であり、部分の毀損が全体の毀損となるという論点を、ヘーゲルも意識的に立てている。他者によるこの毀損に対して、「各人は他者を力ずくで排除して、毀損されて奪われた占有を廃棄することによって、同時に他者を毀損する」（GW6. 309）。こうして、各人は他者の「個別的全体性」を否定し返す。そこで、自分を相手に認めさせるとは、どのようなことなのか。

「各人が、自己を他者のうちに定立し、他者の個別性を止揚する。あるいは自分の意識のうちに、他者を意識の絶対的個別性として定立する。これが相互承認一般である」（GW6. 307）。この関係はフィヒテのように占有の範囲を確定する相互承認に収まらない。ヘーゲルは、ここで自分の占有と生存のひとかたまりであり、部分の毀損が全体の毀損となるような排他的な「個別的全体性」を強調する。ここから、自分の「個別的全体性」を他者のうちに定立することが、すなわち相手に自分を認めさせることが、他者の「個別的全体性」の否定に向かわざるをえなくなる。自分が「個別的全体性」であることを、同じく「個別的全体性」である他者から知るためには、他者のうちに「個別的全体性」である自己を立てることによって、他者の死を目指さざるをえない。

自分を相手に認めさせようとする「相互承認」は、他者の死をめざし、それとともに自分自身の生命を賭けたものとならざるをえない。承認をめぐる生命を賭した闘争である。ところが、これによって私は自分の生命を「死という無」（GW6. 312）に晒しつつ、同時に自分の占有と生存という個別性に執着するという矛盾に、言い換えるならば、承認をめざす行為を現実化しようとすると、その行為が承認を廃棄してしまうという「絶対的矛盾」（ibid.）に陥る。この解消は次の点にある。

「意識が承認された全体性であるのは、意識が自分を止揚するときだけである。今やこのことが意識の自覚するところとなる。……個別的全体性は、自分を観念的な、止揚された全体性として直観する」（ibid.）。

承認は、「止揚されている（das aufgehobensein）」（ibid.）ことにある。ここに立ち現れる境位が「国民の絶対的精神であり、それは「すべての個別的意識を自己内に飲み込むエーテル」（GW6. 315）である。このように〈相互承認‐承認をめぐる闘争〉のねらいは、所有権の主体として承認し合うことではなかった。そうではなく、〈相互承認〉が事柄の本性上、〈相互制限としての自由〉にとどまることなく、その止揚に進まざるをえない理路を示す点に、そして「人倫的精神」に行き着かざるをえない点にあった。ヘーゲルはこうして「人倫的精神」を――フィヒテのように外面性の体系ではなく――「万人の共同作品」として示そうとしたのであった。

ところで、この「人倫的精神」は、先行した諸勢位（精神の非有機的自然）を有機的に構成して、たとえば言語を「国民の言語」へ、労働を――欲求と労働の領域で普遍性の形式を得るという意味で――「普遍的労働」へ(9)、占有を「所有」へと構成して、自分を「絶対的に肯定的な作品」（GW6. 317）とする課題を背負いこむ。この構想は、『人倫の体系』での相対的人倫・「欲求の体系」評価を継承して、「人倫的精神」内部で、欲求 - 労働 - 所有の領域を有機的に構成しうるという見込みに立っている。この構想の成否は、〈非有機的自然の有機的構成〉にかかっている。しかし、この草稿の叙述は、欲求と労働が普遍性の境位に高められて、「共同性と相互依存の巨大な体系」（GW6. 324）を形成する面だけでなく、それが「野獣のように持続的で断固とした制御を必要とする」（ibid.）面にまで及ぶ。また占有が「所有」に普遍化される面だけでなく、人格と物件の分離可能性も指摘する。しかし、『イェーナ体系構想Ⅰ』の「精神哲学」は、統治機構の叙述を欠いたまま途絶える。〈人倫による欲求と法の領域の有機的構成〉という構図は『自然法論文』以来とられてきたものであるが、『イェーナ体系構想Ⅰ』は課題を示しながら中断している。『イェーナ体系構想Ⅲ』がこの構図を放棄することをふまえるならば（次節で述べる）、この叙述の中断はけっして偶然ではなかろう。『イェーナ体系構想Ⅲ』は、フィヒテの思想圏の「相互承認」、そして「法」、「権利」そしてあの「強制」などを、ヘーゲル自身の体系の重要な術語として受容している。しかし、このことはフィヒテ自然法への接近というよりは、以上の術語を受容可能にする新たな理論的枠組みが成立したことを伝えている。そしてその枠組みを支える労働論の進展があった。

五　「強制」概念の受容と、新たな構想——『イェーナ体系構想Ⅲ』の地平

よく知られているように、ヘーゲルは近代の二元的分裂を問題化し、この分裂の克服を哲学的テーマとする。〈人倫による欲求と法の領域の有機的構成〉という構図は、この課題意識を背景としていると見てよいであろう。ところが、ヘーゲルは今やこの構図を放棄してしまう。人倫をめぐる思索のなかで、近代における分裂を分裂として積極的に評価する点に、『イェーナ体系構想Ⅲ』の新しさがある。普遍と個別、シトワイアン（公人）とブルジョワ（私人）とが直接に一体となった「美しき公共生活」（GW8. 263）、すなわち古代のギリシア的人倫が、決定的に歴史的過去のものとなったことを、ヘーゲルは認める。そしてこう言う。「より高次の抽象、より大なる対立と教養形成（Bildung）、より深い精神が不可避である」（GW8. 262）。そして、「より高次の分裂」を次のように説明する。

「各人が完全に自分自身のうちに還帰し、己れの自己そのものを本質的実在として知り、定在する普遍的なものから分離されていながらも、絶対的であり、自分の知のうちに自分の絶対者を直接に所持しているという我意に達しているということである。各人は個別者として、普遍的なものを解き放って自由にする。彼は完全な自立性を自分のうちにもっている」（ibid.）。

普遍的なものを離れても自分の自立性を確信する「主体性」、「自分自身を知る個体性」（GW8. 263）を「近代のより高次の原理」（ibid.）として認める。これは人倫論の場面では〈意志〉のかたちをとるであろう。これとともに、普遍的なものも現存在する個体から純化されて〈知〉の対象となる。「精神が直接的な定在から純化される。……この精神がここに、知として存在し始める」（GW8. 264）。近代の特質は、普遍と個別がそれぞれ固有の領域をかたちづくる点にある。これらの固有の意義を認めながら、そのなかでの「教養形成」ならびに「外化（Entäusserung）」が

「精神哲学」構想を成立させる舞台装置となる。

さて、ヘーゲルはこの舞台を次のように語る。

「普遍意志は、まず個々人の意志に発して、普遍意志として構成されなければならない。……普遍意志こそが第一のものであり、本質的存在である。そして個々人は、自己否定によって、外化と教養形成によって自己を普遍的なものへと形成しなくてはならない。普遍意志は個々人に先立つ。……個々人はけっして、直接的に普遍意志であるわけではない」(GW8. 257)。

ヘーゲルは、フィヒテの個別意志 - 共同意志（gemeinsamer Wille、これはルソーの「一般意志」にあたる）の問題場面に立ち会っている。ただしヘーゲルは、さらに個別意志・個別的存在者がおこなう「外化と教養形成」を通して、「知によって媒介された必然性」（GW8. 256）として「普遍意志」を示そうとする。主体的自由と客観的自由、個別的自由と普遍的自由、それぞれに固有の意義を認めて、その上で個別意志がみずから教養形成し、〈知〉にもとづく必然性として普遍意志を捉える。そして普遍意志が個別意志により自覚的に担われるという回路を、ヘーゲルは提示しようとするのである。そこには、フィヒテの「強制」概念を受容しても、けっして「外面性の体系」とはならないという見通しがあった。ひるがえって、『イェーナ体系構想Ｉ』は、「人倫的精神」を「万人の共同作品」としながら、「個別者の個別的自由は我執にすぎない」（GW6. 315、欄外）として、承認をめぐる生命を賭した闘争によって矛盾を定立し、その解消すなわち個別性の止揚に重点をおいたものとなっていた。そこには「個々人」の「教養形成」という〈知〉の働きを通じて、「人倫的精神」を捉えるという視点はなかった。

では、『イェーナ体系構想Ⅲ』の「知にもとづく共同体（intelligentes Gemeinwesen)」（GW8. 236、欄外書き込み）はどのような境位に成り立つのか。ヘーゲルはこの共同体の普遍的境位を「法（Recht)」に見た。これまでヘーゲルにとって、「法」はフィヒテ的な「外面性の体系」ないし「強制の体系」と結びつくものだった。ところが、今やヘーゲルは「法」に「精神の直接的概念」（GW8. 256）という意義を与えて、「法」の本性を自由とその実現に見る。またフィヒテの「外面性の体系」を特徴づける「強制」が一転して重要な術語となり、〈相互制限としての自由〉とつながる〈相互承認〉が独自の意義をもつにいたった。この場合、「精神の概念」が「個別者の完全な自由と自立性における普遍性」（GW8. 254）として表明される。このありようは、すでに述べた近代世界の「高次の分裂」を前提して、個別的自由と普遍的自由の独自の意義を踏まえている。「法」はこの「精神の概念」の実現にもっともふさわしいとされた。この展開を取り上げる前に、契約論的な理論構成の問題点について見ておこう。

ヘーゲルは、フィヒテ的な個別意志‐共同意志論、あるいはルソーや近世自然法一般を視野に入れて、こう述べている。

「共同体や国家的結合は、各人が暗黙のうちに——本来的には明言的に——合意したと仮定された本源的契約にもとづいていると考えられている。……共同体がまだ現存していない状態が出発点なのである。……彼らの各々は、自分たちの積極的意志を、普遍的意志のうちに知ろうと欲している」（GW8. 257）。

しかし、この場合、万人が同じように意欲する必然性が欠けているし、その上、各人の意志は本来的に普遍意志であるように前提されている。そのため、契約による「普遍意志の制定（constituiren）」（ibid.）には、個別性の外化（Entäusserung）、自己否定が欠けているために、「普遍意志において妥当しているのは諸個人の個別性だけである」（GW8. 258）。フィヒテは、ルソーの「一般意志（volonté générale）」に「共同意志（gemeinsamer Wille）」を対応させていた（FW3. 258）[10]。ヘーゲルは『イェーナ体系構想Ⅲ』で、「共同意志（gemeinsamer Wille）」をルソーの「全体意志（volontè de tous）」に対応させて使用している。ヘーゲルは、「全体意志」に対する「一般意志」に、「普遍意志（allgemeiner Wille)」を対応させている。ルソーに従えば、「全体意志」は「私の利益をこころがけ、……特殊意志の総和であるにすぎない」(11)。ヘーゲルのこのような用法は、フィヒテの「共同意志」が真に普遍的な意志のレベルを捉えていないと見なすものであろう。この事情はルソーにもあてはまる。『イェーナ体系構想Ⅲ』で「共同意志（gemeinsamer Wille）」は「Ⅱ　現実的精神、a　承認された状態（Anerkanntsein）」（GW8. 223）で術語として多く用いられている。「現実的精神」は人格相互の承認関係の場面、市民社会的な関係の場面である。ここには、フィヒテの個別意志 - 共同意志論が、真に普遍的な意志を取り上げていない、また個別意志に発して、自己を普遍的なものへと形成していく回路が欠けているという批判的吟味があったと見ることができよう。すでに引用したように、「個々人は、自己否定によって、外化と教養形成によって自己を普遍的なものへと形成しなくてはならない。普遍意志は個々人に先立つ。……個々人はけっして、直接的に普遍意志であるわけではない」（GW8. 257）。ヘーゲルはこうして契約論一般の問題点を指摘して、「法」を普遍的境位として、「知にもとづく共同体」を構想するのである(12)。

そして、「強制」を重要な術語とするこの〈知にもとづく共同体〉は、次章でみるように新たな労働観によるところが大きい(13)。この労働 - 外化論を基礎にして、「外化と教養形成」が可能になり、個別者が普遍意志（法）を「諸個人の純粋な威力」として知り、公共的権力を「普遍的な知」とすることが可能になっている。そのなかで独特の仕方で法的概念と経済的概念が接合し、フィヒテ自然法の「強制」、「相互承認」、「法」などが、「知によって媒介された必然性」（GW8. 255）のなかに据えなおされている。

結　び

ヘーゲルは、イェーナ期に本格的に人倫の思索を開始した。その人倫構想は、短い期間に目まぐるしく変化した。

この変転をどのように整理することができるか。本章は、フィヒテの自由観、そして自然法との対決という視軸を立てて検討してきた。ヘーゲルの思索のなかにその対決の跡をさまざまな形で確かめることができた。とくに「強制」概念は『差異論文』そして『自然法論文』でヘーゲルが手厳しく批判した概念であった。この概念が『イェーナ体系構想Ⅲ』の「精神哲学」で、人倫構想を成立させる重要概念として受容されている。これは、ヘーゲルがこの「精神哲学」の構想で、フィヒテ的問題設定を正面から受けとめることが可能になったこと、そしてヘーゲル自身の新たな立論が可能になったことを告げている。次章では、この新しい立論の基本的骨格を明らかにしよう。

第三章　近代の二元性と〈知にもとづく共同体〉

――『体系構想Ⅲ』の新たな構想

一　承認の原型 - 労働から知の運動が始まる

『イェーナ体系構想Ⅲ』の「精神哲学」は、古典的ポリース論に対しても、また近代の社会契約論にも批判的なスタンスをとる新たな構想によるものであった。本章では、この構想の基本的な枠組みを明らかにしていこう。そこから『法(権利)の哲学』(一八二〇年)の原型が、『イェーナ体系構想Ⅲ』の「精神哲学」にあることも理解できるであろう。

この新たな構想は「自我」の自発性を出発点としていて、「自我」は、自然的 - 対象的世界に理論的にかかわる「知性」さらにその世界に実践的にかかわる「意志」の過程から登場する。労働の論理はすでに「知性」の場面にはたらいている(1)。

「アダムはあらゆる事物に名前を与えた。この行為は帝王大権というべきものであり、全自然の最初の占取である。あるいは精神にもとづく全自然の創造行為である」(GW8. 190)。

それは、命名行為が対象に意味を与えて、それをわがものとするからである。記憶はさらに名前の関係を持続するものとする。「知性」の核となるこの命名行為と記憶を、「自我が自己自身を存在する当のもの、つまり物とする」

（GW8. 193）という労働の論理が支えている。こうして知性は対象を自己として把握する。しかし、そこには「物を自己となすこと」（GW8. 195）が欠けているために、知性は形式的可能性にとどまる。知性の〈知〉に内容を与えなければならない。「意志」は、目的（普遍）と活動（個別）を推理的に連結する媒辞（Mitte、中間項）、「衝動」として現れる。これを実現するものが労働である。

> 「労働とは、此岸的な〈自己を物となすこと（das diesseitige sich zum Dinge Machen）〉である。衝動である自我の二分化はこの〈自己を対象とすること〉である」（GW8. 205）。

「二分化」とは、自己が自己でありつつ、同時にその自己が作品という形をとって対象となっていることを指している。私（自我）は、非有機的自然に否定的にかかわり、自分の諸規定を物の形式へと形成する。そして「それを自分の自己、つまり自分の固有の形式として直観する」（GW8. 224）。ヘーゲルはこれを「自我の作品（Werk）」（GW8. 204、強調はヘーゲル）と言う。「私（自我）は、そのうちに自分の行為を知る」（ibid.）。私は自己を物へと形成しながら、この対象的存在のもとで自己自身と関係している。ここには、〈他在のうちで自己を知る〉という再帰的関係が成立している。伝統的なポイエシスとしての労働観は、労働を、形相を質料のうちに移し入れるにすぎないものとみなし、公共的実践（プラクシス）から切り離し、それよりも下位に位置づけたのに対して、ヘーゲルの「労働」は、承認の原型になるとともに、さらに共同社会の形成機能を担う。ヘーゲルの画期性はここにある。ひるがえって、『イェーナ体系構想Ⅰ』は、労働の意義を、欲望を自制し、対象を加工するはたらきをもって、労働の活動と対象という二つの端項の間に「道具」という理性的で持続的な媒辞（中間項）を生みだす点に認めていた。『イェーナ体系構想Ⅲ』の労働は、活動そのものに、物の加工にとどまらず、自己確認 - 自己の承認のはたらきをもたせている。ヘーゲルはここから諸個人の相互関係の形成、さらに社会形成を見据えている(2)。

なお、この労働‐道具論のコンテクストのなかで初めて、「狡知（List）」（GW8. 206f.）論が登場する。私（自我）は、狡知を自己と外なる物象との間に挿入し、自然の諸力を合目的なものに転化して、道具に活動性を与える。「衝動は自然が自分で働くよう仕向けて、これを静観し、ほんのわずかな労力で全体を統制する。つまり狡知である」。自然のままの活動が狡知を通して、合目的なものに転じる。ここには「自然法則の合理的な取り扱い」（GW8. 207）がある。狡知は「理論的に観望すること（Zusehen）であり、知へと無自覚に駆り立てることである」（ibid.）。このようにして、労働は本質的に知の運動であり、衝動は背景へと退いていく。男女の間で、互いに欲望の対象であることが止揚されて、〈他者のうちに自己を知る〉愛の関係が可能になるが、情感にもとづくこの関係は「人倫の予感」（GW8. 210）にとどまる。ともあれ、ヘーゲルは、この共同性の背景に、知性と意志の働きをかたちづくる〈此岸的な自己を物となすこと〉としての労働をおいている。

そして、家族(3)は、互いの愛にもとづいて「自己意識的統一」を表現する「自己意識的な対自存在」（GW8. 213）を生みだす。子どもは家族の「教育」を通して「完全で自由な諸個体」（ibid.）となる。こうしてヘーゲルは身体と大地の一片を占有する「相互に自由な自己意識の概念」（GW8. 214）を立てて、相互承認をめぐる舞台を整える。この状態について、ヘーゲルは次のように言う。

「こうした関係は、通常、自然状態と呼ばれているものである」（ibid.）。しかし、「私が人間を考察するのは、その概念においてであって、すなわち自然状態においてではない」（ibid. 欄外書き込み）。

ここに登場した「対自存在」は、近世自然法に見られる自然な存在に由来するのではなく、意識の展開の成果として生じている。そのあり方は、フィヒテ的な「有限な理性的存在者」に近い。そして「その概念」とは、「相互に自由な自己意識の概念」（ibid. 強調は筆者）のことであり、ヘーゲルはこの「相互に自由な」あり方を、自由論の上でまず重視している。ひるがえって、ヘーゲルは、『差異論文』以来このあり方を、フィヒテの共同体構想の欠陥の根幹にあるものと見て、つねに止揚すべきものとしていた。ところが、『イェーナ体系構想Ⅲ』はこの自由をまず確立すべきものとしているのである(4)。『イェーナ体系構想Ⅲ』は、ヘーゲルが近代に立脚することを明らかにした、法哲学形成史上、最初の文献である。ヘーゲルは、「相互に自由な」というあり方から必然的に〈相互承認〉を導き出そうとする。「人間は必然的に承認を受け、かつ必然的に承認を与える。この必然性は人間固有の必然性である」(GW8. 215)。そして、この運動そのものが権利、義務を産み出す、あるいは法を呼び起こす、というように〈知的必然性〉の回路が示される。

二　〈承認をめぐる闘争〉は〈知る意志〉を生みだす

相互承認をめぐる運動が生じてくる基本的な枠組みを、今見ておいた。『イェーナ体系構想Ⅰ』の自立的存在者は、初めから「個別的全体性」として相互排斥的であった。このあり方がフィヒテの根源的権利の主体に重なるという点をすでに指摘しておいた。しかし、『イェーナ体系構想Ⅲ』の自立的存在者は、何よりもまず自由であり、知性、意志、家族を通して成立した〈知〉るはたらきを本性とする主体である。二つの草稿の間には、このような相違点がある。〈承認をめぐる闘争〉の開始点を、二つの草稿とも、他者の占有を無自覚的に侵す点においている。『イェーナ体系構想Ⅰ』は、この侵害が「対自存在」の「個別的全体」の一部に及ぶだけでも、それがただちに「個別的全体」そのものに及ぶものとしていた。それに対して、『イェーナ体系構想Ⅲ』では、占有物とは何よりもまず〈此岸的な、自己を物となすこと〉にもとづく自分の〈労働の形式〉であり、その当人の〈自己〉である。そこで、自分の占有から排除された者は、占有物の再獲得をめざすばかりでなく、むしろ「他者の知のうちへ自分の自己を定立」(GW8.

219）して、「自己の自己についての知を、すなわち、承認されることをめざす」（GW8. 220）。所有主体である根拠は、〈此岸的な、自己を物となすこと〉にある。とすると、他者が侵したのは、たんなる占有〈物〉ではなく、所有主体としての〈自己〉であった。所有主体から占有物を排除したことは、この当人から所有主体であるという〈知〉を排除したことに通じている。焦点は、〈所有主体であること〉を他者に認めさせる点にある。『体系構想Ⅰ』は、占有のわずかな毀損を個的存在者の全体性にそのまま結びつける構成をとっていた。ヘーゲルはすでに相互承認をめぐる着地点を念頭において、これらの出発点を立てている。

さて、〈承認をめぐる闘争〉は〈生死を賭した闘争〉へと進む。このねらいは、「人倫的精神」へと直行する『体系構想Ⅰ』とは別の点にある。〈生死を賭した闘争〉の主要な役割は、各人を生存、生計など具体的状況への埋没から脱却させて、「知る意志」（GW8. 221）に転じる点にある(5)。生死を賭すことを通して、「各々は、他者を純粋な〈自己〉として見るように、立ち現れる」（ibid.）。各々が何よりもまず純粋に〈所有主体であること〉を認め合う。着地点はここにある。「この知る意志は今や普遍意志である。それは承認された存在である」（ibid.）。他者と没関係にあった〈意志〉は、つまり「抽象的な意志」（GW8. 223）は、今や「普遍的な承認された存在という境位、この精神的現実性という境位において、止揚されたものとして産出されなければならない」（GW8. 223）。「人格」が相互的な承認という境位に成立し、「占有」は承認されたものとして「所有」に転じる。

この〈承認された状態〉の特徴は、「自己の制限、つまり個別者における自由という恣意の制限」（GW8. 222、欄外）にある。これは、ヘーゲルが〈相互制限としての自由〉として『差異論文』以来、批判してやまないものであった。ヘーゲルは、今やこの自由を〈知にもとづく共同体〉構想のなかで固有の位置を与えるにいたっている。しかも、このなかでは、自由を相互に制限する人格的承認関係は、フィヒテのような「外面性の体系」をもたらさない。ヘーゲルは、「強制」が〈知〉の運動のなかで積極的な機能をもつ構成を提示するのである（第四節で扱う）。

三　交換が相互的承認にアクチュアリティを与える

さて、この「普遍的な〈承認された状態〉という境位、この精神的現実性という境位」（GW8. 223）は「現実的精神」として現れる。そのなかで、占有は権利として、労働は普遍的労働として、家族財は万人の享受するものとして現れる。「現実的精神」は、欲求と労働が織りなす普遍的な関係であり、この領域はのちに「市民社会」として概念化されるであろう（ハイデルベルク期）。

「普遍性の境位においては、加工労働は抽象的労働となるように存在する。欲求は多様である。この多様性を自我のうちに受け入れて（そのために）労働すること、これは普遍的形象（Bilder）を（作りだす）という抽象化である」（GW8. 226）。

各人は、まず自分自身の欲求のために労働する。各人も、その労働も、他との関係をもっていないときには「抽象的」である。ところが、この「労働の内容」は自分の欲求を越えて、多くの他者の欲求を満たすことができるし、こういう多くの他者に向けられた「普遍的形象」を作りだしてもいる。ヘーゲルは、この労働を、不特定多数の人のためになされているという意味で「抽象的労働」とよぶ。この普遍性の境位で、実際に自分の欲求を満たすとき、「自分の多くの特殊な欲求の充足は、他の多くの人々の労働（によるものである）」（GW8. 225）ことが判明する。たとえば、私は、無数の他者労働が織り込まれている衣服を着ている。「抽象的労働」の境位で、「彼は自分自身の、自分の形式の（つまり自分と自分の労働の所産の）普遍性を、すなわち（自分が）他者のために存在するのだということを直観する」（GW8. 226、欄外）。このように欲求と労働の普遍的関係は、普遍的なものの意識を実際の諸関係のなかで日々生みだしている。この領域では、分業〔労働の分割〕が、そのなかで各人にさまざまな活動を解放し、諸個人を教養形成しつつ、この領域に統合している。

多様な「抽象的な」――他の人々の欲求を満たすことができるという意味で――加工物が存在する。それらは、「交換」を通して、再び具体的な、個人の欲求となることができる。また個人は交換を通して、多くの欲求を満たすことができる。交換は、加工品を、普遍性の面にしたがって同等のもの、すなわち「価値において同一のもの」（GW8. 225）として対置し、この抽象的な価値〔物としては貨幣〕を、特定の個人の具体的欲求へと媒介する。この交換に「知る運動」（GW8. 226）を見いだす点に、ヘーゲルの独自性がある。〈交換〉は〈相互承認〉が実際に日々生じる場面なのである。交換において、

「私は、この私の定在〔物となった自己、加工品〕を外化〔譲渡〕し、それを私にとって疎遠なものとし、そのうちで私を保持している。まさしくこのもののうちに、私は自分が承認されていることを直観する」（GW8. 227）。

「私の定在」、つまり〈第二の自己〉の譲渡を通して、他者はそれを価値あるものとして承認し、受け入れる[6]。これは、物の価値の承認であるとともに、当の私を価値あるものとして承認することでもある。交換は、人格＝所有主体としての承認関係を実際に生みだしている。労働は〈他在において自己を知る〉という知を物においてもち、交換はこの知を他者においてもっている。この基底にあるのは、「いずれも同一の外化である」（GW8. 227）。

そして、ヘーゲルは、「知る運動」の成果である〈知〉に着目する。それは「善と悪についての知、人格的な正と不正」（GW8. 223）である。ヘーゲルは、自分の権利についての知を、自分自身の実体として法を知るための跳躍台として使う。ここに、法〔普遍意志〕を個人にとっての外面的な圧力としない知的回路が現れる。

四 「人格的な正と不正」の知が、権利の意識と法（普遍意志）を媒介する

交換は、さらに「観念上の交換」（GW8. 228）、「言明の交換」（GW8. 229）としての「契約」に進む。譲渡を通して、それぞれの意志が現実性をもち、それぞれが人格として承認される「共同の意志（gemeinsamer Wille）」（GW8. 228）が成立している。この「共同の意志」に則るかぎりで、個々人は人格として尊重されている。そのかぎりで、個々人は個別的存在者（特殊意志）であるとともに、普遍者（人格）として通用する。

さて、このような「共同の意志」から特殊意志が離反するとき、犯罪となる。犯罪は〈承認された状態〉のうちで生まれる。とするならば、犯罪は犯罪の意識、すなわち「共同の意志」からの離反の意識をともなう。犯罪には刑罰が科されて、〈強制〉をともなう。では、この強制は何をめざすのか。それは、〈人格的な承認関係〉が毀損されたことに対して、「人格的な正と不正」の知をよりどころにして、〈人格的な承認関係〉の回復をめざしている。承認された状態が前提になっているとき、〈強制〉は犯罪にとってけっして〈外面的〉ではない。刑罰の本質は、「契約にもとづくのでも、他者への威嚇にもとづくのでもないし、犯罪者の矯正にもとづくのでもない」（GW8. 235）。強制としての刑罰は、犯罪者の知によりつつ、この離反を転換することである。そして刑罰はそもそも普遍意志としての〈法〉に由来する。「犯罪は普遍意志を鼓舞し、刺激し喚起して活動させる」（ibid.）。

こうして、ヘーゲルは、「相互に自由な自己意識の概念」にもとづいて、人格としての承認関係を導きだし、さらに〈強制〉を〈承認された状態〉にとって不可欠のものとして示した。それだけではない。この知の運動のなかで個別意志が〈普遍意志〉である〈法〉に向かう理路も確保した。〈法〉は、〈承認された状態〉のもとに成立する〈知〉を前提として、司法活動を介して、「権力をもつ法律」（GW8. 236）として、諸個人の実体であることを示すことがで

きる。普遍意志 - 法は、とくに生命にかかわる刑事司法によって、人格的正 - 不正に対する絶対的威力として知られる。諸個人の知に支えられることによって、今や「α　普遍的なものが個別的なものの実体であり、〔しかも〕β　意識され、意欲された実体である」（GW8. 253）。ヘーゲルは、『差異論文』で、「共同意志（gemeinsamer Wille）という固定的な抽象物」である法が、外面的で疎遠な圧力として働いていると、フィヒテを手厳しく批判していた。しかし、ヘーゲルは、「個別者が普遍的なものへと生成すること」、そして「普遍的なものが生成すること」（GW8. 255）、これら二つの〈知〉の回路を提示して、今やこの〈法〉を普遍的境位とする共同体を構想している。

五　公的圏と私的圏――区別と媒介

このように、ヘーゲルの〈知にもとづく共同体〉は、法の支配を内実としている。そして権利にかかわる領域と法（正義）にかかわる領域に固有の意義を認めて、これらの区別と媒介をめざしている。

万人の労働によって成立する「普遍的富」――ヘーゲルはイェーナ期を通して、ついに欲求と労働の体系について、一貫した術語をもつことがなかった――は、「個々人の生存を保持する実体」（GW8. 244）であり、そこからは、「次第に発展していく精神の欠陥が意識されたもの」である「教養形成された公共の意見（世論）」（GW8. 273、欄外）が生まれてくる。「これが真の立法団体である」（GW8. 263）。ヘーゲルは近代の労働と欲求の体系の成果をこのように確認する。「世論」については『法（権利）の哲学』が肯定的な側面、否定的な側面にわたり検討することになるが（三一六節から三一八節）、公共的政治の領域を本質的な領域として、欲求と労働の領域を私経済として従属的なものとみた『自然法論文』からは大きな転換がある。ところで、この体系は同時に「個々人の生存の完全な偶然性」（GW8. 244）でもある。欲求は多様化し、趣向は洗練される。しかし、衝動 - 欲求を刺激する美が幅をきかせる。

「同じく、労働を単純化〔細分化〕しようとする努力、別の機械を発明しようとする努力などが絶えず続けられる。個別者の技量は彼の生存を可能にするものであるが、これがまったく錯綜した偶然に委ねられる。……大いなる富と大いなる貧困との対立が現れる。……富と貧困のこのような不平等は、意志の徹底的な分裂を生み、内心での反逆と憎悪を生みだす」（GW8. 243f.）。そして、「工場、マニュファクチャは、まさに一階級の悲惨の上に成り立つ」（GW8. 273f.）。

「普遍的な富」の領域はポジティヴな面ばかりでなく、ネガティヴな面をそなえている。それは「此岸的な、自己を物となすこと」としての労働の存立を危機にさらすであろう。ここにこの領域と区別される「国家体制（Konstitution）」のレゾンデートルがある(7)。すでに『自然法論文』あるいは『人倫の体系』に、私的な圏と公的な圏を明確に区分するというスタンスがあったが、そこでの区別は、古典的ポリース論によるものであった。しかし、『イェーナ体系構想Ⅲ』での区別は、前章第五節で見たように、「近代のより高次の原理」（GW8. 263）にもとづいている。ヘーゲルは近代の独自性を、個別意志 - 個別的自由と普遍意志 - 普遍的自由が別個の意義をもって存立する点に見たのであった。こうして、富の領域を構成契機とする国家体制（憲法体制）が姿を現す。富の領域が固有のレゾンデートルをもつ以上、この領域に今見たような問題が生じるとしても、国家権力の「干渉はできるだけ控え目なものでなければならない」（GW8. 244）。ヘーゲルはこの二つの領域の区別という基本線を踏みはずさない。この領域を維持する配慮は、富の不平等を緩和する累進課税、救貧税、公共的富を形成し管理する財政、司法、ポリツァイ（公共政策）などにわたる。これらは統治の契機であって、それらの統一は憲法体制にある。『法（権利）の哲学』の市民社会と政治的国家を対比すると、ここでの立論はなお整理途上の印象——たとえば、『法（権利）の哲学』は租税を国家の立法権で扱うが、ここでは租税は「普遍的富」の領域で論じられる。あるいは『法（権利）の哲学』がポリツァイを市民社会で扱うのに対して、ここでは国家体制で扱われる――を否めない。しかし、二つの領域を概念的に区別し、関係づけようとするスタンスが確立している(8)。

ところで、ヘーゲルは〈個別者の完全な自由と自立性における普遍性〉を「精神」の概念として示した。これは、個別的自由と普遍的自由を区別することにもとづいている。このあり方は、より具体的には法的な場面では権利と法の区別となり、具体的な制度としては「普遍的富」の領域と「国家体制」の区別になろう。私的な圏はもはや公的な圏にくらべて価値の劣る領域ではない。ここには公と私を近代の境位に立って改めて立て直すという問題意識もはたらいている(9)。

六　ヘーゲル法哲学の原モチーフ――公と私の脱構築、主に時事論文を通して

さて『イェーナ体系構想Ⅲ』の基本線を検討してきた。そこでは近代の分裂がもたらした二元性に積極的な意味があり、その上で普遍意志と個別意志、法と権利、政治的国家と市民社会の区別と媒介というテーマが生まれていた。ここではさらに、この背景にある原モチーフというべきものを時事論文に確かめておこう。二つの時事論文を検討することを通して、イェーナ期の成果と後期の法哲学的思索とのつながりが浮かび上がるであろう。

時事論文はヘーゲル法哲学を検討する上ではさほど重視されることがない。もちろん『ドイツ国制論』（一七九九―一八〇二年、一八九三年にG・モラがこの草稿を出版）に、後の『法（権利）の哲学』に現れてくる市民社会と国家という区別の萌芽を、また『ヴュルテンベルク王国地方民会の討論』（『ハイデルベルク文芸年報』一八一七年一二月および一八一八年初頭）に、実定法ではなく理性法の立場や、選挙制度上の原子論の立場批判など、法哲学的な問題を見いだせるであろう。しかし、ここではヘーゲルの法哲学的思索とのつながりで見落とせない原モチーフというべきもの

を探ってみよう。

『ドイツ国制論』はドイツ・ナショナリズムが高揚を迎える時期に公刊され、その後、第一次世界大戦とドイツの敗北という時期が訪れる。H・ヘラーは、一九二六年に、このような時代背景を置いて、ヘーゲルは「ドイツ人に国家理性と権力国家の価値を認識することを最初に教えた」(10)と言う。ドイツ帝国(神聖ローマ帝国)は、フランス共和国に干渉し、かえって敗北し、朽ち果てた姿をさらけ出してしまった。ヘーゲルはこのありように直面して、「ドイツはもう国家ではない」(GW5. 161, 四九)と語ったが、その論旨はナショナリズムのアピールにではなく、ドイツの時代遅れとなった国家体制の問題を摘出する点にあった。ドイツでナショナリズムを背景にした対ナポレオン戦争が始まるときに(一八一三年)、彼はなおナポレオン擁護の姿勢を崩さないほどであった。

さて、ヘーゲルのモチーフを「序論」(一八〇一年初頭から夏)と「国家の概念」(清書稿、一八〇二年冬から一八〇三年初頭)に探ってみる。ドイツ帝国はフランス共和国に干渉戦争をしかけながら、逆に敗北を重ね、プロイセンはいち早くフランスと単独講和を結び、ライン左岸をフランスに委ねて、対仏同盟から退いた。また他の領邦国家もフランスと単独講和を結ぶにいたった(バーゼルの和約、リュネヴィルの和約など)。ドイツは「国家」ではない。ではその内的な原因はどこにあるのか。それは歴史的には全体によって制限されることをよしとせず、普遍的なものを考慮しない「ドイツ的自由」(GW5. 59, 五五)に行きつく。そのため国家権力を形づくる諸部分は、「原理を欠く寄せ集め」(GW5. 60, 五七)となり、「政治上の諸権力と権利とは、全体の組織にしたがって考案された官職ではなく」、多様な私有物という観を呈することになった。ヘーゲルはドイツには真の意味で国法学がないと嘆く。公法は私法にすぎない。「立法権、司法権、聖職権、兵権は非常に不規則なしかたで、……混淆され結合されているが、その乱雑さかげんは私人の所有権の場合とまったく同じなのである」(ibid., 同前)。このような状態を生みだした背景には、領邦君主が聖俗両権を合わせもつとしたアウグスブルクの和議（一五五五年）や、ドイツ帝国を構成する領邦国家の外交権すら認め、「ドイツ的自由」を定着させることになったヴェストファーレンの和議（一六四八年）があった。ドイツは「本質的には主権をそなえた諸国家の群」（GW5. 64, 六〇）にすぎない。

それでは国家を考える上で、どのような観点が必要なのか。それは、「国家権力の手中に帰し、直接にそれにより決定されなくてはならぬ必然的な事柄と、国民の社会的結合においては端的に必然的ではあっても、国家権力にとっては偶然的な事柄とを区別する」（GW5. 178, 七九）ことである。この国家に本来帰属すべき事柄と、市民生活に帰属すべき事柄を明確に区別することが重要になる。ここでは国家の最小限の規定、つまり「対外的対内的安全のために必要欠くべからざる権力を組織し維持すること」（GW5. 175, 七五）がまず問題とされているにすぎない。しかし、これはたんなる権力国家ではない。政府は、できるかぎりのことを国民の自由に委ね、それを擁護しなければならない。国家体制は組織として整ったとしても、それを「機械」（GW5. 174, 七四）に見立てて、最高権力がその末端まで操作するものと考えるならば、それは「根本的な誤謬」（ibid., 同前）となる。これは国民への信頼を欠いているし、国民からの信頼を期待できないからである。ヘーゲルはフランス革命下の国家体制とフィヒテの国家観を念頭に置いている。ヘーゲルの視線は、何よりもまず公的なものと私的なものが混淆していて、公的なものが公的なものとして、私的なものも私的なものとして確立していない点に、またそれらの関係に向けられている。次に『領邦議会論文』に目を移してみる(11)。

ナポレオンの没落後、メッテルニヒが主導するウィーン体制が発足し、フランスにはブルボン王朝が復位する。『領邦議会論文』は、この時期のヴュルテンベルク王国を取りあげる。この国はヘーゲルの故国であり、一八〇六年にナポレオン主導のライン連盟に加わり、大幅に領土を拡大した。ヴュルテンベルクは公国から王国となった。それは、法慣習や宗派が異なる新住民をかかえ込むことでもあった。こうして、新王国は、国家としての体裁を整え、住民を一つの国民としてまとめるという課題を負うことになった。改革は、「古きよき権利」に固執する議会を停止させて、上から始まったが、一八一五年に、一〇年ぶりに議会が召集されると、議会と国王の間に紛争が勃発した。ウィーン会議でヴュルテンベルク王国が承認されたことにともない、独立国家としての体裁を整えることが急務となり、国王が領邦議会に憲法原案を提出したのである。それは、フランスの「シャルト」（一八一五年憲法）をモデルとして近代的な国家体制を整えようとするものであり、議会が旧来もっていた伝統的慣習的な特権を廃止するという内容をもっていた。領邦君主と自由に契約を結ぶという封建的な民会制度に、近代的な代議制度が取って代わるものとされた。これまでの君侯と民会は、帝国封土における関係として、皇帝ないし帝国権力という第三者のもとで、「私法的な権利所有者の仕方」（GW15. 60, 六〇）で関係してきた。ヘーゲルは、私法の支配に対して「公法の支配」（GW15. 42, 三〇）への移行を「時代の推移にともなって生じた重大な移行の一つ」（ibid., 同前）とみて、憲法原案に理性的なものを見てとり、「古き善き法」に固執する民会を批判する。

民会の特権は、「私法的な権利所有者の仕方」によるものであった。たとえば、「収税金庫」の権利は、課税徴収権を含み、民会の管理権をもつ小常任委員会は、委員会の人事、俸給、手当などを意のままにしていたが、すべて監督を免れていた。公費の乱費、「私的強奪」（GW15. 57, 五五）が横行した。あるいはヴュルテンベルクでは、町書記や区書記が配下の書記を使い、契約書、婚約書、遺言書等々、社会生活上の記録の業務を独占していた。それは、本来、裁判所や市当局が管轄する公的な範囲に属する計算書の作成にまで及んでいた。これに対する支払いは、すべて書記個人の金庫に入った。ヘーゲルはこれを「ブルジョワ貴族政治」（GW15. 108, 一四八）と呼び、この腐敗から国民が解放されないかぎり、「法・自由・そして憲法についての真実な概念の定着することは不可能」（GW15. 109, 同前）と言い切る。『領邦議会論文』は、公的なものの私的・特権的簒奪に対して厳しい批判を向けている。公的なものと私的なものとの明確な区別と関係という原モチーフは、『ドイツ国制論』以来なお生き続けている。初めての法哲学講義、つまりハイデルベルク大学での法哲学講義（一八一七／一八年）で、ヘーゲルは「現代では、国家が理性的な現存となる歩みが生じている。この歩みは千年来生じることがなかった。理性の権利が私権に対して真価を発揮したのである」（I. § 125A）と、また、ベルリンでの二回目の講義（一八一九／二〇年）では、「近年のすべての闘争は、政治的生活を封建的諸関係から純化することである」（III. 238, 一七九）と語る。時事論文の原モチーフは、法哲学講義へと引き継がれている。

結び

本章は、『イェーナ体系構想Ⅲ』の「精神哲学」構想の構造を明確にしようと努めてきた。そこで国家体制は「有機的全体」を形づくり、それが労働の性格に対応する諸身分の有機組織へと分節化する。

この「全体こそが媒辞であり、……それは個々人の知にも、空虚な結節点である元首（Regent）の資質にも依存していない」（GW8. 263）。

「全体」は、万人の労働と教養形成によって媒介された共同体であり、そこでは法が実体として知の境位に現れている。近代が生みだすことのできるこの「全体」を踏まえて、ヘーゲルは「公共の意見（世論）」を「精神的な紐帯」（GW8. 263）と言い、また「真の立法団体」（ibid.）と言う。この基盤の上に、「統治府（Regierung）、全体の頂点」（GW8. 271）が成り立つ。そして、ヘーゲルは「全体」の「直接的な結節点」（ibid.）として「世襲君主」をあげる。この構想は、後の「立憲君主制」(12)につながるであろう。ひとつの国家がひとつの個体として成り立つために、「直接的な結節点」を必要とする。この視点は、ヘーゲルがフランス革命以来の現代史から引き出したものであったが、それは、市民的諸領域が作り上げる成果が十分であることを、そして法の支配が個々人の知となる共同体を前提にしている。『イェーナ体系構想Ⅲ』の〈知にもとづく共同体〉の構想は、ヘーゲルが始めて近代の立場に立ったことを示し、『法(権利)の哲学』の原型としての位置をしめている(13)。

第四章　意志論と原法哲学の成立

――ルソーの批判的継承

はじめに

「現存するものを現存するままに聖なるものと語る恐るべき教説」(1)、R・ハイムは『ヘーゲルとその時代』(一八五七年)で、ヘーゲル哲学にこのような言葉を投げつけて、「復古精神の典型的な言葉、つまり政治的保守主義、静寂主義と楽観主義の絶対的定式」を表明した反動プロイセンの国家学者と規定した。とくに『法(権利)の哲学』(一八二〇年)について、このような思想像は、一八四八年革命後の反動期プロイセンの姿と重ねられて大きな影響力をもった(2)。ただし、『法(権利)の哲学』は、けっして復古的精神にもとづくものではない。すでにヘーゲル存命中から啓蒙主義的・自由主義的立場からの批判、それとは対極的に保守的立場からの批判も起こっていたが、E・ガンスは、『法(権利)の哲学』第二版(一八三三年)序文で、このような批判を意識して、この書の卓越性を説き、自由の理念の立場を強調した。ヘーゲル左派は、そこに、理性的共同体の原像を読みとろうとしているが(ルーゲやB・バウアーなど)、『法(権利)の哲学』には、このような読解を許容するものがある。公民と私人、政治的国家と市民社会という近代固有の二元性を止揚する、「普遍と特殊の真の一体性」である「真の民主制」という青年マルクスの構想も(『ヘーゲル国法論批判』一八四三年)、若きヘーゲルがすでに古代ギリシアの民主制を手がかりに手をつけていた問題であった(3)。『法(権利)の哲学』の思想的境位を捉えるには、先にあげたような読解を許容するヘーゲルの根本的モチーフに立ち返る必要がある。そのとき、ルソーが深いかかわりをもつであろう。ヘーゲルのテキストを見るかぎりでは、ルソーへの批判的言及が目立つ。しかし、ルソーとヘーゲルの関係をあらためて問い返すならば、ヘーゲル法哲学の特質が浮かび上がるであろう(4)。その鍵は、自由観と意志論にある。

一　ヘーゲルとルソーをつなぐもの——共同は自由の制限か拡張か

ヘーゲルが『法(権利)の哲学』でルソーに言及した個所を見ると(二九節、二五八節)、いずれも「意志」の問題にかかわる。二五八節では次のように語られている。

「ルソーには、形式上だけでなく内容上も思想であり、しかも思惟そのものであるような原理、すなわち意志を、国家の原理として立てたという功績がある。だが彼は、意志をただ個別意志という特定の形式において捉えただけであり、(のちにフィヒテもそうしたように)そして普遍的意志を、意志の即自かつ対自的に理性的なものとしてではなく、ただ意識された意志としてのこの個別的意志から出てくる共同的なものとして捉えたにすぎない。だから、国家における個々人の合一は契約となり、したがって個々人の恣意や意見や任意の明白な同意を基礎とするところのものとなる。その結果、さらに即自かつ対自に存在する神的なものとその絶対的権威と尊厳とを破壊するところの、たんに悟性的な、その他もろもろの帰結が出てくる」。

ここから、ヘーゲルとルソーが、「意志」論という共通の土俵に立っていることが分かる。その場合、「たんに共通なものと真に普遍的なものとの区別は、ルソーの『社会契約論』のうちで見事に述べられている」(『エンツュクロペディ』第三版、一六三節、補遺1)にしても、普遍意志がその真相において捉えられていないこと、さらに「これらの抽象的諸観念が暴力になったとき」、それらは、フランス革命下の〈絶対自由と恐怖〉となったことなどが読み取れる。ルソーとヘーゲルでは、意志論という点で共通面をもちながら、主権と権力のあり方をめぐり、違いのほうが目立つ。ルソーは人民主権論に立ち、立法権に格別の意義を認める。すると、ルソーのヘーゲルへの影響はさほどのものではないように見える。そこで、個別意志 - 普遍意志の問題に立ち入る前に、〈自由〉をめぐる問題に目を向けてみよう。

「人が他者と取り結ぶ共同性は、本質的に個人の真の自由の制限とみなされてはならず、その拡張とみなされなければならない。……最高の共同性は最高の自由である」(5)。

これは、ヘーゲルが『差異論文』（一八〇一年）のフィヒテ批判のコンテキストのなかで語ったもので、もちろんルソーを意識したものではない。ここに見られる論点、他者との共同が個々人の自由の制限ではないという論点は、フィヒテからは出てくるはずもなく、また近世自然法からも出てこない。ヘーゲルは、古代ギリシアの共和制について、『キリスト教の実定性』続稿（一七九六年）では、こう語っていた。人々は、共和制のもとで、自由な人間であり、みずから定めた法律に服し、みずからの大義に生命を賭した。公私いずれにおいても自由であり、

「それぞれ自己自身の法則にしたがって生きていた。彼らの祖国の、彼らの国家の理念は、彼らがそのために働く不可視のもの、彼らを駆り立ててやまない不可視のもの、気高いものであった」（HW1. 205,二四二）。

それは一義的に全体が個人に先立ち、個人は理念としての全体を前にしては無に等しいというのではない。この理念は献身の対象でありながら、人々は自己を喪失することなく、自由であり自律的である。それに対して、後世の国家は、ごくわずかな国民に「国家という機械の統治が委ねられて」、「国民は歯車として役立つだけであり、この歯車は、他の歯車と結びついてようやく価値をもつ」(6)にすぎない。この若きヘーゲルは、時代の趨勢となった私生活

化、私有財産への関心、キリスト教の実定性（既成性）を批判する。教会を「国家内国家」あるいは「国家を凌ぐ国家」と批判するとき、ルソー『社会契約論』の「部分社会」批判を思い起こすこともできよう。この〈共和国〉の理想は、近代に立って実現可能な共同体を考察するとき、再審されざるをえない。しかし、ここから〈共和国〉を支える自由観まで放棄したと考えるわけにはいかない。

『哲学史講義』には、ルソー『社会契約論』から引用した上で、次のような言明がある。

「『根本的な課題はこうである。各人の生命と財産を全体的な共同の力で保全し保護するとともに、全体と結びつく各個人が自分以外の誰にも服従せず、自然状態にあったときと同じように自由であるような、そういう結合の形式を見いだすこと。これが社会契約の解決すべき課題である。』社会契約とは、このような結合のことであり、各人は自分の意志で契約を結ぶことになる。抽象的に表現されるかぎりで、この原理はまことに正当なものである。しかし、一歩踏み込むと、すぐにあいまいな点が見えてくる」(7)。

この「あいまいな点」は、先に引用した『法(権利)の哲学』二五八節が指摘していたものであるが、ここでは、ヘーゲルが「抽象的に表現されるかぎりで、この原理はまことに正当なもの」と述べている点に留意しておこう。ヘーゲルはこの意義を認めるからこそ、同じ『哲学史講義』で「ヒュームとルソーがドイツ哲学の出発点」(8)と述べたのであろう。意志論による問題設定が、ルソーとヘーゲルを結び、そこに〈自由〉の問題が絡んでいる。この事情は、今見た引用から浮かび上がる。〈意志〉は本質的に自由であり、個別的自由と普遍的自由、個と全体を架橋する特異な概念である。

ホッブズやJ・ロックに代表される近世自然法（社会契約論）によれば、自然状態の独立した諸個人が、契約を通してこの自然状態を脱して、国家状態を設立する。そのとき、国家的結合は諸個人にとって法的状態を維持する外面的な秩序にとどまる。そこには、諸個人の自由の制限という問題が生じている。「からの自由（freedom from）」というリベラリズムの自由観に現代的意義を認めるI・バーリンは、ルソーを「集団的自己支配という『積極的』自由」(9)の系列に位置づける。ルソーの自由観は明らかに近世自然法の自由観とは異なる。ルソーは先の引用で、〈全面譲渡〉という結合行為が、外面的秩序でも、自由の制限でもなく、むしろ個と全体が直接つながるなかで、質的に高い自由、諸個人の自由の制限ではない自由を生みだすことを語っている。意志論は、この自由観と密接に結びついている。

共同性は諸個人の自由の制限ではなく、むしろ拡張ですらある。〈共和国〉に代わって、人倫の思索を開始しつつある『差異論文』と、ルソー『社会契約論』（一七六二年）は、この自由観を共有している。しかし、ヘーゲルがこの自由観を共有しているとしても、ヘーゲルは、どこでルソーの意志論による問題設定を受けとめたのか。意志論を基軸とした最初の文献は、『イェーナ体系構想Ⅲ』（一八〇五／〇六年）であり、ここでヘーゲルは初めてルソーの問題圏に立ち返り、独自の人倫構想を示している。それは同時に近世自然法と古典的ポリース論への批判となっている。またヘーゲルは、イェーナ期を通して、〈相互制限としての自由〉というフィヒテの自由観を克服するという問題意識をもっていたが、フィヒテ自然法とこの自由観にしかるべき位置を与えたのも、『イェーナ体系構想Ⅲ』であった（第二章で扱っておいた）。次に、ルソー『社会契約論』の基本的な論点を、本章の問題にかかわるかぎりで検討しておこう。

二　ルソー〈社会契約〉論が提起するもの

ルソーは、先の「根本的な課題」に次のように答える。

「各構成員はすべての権利とともに、共同体の全体に対して、全面的に譲渡すること。……もし社会契約から、その本質的でないものを取り除くと、それは次の言葉に帰着することが分かるだろう。『われわれの各々は、身体とすべての力を共同のものとして一般意志の最高の指導の下におく。そしてわれわれは各構成員を、全体の不可分の一部として、ひとしくまとめて受けとるのだ』」(10)。

「社会契約」の課題は、自由の喪失状態そして不平等状態を廃棄して、まったく新たな結合様式を生みだすという点にある。これはどのような歴史的段階で到来するのかという点について、ルソーは明示的に述べていない。ともあれ、この〈全面的な譲渡〉は例外なく徹底したものであり、共同性を形成する最も必要な条件になる。〈共同体〉は、各人が自発的〈意志〉にもとづいて担うものであり、この〈共同体〉に対して自分を与えるのだから、〈全面的な譲渡〉は、なんら自己を失うことにならない。こうして、「各契約者の特殊な自己」に代わる「一つの精神的で集合的な団体」(CS. 68, 三一)が成立する。「その団体は集会における投票者と同数の構成員からなる」。それは、〈社会契約〉という独特の結合行為を通して、「その統一、その共同の自我、その生命およびその意志を受けとる」というのである。もはや諸個人と共同体を隔てるものは何もない。ここに姿を見せる「公的人格」が共和国ないし政治体とされ、受動的には国家、能動的には主権者と呼ばれる。これらを通して、問題は〈一般意志〉の発見とそれを担う主体の問題に収斂する。〈一般意志〉は、つねに共同の利益のためにあり、「人民全体の意志」(CS. 77, 四四)を表わすが、この〈一般意志(volonté générale)〉が公然と表明されるには、個別利害にもとづく「部分社会が存在せず、各々の市民が自分自身の意見だけを言うことが重要」(CS. 84, 四八)だからである。「全体意志(volonté de tous)」は、特殊意志やその総和にすぎず、不自由と不平等を生みだして、共同の絆を断ち切ってしまうからである。

ルソーは、このように国家主権の根底に〈一般意志〉をおいた。「権力は譲り渡すこともできよう。しかし、意志はそうはできない」(CS. 78, 四二)。この言明は、個人と共同体との独特な一体性を成立させる根幹が意志論にあることを語っている。〈一般意志〉の表明は、法であり、国家は何よりも法治国家として捉えられる。法はそこに表明される意志の普遍性の境位にあるかぎりで正当性をもち、「すべての権利が法によって規定されている」（CS. 93, 五七）。ルソーによれば、自然状態から社会状態への移行のなかで、人間の「能力はきたえられて発達し、彼の思想は広くなり、彼の感情は気高くなり、彼の魂の全体が高められる」（CS. 72, 三六）。国家はたんなる外面的秩序ではない。それは不偏不党の〈一般意志〉にもとづく共同体であり、〈法の支配〉のもとで成立する「市民的自由」は道徳的意義さえ帯びる。このように〈社会契約〉による結合様式はきわめて独特のものである。個人と共同体を乖離させないために、立法権が最も重視される。「政治体の生命のもとは、主権にある。立法権は国家の心臓である」（CS. 152, 一二六）。ここから、権力分立や代議制は否定的な評価を受ける。この〈共和国〉には、後に青年ヘーゲルが関心を寄せることになる「市民宗教」、つまり「それぞれの市民をして、自分の義務を愛さしめるような宗教」（CS. 206, 一九〇）も構想された。

さて、ルソーは、〈一般意志〉を構成ないし合成という局面で語ることがある（CS. 83, 四七）。この面をクローズ・アップすれば、先にあげたヘーゲルの批判が妥当するであろう。しかし、ルソーにとっては〈一般意志〉の境位を特殊意志の境位とは端的に異なる(11)。この境位において、〈社会契約〉を通した新たな共同形式が、個にとって外面的な秩序あるいは圧力ではなく、個と全体との独特な調和的一致、そして自由の拡張をもたらす。ルソーは、意志論によってこの独特なあり方を提示したのであった。ヘーゲルは、『イェーナ体系構想Ⅲ』の「精神哲学」で、このルソーの提起に正面から向かい合うが、その前にいくつかの曲折を経験する。まず青年期に、ルソーの思想的影響を見ておこう。

三　青年期におけるルソー問題――社会契約とキリスト教の実定性批判

ヘーゲルのチュービンゲン時代について、ある報告は、ヘーゲルに好意的なものではないが、こう語っている。「……ともあれ、われわれが親しくつきあった四年間、形而上学はとりたててヘーゲルの本題ではなかった。彼の英雄はルソーだった。彼はたえず『エミール』、『社会契約論』、『告白』といった本を読んでいた。彼はこの読書を通して、ある一般的な先入観や暗黙の諸前提から解放されると信じていた。……」（修士ロイトヴァインのシュヴェーグラーあて書簡）(12) ヘーゲルはルソーの思想に若くして触れていた。しかし、青年期の思索のなかで、ルソーの『社会契約論』の思想は表立つわけではない。ルソーは、宗教の主体化という青年ヘーゲルの思索と絡んで、共和制を支える「市民宗教」の面から、あるいは「感情」の契機の重視という面から取り上げられたりする。その意味では、「ヘーゲルにとって最初から宗教と政治との連関こそが問題であった。とはいえ、国家の概念は脇役を務めるにすぎなかった」（H・F・フルダ）(13)。古代ギリシアないしローマの共和制への憧憬が折々語られるにしても、ルソーが表立つわけではなかった。ただし、フルダも指摘するように、〈キリスト教の実定性〉批判のなかで、ルソーの社会契約概念が息づいている。この事情をかいつまんで見ておこう。

『キリスト教の実定性』基本稿（一七九五年夏―一一月、「結論」、一八九六年四月）では、道徳性の自律性‐主体性に立脚するイエスの理性宗教が、キリスト教という他律的‐実定的（既成的）な宗教に転じていった経緯が問題になる。イエスは、「純粋に道徳的な教師」(14) であり、ユダヤ国民の宗教心に道徳性を植えつけようとしたが、国民の体質にまでなった偽善、他律的律法から利益を得ている人々の圧倒的力を前にして無力であった。イエスは、他律的‐奴隷状態のユダヤ教という地盤の上で、彼の「教えがわれわれの道徳的要求に合致するからではなく、神の意志であるから」（HW1. 112, 一五一）として、あるいはメシア待望や奇蹟などにことよせて、人々に臨まなければならなかった。イエスの弟子たちも、ユダヤ的性格を免れていなかったために、イエスの道徳的教えを、「実定的に、すなわち自分自身のためのものとしてではなく、イエスの命令として、遵守すべきもの」（HW1. 123, 一六〇）としてしまった。

そして、ヘーゲルは、教団の変貌と国家の関係に言及する。弟子を中心にした「小さな宗派」がより大きな教団に転じていくなかで、「財産の共有」や「平等」は失われ、「聖餐式」も「神秘的な敬虔な行為」に変えられた。「キリスト教徒の身分上の大きな不平等が生じ、……兄弟の交わりも消えてしまった」（HW1. 129, 一六六）。さらに教会は普遍化して、「国家内国家」（HW1. 148, 一八六）となり、「不正と矛盾の巣窟」（HW1. 144, 一八二）となった。キリスト教団に加わる者は、自由意志にもとづいて決定する権利を放棄させられ、規約に対する服従を引き受けざるをえない。教会という国家は、適法性という国家本来の領分を越えでて、道徳的要求をもって、内面性をも監視したり処罰したりする（破門による抹殺）。しかし、ヘーゲルによれば、信仰の自由という市民権を保護することこそ国家の義務であり、国家は個人の内面生活に干渉するものではない。また、教会が成立する経緯からするならば、そもそも「その契約および権利はすべての個々人の自発的同意にのみもとづいていたことは明らかなこと」（HW1. 160, 一九七）であり、「この純粋な教会権」は、「そもそも各人の自然権や国家の権利を侵害するようなものを何ひとつ含まない」（HW1. 147, 一八四）。この場合、教会加入の契約は外面的な儀礼や組織にかかわるのに対して、こと「信仰そのものについては、そもそも社会契約が行われることはない」（HW1. 166, 二〇三）。ヘーゲルは「契約」概念をてがかりに教会の成立根拠を問い返しながら、教会と国家との間に一線を画そうとする。

ここに言う「契約」概念は、近世自然法のそれとさほど変わらない。しかし、こと国家の成立根拠を問う場合、ヘーゲルがルソーの『社会契約論』を意識していることが窺える。たとえば次のような言及がある。「自分の意志を一般意志に服従させ、この一般意志を自分にとっての法とみなすことは、市民契約においては可能である」(HW1. 161, 一九八)。ヘーゲルがどのような国家像を積極的にもっていたか。それは定かでない。しかし、『キリスト教の実定性』続稿に見られた共和制への憧憬も(本章第一節)、以上を踏まえるならば、ルソーの共和国のあり方と通じているであろう。ルソー問題は、青年ヘーゲルの思索のなかで表立つものではなかったが、静かに息づいていた。

ひるがえって、ルソーの思想は、フランス革命の勃発もあいまって、ドイツの思想界に大きなインパクトを与えたが、〈社会契約〉論の問題圏に正面から向かい続けた思想家は少ないであろう(15)。ヘーゲルはフランクフルト期(一七九七年一月から一八〇〇年一月)からイェーナ期にかけて、思想的に大きな転換を遂げて(16)、それとともに国家の問題について、リアルな状況を踏まえながら省察を進めることになる。ちなみに、フランクフルト期末期には『ドイツ国制論』に着手し、イェーナ期まで続行(一七九九年から一八〇二年)、一八九八年には、ベルン政府に対するヴァード地方の抵抗運動指導者J・J・カルのパンフレットを独訳出版、故国ヴュルテンベルク公国の議会制度改革をめぐる『ヴュルテンベルクの最近の内情について、とくにその自治体役員制度の欠陥について』(一七九八年四月から七月)、J・ステュアート『経済学原理の研究』についての『注解』(一七九九年二月から五月)など、ヘーゲルはアクチュアルな問題に踏みこみ始める。そこで近代固有の問題が、ヘーゲルの視野に入り始める。「所有の問題は、われわれにとってあまりに強力なものになってしまった」(『キリスト教の精神とその運命』HW1. 333, 一五八)。一八〇一/〇二年の「哲学への導入」の講義草案には、「絶対的人倫」と「欲求と法の領域」の概念が登場する(GW. 5. 264)。これらは、まず『自然法論文』(一八〇二年一一月以前脱稿、一八〇三年、『哲学批判雑誌』第二分冊に掲載)で語りだされる。イェーナ期に入り、ヘーゲルの人倫をめぐる思索が本格的に進むことになる。その経緯を簡単にたどり、ヘーゲルがルソー『社会契約論』の問題圏に立ち返り、独自の構想を提示する『イェーナ体系構想Ⅲ』を見てみよう。その前に、一八世紀末から一九世紀初頭の政治的動きを簡単につかんでおこう。

フランス革命が勃発すると、対仏同盟が結ばれて軍事干渉がおこなわれ、それに対して逆にフランス軍がドイツに進攻し、「神聖ローマ帝国」の虚像が剥げ落ちる。さまざまな動きのさなかで、ヘーゲルの期待や幻滅があったことであろう。ドイツにおける共和主義の運動は、領邦に分断された状況のなかで弱体であったが、ライン左岸地方では活発であった。バーゼル講和条約（一七九五年四月）で、プロイセンが左岸を実質的に放棄するなかで、左岸独立をめざす「シスレナン共和国」運動が、一七九七―九八年にかけて高揚を見せた。しかしフランス本国で占領地併合派が力をもち、結局一八〇一年に左岸は正式にフランスに併合される（リュネヴィル和約）。そして保守的色彩の強い南ドイツでも、フランス軍がプロイセンとの講和のあと、対オーストリア戦を開始したことにともない、共和主義運動が活発化した。スイスでは、一七九八年三月、ヘルヴェティア（スイス）革命により共和国宣言がおこなわれた。こうして南ドイツの共和主義運動は、シュバーベン共和国構想や南ドイツ共和国構想など、一七九八年から九九年にかけて盛り上がりを見せていた。しかし、それらは、フランスの国益主義に翻弄されることになった。一七九九年三月、フランス軍がオーストリア軍に緒戦で敗れて南ドイツから撤退したために、これらの運動は立ち上がる時宜を失った。その後、ラシュタット講和会議が一七九九年四月に決裂して（三月、第二次対仏同盟）、再び戦端が開かれる。青年ヘーゲルが『キリスト教の実定性』続稿（一七九六年）で共和国の理想に言及していたころ、その周辺にこのようにいくつもの共和主義の蠢動が見られた(17)。ヘーゲルがこの動きのどれかに関心を寄せ、あるいはどれかとコンタクトをもったとしてもおかしくなかろう。こうして、統一的国家の不在のなかで、旧体制の腐敗が明るみに出るなかで、ヘーゲルは国家と社会について省察を迫られる。

四　人倫の構想とルソー的自由

ヘーゲルの自由と共同性をめぐる思索は、イェーナ期（一八〇一年一月から〇七年二月）に大きな思想的展開をとげて、『イェーナ体系構想Ⅲ』に実を結ぶ（第二章）。『自然法論文』にも『人倫の体系』にも、ルソーを思わせるものは見当たらない。しかし、人倫の理念が個別的自由と普遍的自由の統一として語られるとき、そこに脈打つ自由観は、本章第一節で検討したように、ルソーと無縁ではない。ヘーゲルは、イェーナで人倫の思索を開始するにあたり、ルソーではなく、古典的ポリース論を手がかりとした。近代になって巨大な威力と化した産業活動と財産制度の問題は、ルソーを手がかりにはできない。近代の私的所有を基軸とする経済活動は、ヘーゲルにとって、処遇に窮する問題であった。ひるがえって、古典的ポリース論は、ポリース（公共的政治の場面）とオイコス（私的経済活動の場面）、プラクシス（公共的政治的実践）とポイエシス（制作活動）を価値の上でも領域の上でも明確に区分して、私的所有・経済活動の領域を、徳論と一体となった身分論の枠内に取り込むことが可能であった。このように、ヘーゲルが古典的ポリース論に立ち返る理由は十分にあった。K・H・イルティングは、『人倫の体系』の雛形はアリストテレスのポリース論にあり、それが近代経済学を受容する哲学的基礎を用意したと言う(18)。当時、ヘーゲルと思想的共同関係にあったシェリングも、同じように古典古代に範を求めて、次のように述べていた。「たとえわれわれは……近代と古代との対立を認めないわけにはいかないにしても、それでもこの〔プラトンの――筆者〕神のごとき著作は依然として原型たり、典型たるであろう」(19)。シェリングによれば、この有機組織は「特殊と普遍とが絶対的に一」であり、「必然と自由との客観的調和」である。それとともに公的領域と私的領域、自由民と非自由民との厳格な区別をそなえる。それに対して、近代は、こうした区別なき混交の世界だと言う。

ヘーゲルはこうして、人倫と非有機的人倫（「欲求と法の領域」）、自由民（治者階級）と非自由民（給養階級）の区別を維持し、さらに人倫にとって非有機的なもの（欲求と労働の領域）を〈有機化〉するというテーマを立てた。それにしても、人倫の理念に照らすとき、古典的ポリース論はそれにふさわしいものであったろうか。『自然法論文』は、従来の自然法と「絶対理念」を比較して、前者の一面性をえぐりだし、それらがより高次に止揚される所以を明らかにしようとした。人倫は、あたかも異物のような非有機的領域を有機化して〈無限性〉となるものであり、人倫の理念は、あくまで「肯定的全体性」として前提にある。ここでは古典的ポリース論の限界は問われない。

さて、『自然法論文』が従来の自然法を取りあげるとき、そこにルソーは見当たらない。従来の自然法は、ホッブズやJ・ロックに典型的な「自然法の経験的取り扱い」とカントやフィヒテの「形式的取り扱い」という二つに限られている。そこにルソーが入る余地はない。これらのうちで、後者のスタンスの方がルソーに近いと言えようが、これら二つに関する批判を見てみよう。まず「自然法の経験的取り扱い」について、ヘーゲルの評価は低い。それは、「自然状態なるフィクション」を立てて、そこから他の統一形式への移行を、外面的な理由を使っておこなうにすぎず、「混沌として抗争している者の合意が、善きもの、到達しなければならないものとして前提されている」（GW4. 426）。必然的なものと偶然的なものが交じり合い、高次の連関が欠けている。この低い評価は、後に至っても変わらない。ヘーゲルはホッブズを意識したかのようにこう述べる。「最高権力のもとへの諸主体の絶対的服従関係は、そのなかで有機的人倫の寸断された諸契機が特殊な本質態として固定され、転倒される形式である」（GW4. 427）。後の『哲学史講義』も同趣旨のことを述べている。「ホッブズもまた臣民の服従と王権の絶対的専制を主張した。……彼の見解は軽薄で経験的なものだが、それを根拠づけるものの捉え方は、自然の必要から権力の正当性を引きだすという、独創的なものだった」（HW20. 227, 三〇〇）。

それに対して、「形式的取り扱い」には高い評価が与えられる。「権利と義務の本質と、思考し意欲する主体の本質とは、端的に一体であるとする面」が、「カント哲学とフィヒテ哲学の偉大な側面」である（GW4. 441）。統一と数多性、普遍的自由と個別的自由とは端的に一体である。しかし、カントとフィヒテは、この統一を形式的に示したにとどまる。さて、「自然法の形式的取り扱い」のこの境地は、まず万人の自由を前提にしている。〈自由〉という視点を取るならば、この境地は、公共的政治に関与できる〈自由民〉と政治的に無の〈非自由民〉を区別する古典的ポリース論に通じるだろうか。むしろルソーに通じるであろう。

ヘーゲルはほどなく、この古典的ポリース論から離脱して、新たな構想に向かう(20)。『イェーナ体系構想I』の「人倫的精神」は、ルソーの自由な共同体構想のあるモチーフに通じている。『自然法論文』は、フィヒテの体系が、出発点のモチーフとは裏腹に、個別的自由と普遍的自由を合一できず、外面的に結びつける「強制の体系」を導きだしたと批判していた。人倫は何よりもまず、あらゆる対立 - 外面性を克服した〈自由〉に立脚しなければならないと言う。また〈相互制限としての自由〉を厳しく批判していた。『イェーナ体系構想I』は、第二章で見ておいたように、個別的意識に発して、相互に制限しあう自由の境地を、内在的に止揚する理路を示そうとしていた。その上で〈人倫的精神〉の独特のあり方を説こうとしていた。ヘーゲルは〈人倫的精神〉を「万人の共同作品（diß gemeinschaftliche Werk aller）」、「意識的存在者一般としての万人の作品」（GW6. 315）として導きだそうとする。「作品（Werk）」は「人倫的精神」の成立場面に頻出する（S. 315f.）。「人倫的精神」は、「万人の行為であり、彼らが作った当のものとして存在」し、「万人の媒辞（Mitte）」である。

ヘーゲルは、〈相互制限としての自由〉がネックとなって、フィヒテの自由な共同体の構想が実際には〈強制の体系〉、〈外面性の体系〉にほかならないと厳しく批判していた。また『イェーナ体系構想I』は、〈相互承認 - 承認をめぐる闘争〉を通じて、「個別的全体性」である「対自存在」（個別的意識）が自分を「イデアールな止揚されたものとして直観する」（GW6. 313）理路を示そうとしていた（第二章）。〈人倫〉という作品は、「他者のうちで自己自身となり、かつ自己自身のうちで他者となる永遠の運動」（GW6. 314）であり、個別的自由と普遍的自由との間に隔たりが生じる余地はない。ヘーゲルは「作品」という術語で、自己放棄が新たな共同形式のうちでいっそう高い意味で自己再生となり、「最高の共同性が最高の自由」（『差異論文』）たりうるような現実的結合様式を語っている。ルソーの意志論にもとづく共同体は、個と全体の間に隔たりを生まない結合様式をもち、しかも各人は、〈全面譲渡〉を通して成立した共同体のもとで質の高い自由を享受できる。ヘーゲルが〈作品〉概念で描きだすありようは、ルソーに通じている。

五　原法哲学の成立とルソーの意志論

『イェーナ体系構想Ⅲ』は、概して「有機体もしくは生命概念に定位した哲学モデルから自己意識構造を貫徹する試みへの移行」(21)という特徴をもっている。ただし、こと人倫の構想の面では、意志論による立論、そして人倫の普遍的境位が〈普遍意志〉である法にあることが特筆に値する。ヘーゲルは、このようにして〈意志論〉と、法に具体化する〈一般意志〉というルソーの問題領域に立ち返り、〈普遍意志〉と〈個別意志〉の位相差を明確にして――ルソーでは「一般意志」はあいまいさを残していたと言う――、新たな構想を立てる。そしてこの構想のなかで初めて、古典的ポリース論の限界が、また合わせて契約論的な立論の問題点が明示される。さらに『差異論文』以来、批判の対象であった〈相互制限としての自由〉に独自の位置が与えられる（第三章）。新しい構想にとって近代とは何か。また構想の枠組みはどのようなものか。そこにルソーの批判的継承という問題が現れる。

「古代においては、美しき公共生活は万人の習俗であった。……普遍と個別の直接的統一であり、……一個の芸術作品であった。しかし、そこには個別性が〈自分自身を絶対的に知ること〉……は存在していなかった。プラトンの共和国は、自分自身を知る個体性のこうした消失なのである」(GW8. 263)。

新しい構想は、近代の〈主観性〉の原理を「より高次の原理」として、古代ギリシアを過去のものとして扱う。しかし、「アリストテレス——全体はその本性からして部分に先立つ」(GW8. 257、欄外)という観点は手放さない。この二つの論点はどのような場面で考えられているのか。すでに第二章で言及しておいたことであるが、近代の特質をヘーゲルは、次のように述べていた。

「より高次の抽象、より大なる対立と教養形成、より深い精神(の到来)が不可避である」(GW8. 262)。

分裂には積極的な意義がある。ヘーゲルは近代における分裂の止揚、つまりブルジョワとシトワイアンの二重性を止揚して、個別性と普遍性が直接一体であるような共和制を志向することはない。すでにヘーゲルは共和制の理念が生きるのは、人口、国土とも小規模の共同体であるという認識をもっていた。近代における〈分裂〉は不可避のものであり、むしろかえって自由な共同体にとって、より高次の舞台を提供する。分裂は「より高次の分裂」とも言われる。これがヘーゲルの新しい観点であった(22)。普遍とのつながりを離れても自己の自立性と普遍性を確信する「自己自身を知る個体性」(GW8. 263)が、「古代人たち、プラトン(でさえ)が知らなかった近代のより高次の原理」と認められる。それと歩調を合わせて、普遍が「直接的定在から純化される」(GW8. 264)こと、言い換えれば、普遍が「純粋な知というエレメントに歩み入る」こと、このことが近代固有の舞台をかたちづくる。普遍と個別がそれぞれ独自の意義をもち、独自に領域を形成する。個体性は〈知る〉はたらきをそなえ、普遍的なものも同じく〈知〉という舞台に現れる。ヘーゲルはここに歴史上これまでなかった積極的な意義を見いだして、個別意志‐普遍意志の問題をこの舞台で展開するのである。

ここで主観性の原理が「より高次の原理」と明確に認められた。この原理について、ヘーゲルは哲学史上、近代哲学の創始者としてのデカルトをあげ、さかのぼっては、ソクラテス、キリスト教をあげる。しかし、こと国家の場面では、ルソーを重くみる。『哲学史講義』にはこうある。

「プラトンは個人の意志、意欲、決定を認めず、自分の国家理念と統合する術を知らなかった。……プラトンの原理の対極にあるのは、個人の意識的な自由意志の原理であり、これは後世とくにルソーによって強調される」(23)。

「最高の共同は最高の自由」(『差異論文』)は、この近代の主観性のフィルターを通って、「精神」の概念において新たに表現される。「精神」の概念は、「個別者の完全な自由と自立性における普遍性」(GW8. 254)である(24)。新しい構想はこの概念に内実を与えることをめざしている。しかし、普遍的自由と個別的自由の直接的な統一という理念にヘーゲルは与しない。古代の共和制はもはや不可能である。また『イェーナ体系構想Ⅲ』と執筆時期が一部重なり、時期的にきわめて近い『精神現象学』を援用するならば、フランス革命下の共和国も受け入れられない。それは、一面でルソーの思想の実現という性格をもち、個と全体が直接向かい合い、合一することをめざしている。『精神現象学』の「絶対自由と恐怖」で、「絶対自由」の意識は個別意志でありつつ、直接無媒介に普遍意志であることを意識して、一にして不可分の「一般意志」の実現をめざす。〈一般意志の直接的な実現〉のもとでは、普遍意志を称する絶対自由の意識あるいは党派にとって、他の意志は特殊なものにすぎず、排斥の対象とならざるをえない。ここに「破壊の凶暴」(GW9. 319, 下九〇五)が生まれる。先の「精神」概念は、このような〈直接的統一〉に対する批判的回顧を伴っており、普遍意志と個別意志を領域として明確に区別することを含んでいる。しかしながら、この両極を独特の仕方で媒介的に定立する点に、ヘーゲルの新しい思想的境位がある（後述）。

新たな構想の下地はこのような点にある。では、ルソー的な社会契約論はどのようなものなのか。

「普遍意志の構成は次のように考えられる。つまり、すべての市民が一堂に会して協議し、意見を述べ、こうして多数者が普遍意志を形成する、と。……共同体や国家的結合は、各人が暗黙のうちに――本来的には明言的に――合意したと仮定された本源的契約にもとづいていると考えられている。これが共同体のその後のあらゆる行為を規定する。そしてこうしたことが、真実にして自由な国家の原理である」（GW8. 257）。

この部分について、アカデミー版ヘーゲル全集第八巻の編者（協力J・H・トレーデ、編集R・P・ホルストマン）によれば、「ヘーゲルはここで、ルソー、カントおよびフィヒテに代表される立場を引き合いに出しているのだろう」（GW8. 346）。そこでは、ルソーに関して、『社会契約論』第一編第七章の文章が参照個所とされている。またカントとフィヒテについても関連個所が指摘されている。一八二〇年の『法〔権利〕の哲学』二五八節は、「ルソーには、形式上だけでなく内容上も思想であり、しかも思惟そのものであるような原理、すなわち意志を、国家の原理として立てたという功績がある」と語ることになるが、意志論を人倫構想の基軸とした『イェーナ体系構想Ⅲ』が、以上の引用でルソーを強く意識していることは確かであろう。ルソーの意志論は、個にとって共同体が外面的な威力あるいは圧力ではなく、内在的な目的となり、しかもこの共同体のもとでより高次の自由が成立し、共同が諸個人の自由の拡張であるような体制を構想していた。ヘーゲルは、『イェーナ体系構想Ⅰ』でこのような点を踏まえていた。

では、ルソー（あるいはフィヒテ）の社会契約論はどのような問題点を抱えているのか。

「多数者はそれぞれ、それぞれの積極的な意志を普遍意志のうちに知ろうと意志する。彼らはそのような現実的個人として登場する。しかし、彼らの積極的な個別性は、普遍的なものにとって偶然性である。彼らはまだ外化した個別性ではないし、言い換えるなら、否定性を自分自身にそなえていないからである。……彼らは自分たちの意志をまだ外化（譲渡）していないし、普遍意志を承認していない。むしろ、普遍意志において妥当しているのは、彼らの個別性だけである」（GW8. 257f.）。

ルソーは、各人が独立・自由な個人として結合できるために、平等な条件となるように、相互の契約を取り交わして、共同体全体に対する各人の「全面譲渡」（CS67, 三〇）をおこない、新たに設立された共同体の下で自由を享受できる体制を構想する。ルソーは、人々の生存を妨げる障害が大きくなり、ついに「人類は、もしもその存在の仕方を変えなければ滅びたであろう」（CS. 65, 二九）状態を想定して、各人の新たな結合様式を生みだす社会契約を扱う。このような点を踏まえて、ルソーの「全面譲渡」は知的必然性をもっていない、というのがヘーゲルの認定であろう。個別意志が普遍意志を自分のよりどころ、実体として意識する必然性がない。また、普遍意志が個別意志によって担われる必然性がない。ルソーの「譲渡（aliénation）」論では――ヘーゲルの術語では外化（譲渡、Entäusserung）――個別意志が自分自身のありようを変化させて、否定性の契機を身につけて普遍的なものに生成していく理路が説かれていない。また普遍的なものが、このような個別意志の働きによって、みずからを外化し、個別意志によって知的に承認される理路が説かれていない。そのために、つまるところ、普遍意志の境位に現れてくるのは、個別意志の集合になってしまう。先の文章をパラフレーズすると、このようになるであろう。

ヘーゲルはルソーの意志論にこのような難点を見てとりはするが、意志論による人倫の構想は手放さない。では、普遍意志と個別意志をはっきり区別するときに、どのような立論が可能であろうか。ヘーゲルはこう課題を立てる。「普遍意志は、まず個々人の意志に発して普遍意志として構成されなければならない」（GW8. 257）。ここで媒介の機能を担うものは、他在において自己を見る原型となる〈自己を物となすこと〉としての労働であり、そしてレアールな物の取り換えにとどまらず、そのことによって〈物となった自己〉が他者に承認され、自分も所有主体として承認される交換である(25)。交換は権利の主体としての承認関係を懐胎している。ヘーゲルは近代が生みだした実在的な関係を踏まえて、ここにレアールなものとイデアールなものが融合する場を見ている。労働のあり方そのものが、〈知〉の運動であり、これを起点として、ヘーゲルは〈知にもとづく共同体〉を構想した(第三章)。

交換の場面に成立する〈承認された状態〉は、所有主体の権利(人格)にかかわるものであり、そこには人格的正と不正の知(「知る意志」)が生じる。これが普遍意志をみずからの実体として知る運動の土台となる。意志の共通性に〈承認された状態〉が成り立っているために、権利の侵害、犯罪が生まれることになるが、以上の「知る意志」を背景におく司法活動を通して、普遍意志=法は、たんなる外面的な威力ではなく、生ける実体として各人の〈知〉にもたらされる。権力は「普遍的な知としての権力」(GW8. 254)として登場することができる。個別意志と普遍意志は、〈知〉の舞台に乗ったことで、「各人が承認されていることに応じてもつ強靭さ」は、普遍的なものの「強靭さなのである」(GW8. 256)(26)。

こうしてヘーゲルは、普遍意志と個別意志、普遍的自由と個別的自由を原理的に区別し、その上でこれらを法と権利に重ねあわせた。さらに、これらを法と権利が息づく「国家体制」と「富としての国家」ないし「普遍的富」(『法(権利)の哲学』の概念では、政治的国家と市民社会)のかたちで具体化し、それらの媒介関係に工夫を施す。そこを貫いているのは、「知によって媒介された必然性」(GW8. 255)の観点であった。

結び

ヘーゲルは、イェーナ期の自由と共同をめぐる思索のなかで、ルソーとの深い関係を明言してはいない。しかし、ルソーとヘーゲルには自由観をめぐり呼応するものがあった。それは底流となってヘーゲルの思索を突き動かした面をもっている(27)。ヘーゲルの初発のモチーフそのものにルソーに通じるものがあった。ヘーゲル左派は人倫の理念に新しい共同社会を構想する手がかりを見たが、これはむしろヘーゲルの素志に立ち返ったものと見ることもできる。ヘーゲルはイェーナ期の人倫構想のなかで、ルソーの意志論を批判的に継承し、その初発のモチーフを維持しつつ、改鋳を施して、近代の諸局面を包括する独自の人倫を構想した。『イェーナ体系構想Ⅲ』はその最初の作品であり、原法哲学というべき意義を有している。この構想を土台として、ここではなお概念化されていなかったものが、次第に概念化されていくであろう。

第二部　法哲学形成史の中の『精神現象学』

第五章　『精神現象学』の社会哲学的モチーフ
――「人倫的実体の生成」と「道徳性の生成」

はじめに

「現代は誕生のときであり、新たな時代への過渡期である。……精神は新たに自分を形成しなおす仕事にとりかかっている」（『精神現象学』序文）。『精神現象学』は、自然な意識から、教養形成を重ねて、精神の自己知である絶対知の境地へと進み、その途上に認識論的な問題から自然哲学的な問題、実践哲学的な問題、さらには宗教哲学的な問題など、歴史上の知的遺産を配置して、「精神が新たに自分を形成しなおす仕事にとりかかっている」さまを見せてくれる。『精神現象学』は、成立事情や構想の一貫性‐変化をめぐり、解釈上の問題を抱えているが(1)、ヘーゲルの法哲学形成史という視点では、人倫と道徳性をめぐる問題が浮かび上がる。『精神現象学』と『法（権利）の哲学』では、これらの関係が一見すると逆に見えるからである。それに加えて『精神現象学』には、近代的人倫のありようについて何ひとつ言及がない。ここからこの時点のヘーゲルが、近代的人倫を構想できる思想的境位にはなかったという見方も生まれる。本章はこれらの問題を検討する。

『法（権利）の哲学』（一八二〇年）は、「道徳性」を、一方で近代を特徴づける主観性の立場として高く評価し、その反面で「道徳性」を形式的と批判し、「人倫」へ止揚されるものとしている。「人倫」は、自由な意志の展開の成果という意味をもって、「道徳性」よりも高い次元にある。これに対して、『精神現象学』は、「Ⅵ 精神」章で、「A 真の精神 人倫」から「B 自分から離反する精神 教養」(この訳語については第七章を参照されたい)をへて、「C 自己確信的精神 道徳性」へと進む。「道徳性」は、「人倫」に対してより高い境地にある。『精神現象学』は、道徳性と人倫の関係について、『法(権利)の哲学』とは、正反対の立場に立っているように見える。

『精神現象学』に先立つ『自然法論文』(一八〇二年一一月以前執筆)、『人倫の体系』(一八〇二年秋から一八〇二/〇三年冬に執筆)、『イェーナ体系構想Ⅰ』(一八〇三年夏から秋に執筆)、『イェーナ体系構想Ⅲ』(一八〇五年秋から一八〇六年夏に執筆)などでは、どうであったか。そのなかで『自然法論文』は古典的ポリース論に依拠して、カント、フィヒテの形式主義的な「道徳性」に対して、「人倫」を高次のものとしていた。近代の立場に立った『イェーナ体系構想Ⅲ』では、人倫は分節化した有機組織をそなえて、道徳性を、そのなかの「各身分の気構え、各身分の自己意識」(2)と位置づける。それは具体的な定在を越えて宗教への高揚を可能にするものでもあった。この道徳性と人倫の関係は、ともあれ後の『法(権利)の哲学』に通じるものをもっている。しかし、『精神現象学』は、イェーナ期の社会哲学的な思索を遮り、さらには関係を逆転させているかに見える。

ところで、J・リッターの指摘によれば、『法(権利)の哲学』の「道徳性」章は、『法(権利)の哲学』のたんなる一章ではなく、自己意識的自由は道徳性に根をもち、人倫全体にわたる問題とされる。つまり、人倫は制度の体系として、自己意識的自由という主観性に滲透されるときに、人倫に値する。この意味で自己意識は、人倫を支える知の契機といってよい。『精神現象学』の「精神」章「自己確信的精神、道徳性」、とくにその完成形態である「良心」が、実践哲学的にどのような位置をもっているのか、この視点から「良心」を読み解くならば、リッターが『法(権利)の哲学』に読み取った道徳性 - 人倫関係に通じる面が浮かび上がるであろう(3)。本章は、『精神現象学』の「理性」章

「B　理性的自己意識の、自己自身による実現」冒頭の検討を通して、そこから二つの「道徳性」――「理性」章「C　自分ではまったく実在的であると思う個人」の「立法理性」、「査法理性」と、「精神」章「C　自己確信的精神、道徳性」、とくに「良心」――が、どのような位置価をもっているかを検討し（第二節）、さらに、「事そのもの（Sache selbst）」の成立と境位を踏まえて（第三節）、「事そのもの」を軸にして、二つの「道徳性の生成」の位相差と、その第二の面固有の意義を明らかにしてみる（第四節）。

『精神現象学』の道徳性と人倫の関係を見る鍵は、「理性」章B冒頭にある。しかし、このことは、これまで十分検討されたとは言いがたい。しかもこれまでの解釈には混乱があり、問題は残されたままであった（第一節）。『精神現象学』は、けっして特異な観点を打ち出しているわけではなく、むしろ『法（権利）の哲学』の道徳性 - 人倫関係の原型は、『精神現象学』にある。「精神」章「良心」からは、「精神は新たに自分を形成しなおす仕事にとりかかっている」という歴史意識が読み取れるであろう。

一　「理性」章B冒頭をめぐる諸解釈

自己意識は、観察（「A　観察する理性」）を通して、物を自己として、また自己を物として見いだして、自己が自立的でありつつ、「対象的な現実」（GW9. 193, 上三五一）であることを意識するにいたる。また、自己意識は自他という二重化のなかで、他の自立的な自己意識との統一を確信している。「理性」章B、Cは、この確信にしたがって、さらに行為を通して世界（Welt）とかかわる場面である。「理性」章B冒頭は、このような自己意識の「世界経験」（GW9. 197, 上三五九）について、「理性」章の範囲内で言及しているわけではない。このB冒頭は次の点を指摘する。すなわち、この世界経験が、「人倫的実体の生成」と「道徳性の生成」という二重の意義をもつこと、しかも「道徳性の生成」は、「対自存在（個別的存在——筆者）に属する側面」と「実体それ自身から出てくる側面」（GW9. 197, 上三六〇）をもつことである。ヘーゲルは、この第二の面で、「精神」章「道徳性」の「良心」を視野に入れている。B冒頭は「理性」章だけでなく、「精神」章「道徳性」を視野に入れて読み解く必要がある。B冒頭の第三段落から第一一段落までが検討対象になる（金子武蔵訳『精神の現象学』は、第三段落から六段落まで「目標としての人倫の国」、第七段落から一一段落までは「道徳性の生成」という小見出しを付けている）。道徳性‐人倫関係を読み解く上で、要になる箇所を掲げておこう（[　]内は段落番号、原ページ。第一一段落は長いので段落を設けた）。

（二）「人倫的実体の生成」と「道徳性の生成」——「理性」章B冒頭から——

[3, GW9. 194, 上三五三]　われわれにはすでに生じている概念である目標を、つまり他の自由な自己意識のうちで自己自身を確信し、このなかに自己の真理をもつ、承認された自己意識を、われわれが実在性のかたちで取り上げてみると、言いかえると、まだこの内なる精神を、すでに定在するようになった実体として取り出してみると、この概念のなかに人倫の国が開けてくる。なぜなら、人倫とは、諸々の個体が現実に自立的でありながら、彼らの本質が絶対的に精神的に一体化していることにほかならないからである。……

[4, GW9. 194, 上三五四]　……自己意識的理性の実現という概念は、実際に一つの国民（Volk）の生活のうちにその完成した実在性をもっている。……各人は、自分の個別性を犠牲にして、この普遍的な実体をもって魂とし本質とすることによって、個別的自立的存在者であることを意識している。この普遍的なものもまた、個別者としての彼らの行為であり、彼らによって産み出された作品（Werk）なのである。……

[7, GW9. 195, 上三五六—七]　しかし、自己意識は、自分の使命を達成したというこのような幸福から、また、

使命のなかに生きるという幸福から離れ出てしまっている。自己意識は、ようやく直接的に、概念の上で精神であるにすぎないからである。……

[8, GW9. 195f., 上三五七]　理性は、この幸福から離れ出ざるをえない。一つの自由な国民の生活は、ただ即自的に、また直接的に実在的な人倫にすぎないからである。……この限定を受けた人倫的実体は、より高次の契機において、つまり、みずからの本質についての意識において初めて、この制限を打破するのである。……

[10, GW9. 196, 上三五八]　あるいは、自己意識は、人倫的実体、一つの国民の精神であるという幸福を、まだ達成したのではない（と、言うこともできる）。精神は、観察から立ち返ったところであり、最初はまだそのようなものとして、自己自身によって実現されてはいない。……精神はやっと直接的に存在するにすぎない。このように直接的に存在するために、精神は個別的である。つまり実践的な意識であって、この意識は、個別者という限定のうちで自己を二重化するという目標をもって、つまり自己をこのものとして、自己を現に存在する自分の対像として産出して、対象的な実在と自分の現実との一体性を自覚するにいたるという目標を抱いて、自分の目の前に見いだされた世界のなかへと歩み入る。……

[11, GW9. 196, 上三五九―三六〇]　こうして、このような理性的自己意識の真理は、われわれにとっては、人倫的実体であるが、①この自己意識にとって、ここにあるのは、この自己意識がおこなう人倫的な世界経験の始まりである。この自己意識が、まだ人倫的実体になっていないという面からすると、この運動は人倫的実体に迫っていくものであり、この運動のなかで廃棄されるものは、この自己意識にとって孤立したまま妥当している個々の契機（自然衝動）である。……しかし、②自己意識が実体のなかにあるという幸福を喪失したという面からすると、……人倫的実体は、自己を喪失した述語に引き下げられる。この述語の生き生きとした主語は、

諸々の個体になっている。この諸個体は、みずからの普遍性を、自己自身によって満たして、みずからの使命は何であるかを、みずから配慮しなければならない。

かくして、（1）前者の意味からすれば、（自然衝動をもつ意識の）諸形態（の運動）は、人倫的実体の生成であり、この実体に先だつものである。（2）後者の意味からすれば、このような諸形態（の運動）は、人倫的実体のあとに続くものであり、そして、このような自己意識のために、その使命（Bestimmung）は何であるかを解明するのである。

（1）前者の面によれば、諸々の衝動の真理とは何かという経験がなされる運動のなかで、そうした衝動の直接性もしくは粗野な姿が失われて、もろもろの衝動の内容は、より高次のものに移行していく。しかし、（2）後者の面によれば、みずからの使命を諸々の衝動におく意識の誤った表象が、失われていく。

（1）前者の面によれば、諸々の衝動が達成する目標は、直接的な人倫的実体であるが、（2）後者の面によれば、目標は、人倫的実体が何であるかの意識であり、しかも、この実体を自分自身の本質として知るような意識である。そのかぎりで、この運動は人倫よりいっそう高次の形態である道徳性の生成であると言えるかもしれない。

しかしながら、（行為的理性を形づくる）これらの形態は、同時に、道徳性の生成の一つの面、つまり、対自存在に属する面をなすにすぎない。言いかえれば、意識がみずからの諸目的を廃棄していく面をなすにすぎず、道徳性が人倫的実体自身から出てくるという面なのではない。これらの契機は、失われた人倫に対抗して目的とされるだけの意義を、まだもちえないので、これらの契機は、ここではなるほどその素朴な内容にしたがって妥当しており、これらの契機が迫っていく目標は、人倫的実体である。しかし、われわれの時代にとって、意識がみずからの人倫的生活を喪失した後になって、そしてそのような生活を求めて諸形態を繰り返しているときに、これらの契機が現象する形式（道徳性）の方が、より手近にあるのだから、これらの契機は、むしろこのような仕方の表現のなかで、表象されてよいだろう。

（二）いくつかの解釈と問題点

以上を念頭において、「人倫的実体の生成」と「道徳性の生成」をめぐる解釈を、いくつか見ておこう。

（1）金子武蔵(4)

「ヘーゲルは、人倫とかかる理性との関係について二様の解釈をもち出している。即ち一方から言うと、行為的理性はたしかに人倫を目標として進んでいくのであるけれども、しかし他方では人倫はそのままでは目標とはなりえない限界を負うたものである。……我々近代人は真実の個別に目ざめているのであるから、ギリシャ的人倫を達成することが我々の目標であることはできぬ。このさい人倫を達成することが我々の目標ではなく、それを恢復することが我々の課題であるとも言うことができるが、ヘーゲルによると、達成するということと恢復するということとは全く同じであるのではない。……しかし、目標が人倫にあるよりも、むしろ道徳性にあるということは問題を含んでいる。（「立法理性」、「査法理性」で）人倫よりも、一段と高い道徳性に達したのである以上、もはや人倫について詳論する必要は必ずしもないはずである。なぜなら、すでに人倫について概略の説明を行い、それを恢復する道をとって、それよりも一段と高い道徳性に到達したのだからである。しかるにヘーゲルは、Ⅵ（「精神」章）のAにおいて人倫について詳しく再論し、さらにCで再び道徳性についても詳論している。むろん、ヘーゲルによると、道徳性の生成と人倫の生成とは同じことの対自の面と即自の面として一に帰するというのであるから、Ⅵにおいて人倫が再び出てくるのは矛盾ではないとも言えるが、しかし個々の点は別として全体の結構から言えば、コジツケという感が深い。……（これには）現象学の成立もまた影響していると見らるべきであろう。……書名に「意識経験の学」と「精神の現象学」との二つがあり、前者の構想ではⅤ（「理性」章）で終り、終ったところで絶対知の展開にはいるはずであった。この構想からすると、行為的理性への入口では必ずしも必要ではない人倫の国について比較的に詳しい説明をすでにこの入口において行い、したがって人倫についてはこれだけですませ、そうしてCのbとcにおいて道徳性を生成させたのは当然であり整合的である。……しかるに書名が精神の現象学となって、Ⅳ以下が詳しく展開せられることになったために、人倫も道徳性も再論せられるという結果を見たのであると解せられるであろう」（上六九七―六九九）。

さて、金子は、「理性」章における①「人倫的実体の生成」と②「道徳性の生成」という二面性に言及するときに、「人倫よりも、一段と高い道徳性に達したのである以上、もはや人倫について詳論する必要は必ずしもないはずである。なぜなら、すでに人倫について概略の説明を行い、それを恢復する道をとって、それよりも一段と高い道徳性に到達したのだからである」と述べる。「理性」章B、Cの展開が「道徳性の生成」というかたちで「表象」されながら、なぜ「人倫的実体の生成」に席を譲ることになるのか、「道徳性の生成」でも〈対自存在に属する面〉と〈人倫的実体から出てくる面〉の区別は、どのような意図にもとづくのか。これらに十分な説明はないようにみえる。この区別に着目するならば、両者の位置価の違い、そして後者の側面が何を意味するかが問われるであろう。

（2）イポリット(5)

「（「人倫的実体の生成」と「道徳性の生成」という）二つの側面が本質的には一致することになるということは、あきらかである。一方においては、実践的自我はその孤立の状態において定立され、自分のさまざまな衝動をのりこえることによって、実体に到達するのであるが、他方においては、この自我は、みずからすすんであの実体的直接的な生活から分離し、実体の思惟へ、道徳性へと高まるのである。前者の道のほうが、現象学的発展の法則にいっそう適合しているように思われるが、じっさいに、ヘーゲルがしたがっているのは、後者の道なのである」（p. 262, 上三七九）。

（3）フィンドレイ(6)

フィンドレイは第一一段落について、次のように述べる。

「個人がこの場面で追求する満足は、自分自身の直接的で自然な衝動の満足であり、社会の福祉ではない。このような個人主義的な満足の追求は、人倫的意識の十分な発展に先立ったり、あるいはその後に出てくる。前者の場合、粗野な衝動は、習俗という人倫的生活に服することになり、後者の場合には、たんなる衝動の生活を意識的に放棄するようになり、道徳性という内的気構えに適合するように作られた人倫を進んで受け入れるようになる。われわれ自身の時代に最もはびこる個人主義は、後に述べた種類のものである。われわれがこれから考察することになるのは、こうしたものなのである」（p. 542）。

これら（2）、（3）の説明では、金子解釈も含めて、「理性」章B、Cが二重の意義をもちながら、そして「道徳性の生成」が一般に受け入れられやすい「表象」でありながら、なぜ「人倫」が目標となっていくのかということが、判然としない。また、「道徳性の生成」の第一の面から区別される「人倫的実体自身から出てくる面」がいかなる意味をもつのかという点が視野に収められていない。なお、フィンクの解釈も(7)、同様の問題をもっている。

(4) ノーマン(8)

ノーマンは、第一一段落の①の面を「理性」章B、Cに、②の面を「精神」章Bに振り分けて(p. 76、一一九)、こう述べる。

「〔「人倫的実体の生成」と「道徳性の生成」という二つの面がある〕このことから若干の問題が生じる。……さて、『道徳性は前者より一段と高い状態または態度である』といわれている。このことはⅥ・A〔「真の人倫」〕やⅥ・B〔「自分から離反する精神」〕より一層高い立場だということを意味するのだろうか。この双方とも、扱いにくいものである。というのは、われわれは、「道徳性」に辿りつくとき、そこにカントの道徳理論に関する議論を見出す。そしてカントの道徳性はⅤ・Cで議論された道徳的個人主義の諸形式のなかの一つであり、それゆえ歴史的には、自己疎外された世界に位置づけ可能である点に問題がある。さらに言えば、ヘーゲルはよく個人主義的な態度を人倫と対比するが、道徳性はこういう個人主義的態度を示すために、ヘーゲルがつねづね用いる術語である。(用語法が『精神現象学』では混乱しているのであろう。しかし、この区別はたとえば『法(権利)の哲学』や『歴史哲学』では明確になされている。――ノーマン)……個人主義的道徳的心構えが、人倫からの抽象作用であるというヘーゲルの主張がなされるかぎりで、……人倫は道徳性よりいっそう高度な状態あるいは態度であると考えられるべきである。

しかし、もしわれわれが書かれた表面上の言葉にあまりとらわれなければ、その文節から、理路一貫した説を汲み取ることはできると思う。……求められていることは、これら(直接的な人倫と道徳性という)一面的な二つの極の総合である。……こういう総合は、『人倫的実体そのものから出てくる道徳性』としても、そしてみずからを自覚する人倫としても相等しく叙述されるであろう」(p. 77-78, 一三〇—一三一頁)。

「理性」章B、Cで「人倫的実体の生成」が、「精神」章で「道徳性の生成」が問題になるが、ヘーゲルはそれぞれを一面的として「総合」することを意図していた。ノーマンの理解はこのようなものであろう。はたしてヘーゲルに即したときに、この解釈がなりたつか問題がある。また『精神現象学』に用語法の混乱があるのでは、という理解にも問題がある。ノーマンはしかも「道徳性」章の「良心」を視野に入れていない。

(三) 残された検討課題

以上、「人倫的実体の生成」と「道徳性の生成」をめぐって、いくつかの解釈をみておいた。これら二つの面を「理性」章B、Cの展開としてみる姿勢は、ノーマンを除いては、一致している。そして、「理性」章B、Cは、ヘーゲルの指摘するように「道徳性の生成」からの方が表象しやすいという点でも一致している。しかし、その到達点でなぜ、直接的な人倫に席を譲ることになるかということ、また、「道徳性の生成」の第一の面と第二の面とはどのような関係にあるのか、「道徳性の生成」の第二の面に固有の意義は何か、という点については、十分な検討があったとは言えない。道徳性は人倫より高次という論点について、金子もノーマンも疑念を表明している。ここで留意しておくことがある。ヘーゲルは、〈人倫的実体〉は道徳性より高次という言い方をしていない。「人倫」は明らかに直接的な人倫をさしている。これらを念頭において、「道徳性の生成」の第二の面を検討することが必要となる。この検討を通してこそ、『精神現象学』における道徳性 - 人倫関係を突き止めることができるであろう。

二　「人倫的実体の生成」と「道徳性の生成」の関係

「理性、B　理性的自己意識の、自己自身による実現」冒頭で、「人倫的実体の生成」と「道徳性の生成」が語られ、その解釈をめぐり、いくつかの問題が浮かび上がった。とくに「道徳性の生成」の二つの意味の検討は、「精神」章「道徳性」、その完成形態である「良心」論の実践哲学的意味を読みとる上で重要になる。これまでに見た解釈上の問題点を念頭において、「人倫的実体の生成」と「道徳性の生成」の問題を整理しておこう（引用は、第一節の訳文からおこなう）。

（一）「人倫的実体の生成」

さて、「観察する理性」から生じたのは、「他の自由な自己意識のうちで自己自身を確信し、このなかに自己の真理をもつ、承認された自己意識」の概念であった。この概念を実在性において取り上げるところに、この概念のなかに「人倫の国」が開けてくる。しかし、実践的理性は、この幸福をまだ達成したことがない。そのために、そのような実体を求めて世界に歩み入る。行為的理性の諸衝動は、「世界経験」のなかで次第に荒削りな直接性をそがれて、内容を高めていく。この意味で、自己意識の目標は「人倫的実体の生成」になる。ただし、人倫を経験したことはないのであるから、まず到達するのは「直接的な人倫」にならざるをえない。〈意識の経験〉という現象学の叙述からすれば、このことは理解しやすい。

（二）「道徳性の生成」――「対自存在に属する面」

また、「ひとつの自由な民の生活」（ギリシア的人倫）は、すでに過去のものであって、現在には存在しない。「自己意識が実体のなかにあるという幸福を喪失したという面からすれば、この諸個体は、みずからの普遍性を、自己自身によって満たして、みずからの使命は何であるかを、みずから配慮しなければならない」。人倫はすでに歴史的に過去のものとなって、現在しない。このようにあくまでも〈個人の行為〉によって成り立つ過程は、けっして人倫を「恢復」（金子）しようとするものではない。むしろ、「自分の使命を諸衝動におくような意識の誤った表象」が失われて、「人倫的実体とは何かの意識、しかも人倫的実体を自己自身の本質として知る意識」が生じる過程である。つまり、自己意識が〈人倫的実体とは何であるか〉を自覚するという〈知の過程〉と言えるであろう。「人倫的実体とは何であるかの意識」は、「限定を受けた人倫的実体」、「直接的に実在的な人倫」（第八段落）の「限定」を越え出ている。この意味で、〈知の過程〉は、「人倫より高次の形態、道徳性の生成」という意義ももつことになる。

しかしながら、「道徳性の生成」は、「理性」章の場面では「対自存在〔個別的な存在者〕に属する面」として、「意識が自分の諸々の目的を廃棄していく側面」を表しているにすぎないために、道徳性となるための諸契機は、ギリシア的な「失われた人倫に対抗して、目標とされるだけの意義をもつことができない」。ここに、「理性」章の「道徳性」の限界がある。そのために、現象学的な叙述の上では、ヘーゲル自身、第一一段落末尾で述べているように、道徳性が生成するさいの「諸契機が迫っていく目標は、人倫的実体である」ということになる。つまり、「普遍的なものと個体性の相互滲透」（GW9. 214, 上三九七）によって生じた「抽象的普遍」（GW9. 224, 上四一五）である「事そのもの（Sache selbst）」や、形式的普遍に立脚する立法理性〔カント道徳性の形式主義〕、査法理性は、なるほど、「人倫的実体とは何かの意識」ではあるが、個体性に滲透された普遍性が、なお形式的抽象的であり、実体は、個体性の意志と知において成り立つにとどまるために、限界を露呈してしまう。こうして、「精神的実在」は、個体性に根拠をもつのではなく、「即かつ対自的に存在するもの」（GW9. 235, 上四三八）であることが自覚される。それは「あらゆる人々の純粋な意志であり、直接的な存在の形式をともなっている」（ibid., 同前）。こうして、「理性」章の道徳性は、人倫に席を譲ることになる。

なお、「人倫より高次の形態、道徳性の生成」と言われるさいの、「人倫」は、直接的な人倫、つまりギリシア的人倫を指していることは、行論から明らかであろう。「道徳性」が高次と言われるのは、「人倫」という限定性をもたない「人倫的実体」の本質についての知であり、また、この知が近代の境位に成立する人倫的共同体の基礎となりうるからであろう。したがって、〝人倫的実体より高次の道徳性〟という表現はない。「道徳性」は、あくまで「人倫的実体とは何かの意識」となる。しかし、「道徳性」は第二の面において、より積極的な意味をもつ。

(三)「道徳性」――「実体自身から出てくる面」

以上、「理性」章における「人倫的実体の生成」と「道徳性の生成」の関係を整理してみた。これに対して、さらにヘーゲルは、「道徳性の生成」でも本来の道徳性、「人倫的実体自身から出てくる面」を挙げている。「失われた人倫に対抗して、目的とされるだけの意義を」もちうる「人倫的実体とは何であるかの意識」が、それである。これと同じことは、「〔直接的に実在的な人倫という〕この限定を受けた人倫的実体は、より高次の契機にいたって、つまり、みずからの本質についての意識にいたって初めて、こうした制限を打破する」（第八段落、GW9. 196, 上三五八）とも言われていた。さらに、「精神」章冒頭には、「精神は、直接無媒介のあり方（ギリシア的人倫）を越えてその何たるかの意識にまで進んでいかなければならない」（GW9. 240, 下七三五）という言明がある。本来の道徳性としての「人倫的実体とは何かの意識」、あるいは「みずからの本質についての意識」は、「精神」章「道徳性」、とくにその完成形態の「良心」をさしている。「良心」は、直接的な人倫に対抗して、〈人倫的実体とは何であるか〉を言い切る境位にある。しかも「良心」は、「精神」章の展開から知られるように、すぐれて近代的主体性の到達点を示している。「良心」に、近代の境位に立つ人倫を根底から支える主体的な知という意味を見てとることができるであろう。『精神現象学』の「良心」論には、このような知を提示するという実践哲学的モチーフが込められている。「道徳性の生成」の第二の面は、このように位置づけることができよう。

ひるがえって、「精神」章は、「意識の諸形態」ではなく「世界の諸形態」（GW9. 240, 下七三五）を扱うことから、また、「誕生の時代」という歴史意識からすれば、ヘーゲルがいかなる近代的な世界形態を登場させるかということに関心が向くであろう。「精神」章の展開は、「C　自己自身を確信する精神、道徳性、c　良心」に極まるが、〈良心の相互承認〉に見合う世界の対象的な形態、たとえば新たな人倫像は、どこにも見あたらない。それは、ヘーゲルが近代に見合う人倫について語ることができなかったからなのか。このことは、『イェーナ体系構想Ⅲ』（一八〇五／〇六年）が『法（権利）の哲学』の原型といえる構想を示していることから、当たらない。「道徳性の生成」の第二の面ならびに「精神」章冒頭の先の引用と、「良心」を関連づけてみるならば、ヘーゲルには、そもそも新たな人倫像を具体的に提示するつもりはなかった。むしろ、近代の人倫を支える知の境位を積極的に叙述する方にこそ主眼があったというべきであろう。次に、以上を念頭におき、「事そのもの」の成立を視軸として、「理性」章B、Cの展開を追い、「事そのもの」に照らして、「精神」章「良心」との関連を明らかにしておこう。

三　「事そのもの」と「道徳性の生成」

「事そのもの」(9)は、「理性」章Cのテーマであることから、その問題が及ぶのは、「理性」章Cの範囲と考えられるかもしれない。「事そのもの」は、「その存在が個別的な個体の行為であり、かつすべての個体の行為であるような実在（Wesen）、……精神的な実在」（GW9. 227, 上四二三）、「個体性によって滲透された実体」（GW9. 228, 同前）という意義をもっている。この点で、「事そのもの」には、「理性」章における〈精神〉の生成という意義がある。ただし、そこには、「個体の意志と知」にもとづく「形式的普遍性の知」（GW9. 235, 上四三七）という限界がある。しかし、「精神」章に入ると、この形式的抽象性がどのように変容したかが、折りに触れ語られ（GW9. 238, 249, 270, 291, 下七三二、七五四、七九八、八四五）、さらに「良心」と「事そのもの」の関係も取り上げられる（GW9. 343, 345, 下九六〇、九六二）。「事そのもの」の検索結果からも、「理性」章Cが「精神」章の展開に絡んでいることが、推し量れるであろう(10)（「理性」章C以前の用法は、意識が対象に外的に関わるのではなく、〈問題となる事柄に内在ないし即して〉という意味で使用されているので問題としない）。ここでは、「事そのもの」の成立とその境位を確かめておこう。

（一）「事そのもの」の成立——〈仕事（Werk）〉の経験

行為する自己意識は、「理性」章Bの「a　快楽と必然性」、「b　心の法則と自負の錯乱」、「c　徳と世路」を通して、もはや世間と対立することなく、むしろ世間のなかに安らいで、自分の個体性を表現するにいたる（「理性」章C）。ここに普遍性と個別性が分離しながらも浸透しあう場面が登場する（「C　a　精神的な動物の国と欺瞞、あるいは事そのもの」）。ここでは、近代の市民的世界の理想的なあり方が俎上にのっている。「行為は、見られないものを見られるものに移す純粋な形式である」（GW9. 215, 上三九八）。「普遍性と個体性の相互滲透」という内なる確信が、現実のものとなる。行為の目的は、「根源的に限定された自然」（GW9. 216, 上四〇〇）という天賦の素質 - 才能（即自）を表現することにあり、内なる〈即自〉は、行為を通してそのまま外なる表現となる。こうして、目的 - 手段（行為〕- 結果〔現実〕は一つの円環となって、つねに、目的を達成したという喜びを個体性にもたらすことになる。個体性は、自分がおこなった仕事（作品、Werk）、事（Sache）の普遍性を確信する。

しかし、仕事は対象的存在として、多くの他者に対して存在することになり、「彼らにとっては、他人の現実」（GW9. 221, 上四〇九）にすぎないものとなる。個体性は、生まれた仕事（作品）において、確信と現実の分裂を経験せざるをえない。だが、このような偶然性の経験は、個体性を意気消沈させはしない。確信を抱く意識にとっては、この経験は「たまたま偶然の経験にすぎない」（GW9. 222, 上四一一）のであり、一つの仕事（作品）は消失するものであり、消失は作品の契機ですらあるからである。自己意識は、「真の仕事（作品）は、行為と〔対象的〕存在、意欲と遂行との統一である」（ibid., 上四一二）という確信に立ち返って、この確信を、「〔対象的に〕存在し、存続するものとして主張する」（GW9. 223, 上四一三）。偶然性を帯びた「事」を越えた「事そのもの」についての経験が生じる。

では、こうして意識の経験にのぼった「事そのもの」とは、いかなるものであろうか。「事そのもの」は、個体性の目的、手段、行為、現実を再び統一して、「個体性と対象性そのものとが相互滲透して対象となったものである」[10]（ibid., 上四一四）。しかし、この実体は、個体性によって滲透された「精神的な実在（Wesen）」であって、「真に実在的な実体」（GW9. 224, 同前）ではない。「みずからの実体とは何かの生成したばかりの直接的な意識」（GW9. 223, 同前）が生じてきたばかりである。そのため、「事そのもの」は抽象的な普遍として、まだ真に主語（主体）になっていない。「事そのもの」をかたちづくる諸契機は、なお個別性の側面に属していて、主語のままであり[11]、そこに欺き欺かれる「たわむれ」（GW9. 226, 上四二〇）が入り込む。しかし、それは、けっして「事そのもの」を台無しにする経験ではない。

(二)「事そのもの」と「人倫的実体とは何かの意識」の限界

個体性と普遍的なものとの統一を確信して、「事そのもの」にひたむきであろうとする。「誠実さ(ehrlich)」(GW9. 224, 上四一五)がそこにある。しかし、それは文字通りのものではない。この「誠実さ」が他の意識に向かい合うときに、相手の出方に応じて、「事そのもの」のある契機を差し出して、別の契機を手もとにおく。公共的な面を差し出すかと思えば、私的な側面を差し出す。すると、どの態度のなかにも、その態度とは別の意味が隠れている。

ここには、「事そのもの」の諸契機が互いに押しのけあい、そして当の意識が自分をも欺き、他の意識からも欺かれる関係だけがあるように見える。しかし、意識は「そうした二つの側面を、同じように本質的な契機として経験している」(GW9. 227, 上四二三)。また、今あげた諸契機の交代は、ほかでもない「事そのもの」が機軸となっておこなわれている。これらの交代を通して、「意識は、諸契機のどれ一つとして主語ではなく、むしろいずれもが普遍的な事そのもののうちへと解消されるという経験をしている」(GW9. 228, 同前)。こうして、「事そのもの」は、抽象的普遍性を脱して、「個体性に滲透された実体であり、主体」(ibid., 同前)として姿を現す。

ヘーゲルは、このように主語となった「事そのもの」(「絶対的な事」)を——といっても、まだいかなる内容ももっていないのだが——「人倫的実体」(GW9. 229, 上四二五)とし、この「事そのものの意識」を「人倫的な意識」(ibid., 同前)としている。ここでは、個体性の表現で問題になった「根源的に限定された自然」は、もはや肯定的な意義をもたない。「自己意識は、この実体の〈対自存在(個別的存在)という契機〉であることを知っている」(ibid., 上四二六)からである。「事そのもの」は、「個体性によって滲透された実体」であり、個体性とぴったり一つである。しかし、それは、なお形式的普遍性を免れないために、「自己を自己のうちで区別して行為する個体性」(GW9. 228, 上四二四)によって満たされなければならない。ここでの「人倫的意識」が「理性」章B冒頭の〈対自存在に属する面の道徳性〉をさす理由は、この点にある。

さて、ヘーゲルは、主語としての「事そのもの」をまって、「人倫的実体の生成」と「道徳性の生成」（「事そのものの意識」）を告げている。「理性」章でのこれら二つの関係がどうなるかは、ひとえに〈「事そのもの」と個体性の直接的な一体性〉に規定されている。この事情は、「事そのものについての意識（つまり「人倫的実体とは何かの意識」のなかで、「道徳性の生成」の第一の面）のより立ち入った規定」（GW9. 234, 上四三六）である「立法理性」、「査法理性」で明らかになる。

四　二つの道徳性の位相――「事そのもの」に即して

（一）「立法理性、査法理性」――「道徳性の生成」、「対自存在に属する面」

こうして、「事そのもの」とぴったり一つである自己意識は、人倫的実体の法則がいかなるものであるかを語るさいに、「健全な理性（die gesunde Vernunft）は『何が正しく何が善であるか』を直接的に知っている」（GW9. 229, 上四二六）と言う(12)。ところが、「健全な理性」は、無条件に妥当するものを直接無媒介に、「格言の形式」で語り、ただちに矛盾を露呈する。たとえば、「各人は真理（Wahrheit）を語らねばならない」と無条件に語られた義務には、ただちに「もし各人が真理を知っていれば」という条件がついてしまう。先の格言は、「各人は、自分のその都度の知識と確信にしたがって真理を語るべきである」という格言に変わってしまう。普遍的必然的なことを語るはずが、確信という偶然を語ることになる。「健全な理性」は、普遍的必然的な内容を約束しながら、偶然的な内容を語ることになり、自己矛盾をきたしたのである。つまり、立法理性（カント道徳性の形式主義）は、人倫的実体を直接無媒介に規定しようとすれば、その内容を偶然的なものにせざるをえない、というかたちで限界をさらけだす。

この〈自己矛盾〉を避けるにはどうすればよいか。法則であるか否かを検査する尺度として、「命令が自己矛盾しない」（GW9. 231, 上四三〇）という形式的な規準が残るにすぎない（査法理性）。この形式だけが問題であり、「検査する意識は、法則の内容をなす現実性に貼り付いている個別性と偶然性にあえて立ち入らない」（GW9. 232, 上四三一―三）とすれば、査法的「理性がそなえる法則の尺度は、実際には何ら尺度ではない」（GW9. 234, 上四三五）。

これら立法と査法とは、「事そのものの意識（つまり「人倫的実体とは何かの意識」）のより立ち入った規定」（GW9. 234, 上四三六）のはずだった。しかし、そこから明らかになったのは、人倫的実体は、個体の意志と知によって捉えられるものではなく、また形式的普遍性として知られるものでもなく、「存在し妥当する」（GW9. 235, 上四三八）ものだ、ということであった。こうして、個体性に即して人倫的実体を規定していく立場は止揚されざるをえない。今や「精神的な実在（Wesen）は、現実的な実体になる」。自己意識そのもの（「意識の自己」）が「精神的な実在（Wesen）」のうちに定立されて、それを、現実的で、充実した、自覚的に担われた（selbstbewusst）実在とする」（ibid., 同前）からである。しかし、立法の法則とは異なる、万人の意志ともいうべき「即自的に（自体的に）存在する法則」は、「直接的な存在の形式」（ibid., 同前）をとる。すなわち、生成してきた人倫的実体は、直接性という限定を帯びたものになる。

このように、「理性」章の道徳性（立法理性、査法理性）は、「事そのもの」を個体の意志と知から捉えようとした点で限界を露呈した。そのため、「失われた人倫に対して、目標とされるだけの意義」（「理性」章B 第一一段落）をもつことができない。こうして、その「諸契機が迫っていく目標は、人倫的実体」（同前）となり、直接的な人倫に席を譲るのである。

（二）「良心」――「道徳性の生成」、「実体それ自身から出てくる面」

ところで、「理性」章B冒頭を検討したさいに、「道徳性が人倫的実体自身から出てくる面」（第一一段落、GW9. 196）が、「失われた人倫に対して、目標とされるだけの意義」をもちうる面であることを指摘しておいた（本章、第二節（三））。また、「この限定を受けた人倫的実体（「直接的に実在的な人倫」――筆者）は、より高次の契機にいたって、つまり、みずからの本質についての意識にいたって初めて、こうした制限を打破するのである」（第八段落、ibid.）というのも同じ趣旨であった。「良心」とは、このような人倫の制限を脱した「人倫的実体とは何かの意識」である。「理性」章「立法理性、査法理性」と「精神」章「良心」の関係は、このようにまとめることができる。そして「事そのもの」がこの事情をはっきりと示している。

「理性」章末尾で、抽象的な「事そのもの」に代わって成立した「即かつ対自的に存在する実在（Wesen）」が、「同時に、自己を意識として現実的に表象し、自己を自己自身に対して表象するとき、精神である」（「精神」章冒頭、GW9. 238, 下七三二）。つまり、そのような実在が、それをよりどころとする意識的担い手をもち、「対象的な現実的世界」、「人倫的現実態」（ibid., 同前）となったものが、「精神」だというのである。ただし、「精神」は、生成してきたばかりのものであるかぎりで、「一つの国民の人倫的な生活」（ギリシア的な人倫）であって、「精神」章の課題は、「道徳性」とくに「良心」を視野に収めて、次のようになる。「精神は、それが直接的にあるあり方を越えて進み、美しい人倫的な生活を止揚して、一連の諸形態をへて、自己自身の知に到達しなければならない」（GW9. 240, 下七三五）。「精神」はみずからの対象的形態をへて、「自己自身を確信する精神」、つまり「良心」に到達するという。なるほど、「良心」は、「自己意識」章の「承認の概念」が実現して、絶対知への通路が開く局面とみられてよい。しかし、さらに「理性」章で示された「道徳性の生成」、とりわけ「実体自身から出てくる面」として、本来の「人倫的実体とは何であるかの意識」と見られるときに初めて、「良心」の実践哲学的な位置が明確になる。

ヘーゲルは、「精神」章「C．道徳性、c．良心」で、それまでの歩みを、「事そのもの」を機軸にして、こう回顧する。「事そのものは、そこでは（「理性」章では）述語であった。しかし、良心においては、ようやく主語（主体）である。……事そのものは、実体性一般を人倫においてもち、外的な定在を教養においてもち、思惟の自己自身を知る本質態（義務）を道徳性においてもっており、そして、良心において、事そのものは、これらの契機を自己のもとで知るところの主語なのである」（GW9. 345, 下九六〇）。すなわち、「理性」章で成立した「事そのもの」は抽象的で、内容空疎であったが、「人倫」で、個体に根拠をもつのではない即かつ対自的に妥当するあり方が登場し、「教養」では、国権や財富のもとで、自己の外化（Enräusserung）を通して現実的に自己を普遍化して、対象を自己のものとする自己意識が登場し、自己と対象的世界に具体的な関係が生まれ、「道徳性」（a、b）では、具体的な定在の場面を越えて、自己意識の自己として知られる普遍的義務が登場した、ということであろう。

こうして、「良心は、事そのものにみずから充実を与えて、それを獲得する」（ibid., 下九六一）威力だというのである。良心は「失われた人倫に対して、目標とされるだけの意義」をもちうる。「道徳性が人倫的実体自身から出てくる面」（第一一段落、GW9. 196）としての「良心」は、「道徳性の生成」でも「対自存在に属する面」としての「立法理性、査法理性」とは明らかに異なる。良心は、「精神」章の展開から知られるように、すぐれて近代に属する意識形態である。「良心」は、道徳的自己意識が義務と現実とを矛盾するものと捉えたのに対して、それを越えたものであり、「自己がそのまま絶対的真理であり存在であると確信している精神」（GW9. 341, 下九五一）として、普遍性‐義務を、自己意識の共同の境位とする。そこから普遍性‐他者が正面から取り上げられて、自己‐普遍性‐他者‐承認という「精神」をかたちづくる契機が、全面的に展開される場面である。良心は、それらを「全体の契機」とする共同知として示される。良心は「人倫的実体とは何であるかの意識」として、近代的人倫を支える知として示される。

結び

「理性」章B冒頭の「人倫的実体の生成」と「道徳性の生成」を検討し、「事そのもの」に注目して、二つの道徳性の位相差を確かめてみた。「良心」の位置を見定めてみると、『精神現象学』の人倫‐道徳性関係は、けっして特異なものでなく、むしろ『法(権利)の哲学』の視点に通じている(13)。『精神現象学』は、近代の境位に立つ人倫がいかなるものであるかを述べてはいない。また述べることを課題としてもいない。むしろ「良心」の境位に、「限定を受けた人倫的実体(ギリシア的人倫)は、より高次の契機にいたって、つまり、みずからの本質についての意識にいたって初めて、こうした制限を打破する」(第八段落、GW9. 196)という位置価を与えて、「良心」を近代における人倫の根底に据えている。それは、人倫的共同体の性格を規定するものとなろう。ヘーゲルは、イェーナ期の思索を通して、近代における人倫的共同体を構想する足場を固めていたが(『イェーナ体系構想Ⅲ』)、『精神現象学』の「良心」は、いかなる知の上に人倫共同体が構想されるべきかを明らかにしている。ここには、「精神は新たに自分を形成しなおす仕事にとりかかっている」(序文)という歴史意識が働いている。『精神現象学』は法哲学形成史のなかで、人倫的共同体の根底をなす知を明確にしたという意味で、「ヘーゲル哲学の真の誕生地」(K・マルクス)と呼んでもよいであろう。

第六章　近代的人倫の知としての良心
――フィヒテを視野におさめて

はじめに

前章では、『精神現象学』の「人倫的実体の生成」と「道徳性の生成」を検討して、「良心」の実践哲学的意味を浮かび上がらせた。本章では、フィヒテの良心論を視野に入れて、『精神現象学』の良心論を立ち入って検討してみよう。

カントの道徳性概念は、ヘーゲルが人倫の思索をすすめる途上で、批判と受容との間を揺れ動いた問題であった。道徳性こそは、近代をして他のいかなる時代よりも優位に立たしめる徴表、近代の主観性の立場として、人倫の思索が正面から取り組まなければならないテーマであった。道徳性の取り扱いは、人倫の基本性格を左右するであろう。また、この問題は、R・ハイムやK・ポパーなどが流布した一面的なヘーゲル像をただすという問題とも絡むであろう。良心については、カントが、哲学的・倫理学的に洗練されたかたちで取り上げていたが、良心は、必ずしも実践哲学的に体系的機能を担うにはいたっていなかった。この良心の問題を、カントをふまえて、積極的に受けとめ、実践哲学体系の根幹に据えたのは、初期フィヒテであった。フィヒテは、近世自然法思想の問題設定と近代的主観性の上で、自由な存在者の共同性とその実現をテーマとしているが、ヘーゲルの良心論を検討するとき、そこにはフィヒテのこのような意欲的な取り組みと通じるものがある。むしろ、ヘーゲルにおける人倫と道徳性の問題(1)は、フィヒテを視野に入れることによってより明らかになるであろう。

本章はまず初期フィヒテの良心論を検討したうえで、『精神現象学』の「良心」論の位置を確かめる。そして、〈良心〉の境地でなぜ相互承認が正面からテーマとならざるをえないかを捉える。すると、「良心」論は、「精神」を構成する対自・対他・即自というすべての契機が全面的に展開される場面であることが明らかになるであろう。「人倫的実体とは何か」という近代的人倫を支える知の境地が、近代的主観性としての「良心」におかれたことは、人倫の基本性格をも規定するであろう(第三部第九章)。

一　フィヒテにおける良心の問題

フィヒテは、「良心」に、実践哲学的視野のなかでどのような位置を与えているか。この問題をまず、『思想の自由をこれまで抑圧してきたヨーロッパ諸侯からの思想の自由の回復要求』(一七九三年、『回復要求』と略記)、『フランス革命に対する公衆の判断を是正するための寄与』(一七九三年、『フランス革命論』と略記)に見てみよう(2)。

「諸君は、諸君を支配しようとする君主に、勇気をもって、いかなる権限があって、われわれを支配するのかと、質したまえ」(FW6. 11)。専制的君主たちは、神の代理人を自称し、国民に絶対的な服従を要求するだけでなく、譲渡しえない人間の権利さえ抑圧する。「野蛮な時代は過ぎ去った」に始まる『回復要求』は、旧体制に激しい批判を浴びせ、そこからの解放を謳いあげている。ただし、惨禍を伴う暴力的手法によらず、啓蒙の前進とともに「国家体制の改革へとしだいに前進する」(FW 6. 5)という「展望」を描いている(これは『フランス革命論』の基調でもある)。そして、テーマとなる「思想の自由の表明」は、「人格性に密着した構成要素であり、『私は存在する。私は自立的な存在者である』と言いうるための不可欠の条件である」（FW 6. 14）。「良心」は、このなかで、自由にして自立的な主体の根底という、また国家‐共同社会の成立根拠という位置を占めている。フィヒテは、こう語る。「人間は、自分の胸の内深く神的な火花（Götterfunke）を抱いている。それは、獣性を越えて人間を高めるものであり、人間を、最初の構成員を神とする一つの世界の同胞市民とする。これが人間の良心である。この良心が、人間に対して、このことを欲すべし、あれは欲すべからず、と端的に無条件に命じる。そして、良心は、自由に、みずからの運動にもとづいて、自分の外部からいかなる強制も受けずに、命じる。人間は、この内なる声に従わねばならない」（FW 6. 11）。外的な強制に従うところに、自由と自立はありえない。それは、この「内なる唯一の法則」（FW6. 12）に従うところになければならない。

個人は、こうして良心という内的法則に従って行為するよう義務づけられる。そのため、「みずからの義務が要求する行為に対する権利は、譲渡できない（unveräusserlich）」（ibid.）。思想の自由とは、そうしたものであった。しかし、外的行為にかかわる権利には、道徳法則（Sittengesetz）が許可する範囲で、「譲渡できる権利」がある。自由にして自立的な個人が、この種の権利を互いに譲渡しあうときに契約が成立する。「市民社会は、このような契約にもとづいている」（FW 6. 13）。「私が自由意志をもって受け入れる」という点に、市民社会の合法性と拘束力の根拠がある。また、市民社会は、構成員が取り結んだ契約関係を守るために、法の「執行権力」を生み出す。とするならば、君主がもっていた権利は、社会からの委託によるものにほかならなかった。

さて、フィヒテによれば、国家‐共同社会は、良心を成立根拠として構想されるものであった。フランス革命がジャコバン独裁という新たな段階に入るころに執筆された『フランス革命論』は、国家体制変更の原理から、革命の正当性を明らかにしようとする。『回復要求』と同じく、道徳法則が「人間の究極目的を定める唯一の律法」であることから、国家結合には、その「究極目的は、道徳法則によって命じられた各個人の究極目的に矛盾してはならない」、より積極的には「各個人の最高の究極目的の達成を促進する」(FW 6. 62、四二)という条件が付けられる。個人と国家の関係が、道徳法則にもとづくものであるかぎり、「国家体制を変更する国民の権利は、譲渡することが許されない人権である」(FW 6. 105, 一〇六)。

この場合、「良心」はどう位置づけられるであろうか。フィヒテは、四重の同心円を描いて、国家内部における関係を、外側から良心、自然法、契約一般、公民契約の領域に分け、その範囲と相互関係を説明している。まず、人間は一切の関係を離れて、良心だけをもつ存在(「精神」)である。良心は人間の「最高の法廷」であり、この「見えざる裁判官」は、内面的な精神界を規定するかぎりでの道徳法則に依拠している。第二の自然法の領域は、すでに一種の社会ではあるが、自己と対等な他の人々が契約関係をもたずに並存している(「人間」)。ここでは、「現象界を規定するかぎりでの道徳法則」、自然法が支配している。「このいわば外部の法廷においては、彼を裁く者は彼がともに生きているすべての人々である」(FW 6. 131, 一四八)。第三は、「人間」として、「自由な(道徳法則から解放された)意志」、選択意志が、互いに権利を譲渡しあう領域である。したがって、良心、道徳法則が十分に規定しえない領域でもあり、権利の侵犯も起こりうる。こうして「特殊な公民契約」(FW 6. 132、一四九)が結ばれる。このなかの人間は、「公民(Bürger)」と呼ばれる。これが、共同の法を執行する第四の領域である。してみると、国家は最も小さな円に閉じ込められている。この場合、それぞれの領域が固有の位置価をもちながら、「より高次の法廷がそれぞれ暗々裡に低次の法廷の一切を貫いて支配している」(FW6. 133, 一五〇)という点が注意されなければならない。良心は根幹にあって最も包括的な機能を担うものである。

良心は、『道徳論の体系』(一七九八年)という体系的叙述のなかではどうであろうか。「超越論的観点」からは、

「絶対的自己活動の要求およびこの活動と経験的自我とが一致すべし」（FW 4. 146）という、自我の「原初的衝動（Urtrieb）」があるにすぎないが、「反省」の観点からは、衝動は、自然衝動と純粋に精神的な衝動とに分かれる。「自我のいっさいの現象は、この交互作用にもとづいている」（FW 4. 130）。このとき、フィヒテは、「高次の欲求能力」だけに注目するのではなく、それと「低次の切望能力とを総合的に合一する」（FW4. 131）ことによって、実質的な道徳論を演繹しようとする。意識の主体へと向かってくる純粋衝動は、私の反省のなかで、私の自由を積極的に措定するよう要求する。「それを継続するなら、自我が自分を、絶対独立性へ接近中である、と考えることができる系列」（FW 4. 150）、つまり純粋衝動を原因性としうるような系列を、現実的行為の根拠として意識し措定するときに、「そのときどきに常に汝の使命を果たせ」（ibid.）を、道徳論の原理として立てることができる。ここに、自然衝動から質料的なものを得るものの、純粋衝動から得た形相を、それに与えて、特定の行為に向かう人倫的衝動が成立する。「理性的存在者は、絶対的当為のまったく形相的な概念、しかも当の理性的存在者自身のなかで産みだされた概念によって、自分自身を規定する」（FW4. 155）。かくして、以上の根拠を意識した行為が、「義務」となる。「ここに初めて一つの定言命法が生じる」（FW4. 154）。「常に汝の義務の最善の確信にしたがって行為せよ。あるいは、汝の良心にしたがって行為せよ」（4. 156）が、それである。これが、行為が道徳的であるための形相的条件をかたちづくる。

さて、フィヒテは、以上の命題を、「人は端的に良心のために良心が命じることを決意する」、「良心とは、われわれの使命となった義務の直接的意識である」（FW4. 173）とも言いかえる(3)。良心は、「われわれの根源的自我についての直接的意識」（FW4. 174）という意義をもつことから、義務にかなった行為についての「確信の正しさを判定する絶対的基準」（FW4. 165）となる。良心は、質料的なものは「判断力」に委ねるとして、この「明証性（Evidenz）」を与える。この意味で、「良心は誤らせることがなく、……それ自身がすべての確信の裁判官である」（FW4. 174）。

このように『道徳論の体系』でも、「良心」は、格別な位置価をそなえている。『自然法の基礎』（一八九六年）、つまり個別的な理性的存在者に発して、共同意志の境位に立つ共同体を演繹しようとする法論の領域は、直接、道徳論から演繹されるわけではないが、法論全体の「ひとたび正しい演繹がおこなわれるならば」（FW 3. 10, 二〇）という条件つきで、「汝の結びつきのある他のすべての人格の自由の概念によって汝の自由を制限せよ、という法の規則は、当然のことながら、自己自身との絶対的一致という法則（道徳法則）によって、良心に対して新たに認可されるようになる」（ibid., 同前）。総じて、フィヒテは、二つの領域の相違を認めながら、近代の主体性の立場に立ち、自由にして理性的な共同体の成立根拠という位置価を良心に与えて、道徳論 - 法論を構想していると言えるであろう。

二　ヘーゲル（『精神現象学』）の良心論

（一）良心論の位置——近代的人倫の根底をなす知

「現代は誕生のときであり、新たな時代への過渡期である。……精神は新たに自分を形成しなおす仕事にとりかかっている」（序文、GW9. 14, 上一一）。ヘーゲルは、『精神現象学』（一八〇七年）を支える歴史意識を、こう述べている。「宗教」章冒頭での整理によれば、意識 - 自己意識 - 理性 - 精神 - 宗教は、時間的に連続したものではないが、それぞれの内部の展開は、時間的連続性にもとづいている（GW9. 365f., 下一〇〇七—九）。特に、「精神」章が「意識の諸形態」ではなく「世界の諸形態」（GW9. 240, 下七三五）を扱うことから、その展開が、先の歴史意識のなかで、いかなる世界の形態を登場させるのか、おのずと関心が湧くであろう。その展開は、「C　自己自身を確信する精神、道徳性、c　良心」に極まる。しかし、〈良心の相互承認〉に見合う世界の対象的な形態、たとえば新たな人倫像は、どこにも見あたらない。それは、ヘーゲルがそうした像を描くには思想的に未熟であったからであろうか。あるいは、意識‐自己意識‐理性‐精神は、それぞれ固有の原理をもち、一つの全体を形成して、「そこで（良心において）認識されたのは、深み（die Tiefe）であり、（宗教の）精神であったが、このなかで、それらはそれだけで存立するものではなく、その実体をもったのである。だが、今やこうした実体が深みから表に出てきたのである」（GW9. 367, 下一〇〇九）。すると、良心は、宗教‐絶対知という「精神の自己意識」（GW9. 363, 下一〇〇五）への入口、あるいは、批評する良心と行動する良心を和解させる絶対的精神が降りてくる通過点にすぎないのか。

〝思想的未熟さ〟については、すでに『イェーナ体系構想Ⅲ』（一八〇五／〇六年）が『法（権利）の哲学』の原型といえる構想を示していることから、当たらない。後者については、確かに良心はそのような位置にある。しかし、『精神現象学』が執筆当初の構想から肥大化して、意識の経験の学にとどまらず、実体を主体として示すという問題とともに、実践哲学的問題を抱えていることも見る必要がある。

『精神現象学』「良心」論の実践哲学的意義について、第五章で詳しく検討しておいたように、「道徳性の生成」のうちで、「道徳性が人倫的実体自身から出てくる面」（GW9. 196, 上三五八）(4)としての「良心」は、「道徳性の生成」のなかの「対自存在に属する面」、つまり「立法理性、査法理性」とは明らかに異なって、古代ギリシア的な人倫の限定性を越える「人倫的実体とは何かの知」という意義をもつものであった。「良心」は近代的人倫の根底におかれる知という意義を与えられている。この視点は後の『法（権利）の哲学』にも引き継がれるであろう。

このように「良心」論は、この実践哲学的コンテクストから見るとき、意外とフィヒテ良心論の体系的位置に近いことが分かるであろう。ただし、ヘーゲルは、「良心」の検討を通して、そこに相互承認の境位を見定め、さらに「精神」章の世界の骨格をかたちづくってきた対自‐対他‐即自という〈精神〉の契機を、全面的に展開してみせる。その上で、「良心」はこれらを契機とする主語という位置価をもつことが明らかになる。「人倫的実体とは何かの知」

はこのようにして示されている。

（二）相互承認をテーマとする舞台装置――対自‐即自‐対他

よく知られているように、「良心」論は、相互承認をテーマとする。この承認の概念は、すでに「自己意識」章で示されたものである。自己意識は、生命的自然との関わりをへて、自己意識としてのあり方を確立し、他の自己意識と相対するようになるが、ここには、「われわれにとって、精神の概念がすでに現れている」（GW9. 108, 上一八二）。ヘーゲルは、これからの展開を念頭において、自己意識の課題を、こう立てる。「これから意識に生成してくるのは、精神とは何かという経験である。精神という絶対的実体が、その対立者、つまり独立的に存在する（für sich seiend）自己意識の完全な自由と自立性のうちにありながら、両者の統一であること、すなわち、われわれであるわれ、われであるわれわれとの統一の経験である」（ibid., 同前）。この経験は、「良心」に到って成立するが、それは、良心が、精神を構成する〈即自‐対自‐対他〉「それらすべてを、実際に結合する」（GW9. 424, 下一一四七）からである。また、「絶対知」は、「宗教」の「真の内容」になおつきまとう表象性に、良心によって「自己の形式」（GW9. 427, 下一一五〇）を与えられて初めて成立する(5)。

では、なぜ「良心」において相互承認がテーマとなるのか。なるほど、相互承認は〈他者〉をテーマとするが、「良心」論以前に、他者は問題にならないのだろうか。「自己意識」章では、生成したばかりの自己意識と他の自己意識とは、じかに向き合うことになるが、いずれも「自立的であり、自己完結的」（GW9. 110, 上一八五）であることから、自己は自立性を他者に見たとたん、非自立性に一変し、反対に、他者の自立性を自己のものと見たとたん、他者は、非自立性に転じてしまう。そこからは、自己の承認をめざす闘争が起こり、主と奴という相互承認とは似ても似つかぬ関係が生まれてしまう。「理性」章「C　自分ではまったく実在的であると思う個人」でも、なるほど他者は問題となるが、市民的公共性ともいうべき「事そのもの」は、抽象的普遍にとどまり、個人は、なお生得の自然をまとっているために、「自分自身をも相手をも欺くとともに、欺かれてもいる」（GW9. 226, 上四二二）。タテマエとホンネが、あるいは公的契機と私的契機が分かれるところに、相互承認の必然性は生まれない。この必然性を生む境位は、「精神」章での自己意識の教養形成の結果としてもたらされる。自己意識は、対象的世界を――『イェーナ体系構想Ⅲ』で確立した〈労働〉概念にもとづく〈自己意識の外化〉を通して――階梯的に、「自己」として把握していく。とりわけ、自己意識が〈即自‐対自‐対他〉を結びつけて、実体‐即自を自己の契機とする「有用性」を前提として、自己が個別意志でありつつ〈直接無媒介〉に普遍意志でもあるという絶対自由の意識、さらに「絶対自由と恐怖」が生じる。ここに、世界の対象的形態を越えた場面が開かれる(6)。「精神、C　自己確信的精神、道徳性」が、それである。

それでは、「良心」において、どのような意味で他者が問題になるのか。あるいは、相互承認が必然化するのか。「道徳性」では、自己意識にとって「実体は自己の知であり、それが自己自身であるという純粋な確信が直観されるようになっている」（GW9. 324, 下九一四）。「c　良心」は、「a　道徳的世界観」、「b　ずらかし（Verstellung）」の矛盾を克服した道徳性の完成形態であり、前の段階では分離されていた即自（das Ansich）と自己（das Selbst）、「純粋目的としての純粋義務」と「これに対立する自然と感性という現実性」を止揚している（GW9. 342, 下九五二）。良心においては、このような普遍的〈即自〉と個別的〈自己〉が、そのまま直接無媒介に結合している。ここに良心の特性がある。してみると、良心が語る言葉は、そのまま良心の自己を語るわけであり、そこにはウラもオモテもない。また、義務は普遍的なものであり、しかも万人に妥当して承認されるはずのものであるから、義務は「自己意識の共同の境位」(GW9. 344, 下九五九)となる。良心は、こうして、義務をタテマエとしてもつのではなく、胸中の深い確信のうちに抱くことから、「他者から承認されるという契機」(ibid. 同前)を引き受けざるをえない。この点で、良心は、けっして独善の意識ではない。「現実的な良心は、普遍的なものに対立するような知と意志に固執しない。むしろ普遍的なものこそ、良心が存在する境位である」(GW9. 357, 下九八六)からである。相手を暴力的に屈服させるにせよ(「自己意識」章)、相手を瞞着するにせよ(「理性」章)、それは、いずれも良心の自己破産を招くほかない。良心である以上、あくまで「自己意識の共同の境位」に立たなければならない。ここに、他者と承認がテーマとなる理由がある。良心論は、こうして精神の〈即自 - 対自(自己) - 対他〉という契機がすべて全面展開される場面なのである。

(三) 良心は行動を含み、他者の承認を不可避とする

ヘーゲルによれば、これまでの道徳的自己意識が義務と現実とを矛盾するものと捉えていたのに対して、それを「断念」して、「自己がそのまま絶対的真理であり存在であると確信している精神」(GW9. 341, 下九五一)、それが良心である。さらに、良心は、このような統一の意識をもちつつ「自己を現実のものとする存在者であり、行動(Handlung)がそのまま具体的な道徳的形態」(GW9. 342, 下九五三)でもある。良心とともに、行動の「場面(Fall)」が現れる。このような「具体的な場面」は、そもそも対立を含むものであり、しかも「道徳的な場面」となれば、そこに「いくつかの義務の対立」を含まざるをえない。いったん行動がなされれば、「ある義務はいつも侵害されるであろう」(ibid., 下九五四)。それを避ければ、行動は不可能になる。しかし、良心は、この場面をあくまで「直接無媒介な具体的な仕方で知る」(ibid., 下九五三)ものであり、知と対象の間にすきまがない。「良心はひたすら義務にかなった行動をおこなうのであり、この行動は、あれこれの義務を果たすのではなく、具体的な正義を知りかつおこなう

のである。それゆえ、良心は、ようやく行動のかたちをとった道徳的行動なのである」（GW9. 343, 下九五四―五）。

良心の確信においては、普遍的〈即自〉と個別的〈自己〉が直結していて、自己の知と場面に何の隔たりもない。「この自己は、あくまで自己自身である純粋な知でありつつ、端的に普遍的なもの（義務）である」（GW9. 344, 下九五八）。このことが、良心の確信（Überzeugung）において成立している。しかも、「この自己が、これまで空虚であった実在（Wesen）の内容をかたちづくる」（ibid., 下九五七）。即自‐実在を、自己の内容が満たす以上、即自‐実在は自己に対する「絶対的実在」の意義を失い、「それだけでは独自に存在しないもの（対他存在）に引き下げられる」（ibid., 下九五八）。それでは、このような即自‐義務は、自己の確信のうちに解消されてしまうのか。良心は、行動するとき、つねに義務の普遍妥当性と他者の問題に係わらざるをえない。ここに良心固有の境位がある。「義務は、自己が他者に普遍性として関わる本質的な契機である。この契機が、自己意識の共同の境位であり、この境位こそが、為されたこと（Tat）がそこにおいて存立と現実性をもつところの実体であり、他者から承認されるという契機なのである」（ibid., 下九五九）。

良心の確信にもとづく義務にかなった行動は、承認されて現実化する。良心のうちなる即自と対自との間には何の隔たりも生じない。「義務は、良心がそれについて抱く確信のうちにある。この確信こそが即自そのものであり、（視点を変えれば）この即自は〈即自的に普遍的な自己意識〉であり、あるいは、承認されること（das Anerkanntsein）であり、したがって現実性である」（GW9. 345, 下九六〇）。以上が、良心において成立するはずのものである。

三　良心論の展開——共同性の知の成立

（一）行動を通して、知と対象、即自と対自の分離が生じる

では、以上のことは、スムーズに成立するのだろうか。良心にとって、行動の場面と知とには寸分のズレもなかった。しかし、いったん行動となれば「良心は、行為のさいに現れる個々の対立する諸規定に関係」（GW9. 346, 下九六一）せざるをえない。良心の普遍性は、良心の「一契機」である以上、即かつ対自的なものではない。そうである以上、知は、「場面の（多様な）諸事情についての知であるとしても、それを把握していないことを意識している知である」（ibid., 下九六二）。知は不完全なものであり、知の完全性は、良心にとってだけ妥当しているにすぎない。第二点は、義務の内容の決定に係わる。「行動にすすむ良心は、具体的場面がかかえる多数の側面に関わる」（ibid., 下九六三）。場面に多様性があるために、「諸々の義務の多様性」も生まれざるをえない。良心が行動するとき、選択と決断は避けられない。また、「良心が何をもって義務とするかは、良心が義務についてもつ純粋な確信のうちにある」（ibid., 同前）。「自己自身にもとづいて規定する」良心は、ある特定の内容、「規定態」が絶対的でないことを知っていても、普遍的な義務の内容を、自己の直接無媒介の確信から得るかぎり、結局、手もとの「感性」に、「個別者の恣意」（GW9. 347）に依存せざるをえない。行動にすすむ良心は、このように知と対象との、また自己内での即自（普遍）と対自（個別）との分離を抱え込むことになる。

しかし、良心の良心たる所以は、「自己規定」（GW9. 349, 下九六九）にあり、いかなる内容（衝動、傾向性、感性）からも自由であり、いかなる特定の義務にも縛られない、という点にある。「良心は、自己確信の力のなかで、つないだり解いたりする絶対自主性の至上権をもつ。それゆえ、この自己規定が端的に義務にかなうものなのである」

（ibid., 同前）。

（二）行動は自己と他者の不一致をもたらす

さて、ここに、〈他者に対する存在〉の問題が入ると、どうか。良心においては、義務である即自は、「純粋な自己同一性としてありつつ」、そのまま「直接性、あるいは存在」であり、この存在は「同時に純粋な普遍的なもの、万人の自己でもある」。しかも、この具体的な存在は、「良心が、すべての自己意識と、そのまま直接、同等性（一致）の関係にいる境位」（GW9. 349, 下九七〇）にある。「他者に対する存在」と「承認」の問題を抜きにした良心は成立しない。「良心の遂行する義務が、特定の（限定された）内容である」（GW9. 350, 同前）としても、〈他者に対する存在〉を視野の外におくかぎりでは、あくまで「自己確信の力」、「自己規定」の意義を強弁することもできよう。しかし、この「自己自身との同等性」は、「存在という普遍的な媒体」のなかでは、立ち行かなくなる。「行動は、ひとつの特定の行動であり、万人の自己意識（という共同の）境位と（一致せず）不等であり、必ずしも承認されるわけではない」（ibid., 同前）。すると、実行（Tun）は、自己と他者とに共同の絆ではなく、「完全な不等性（不一致）の関係」（ibid. 同前）をもたらすことになる。

ここには、いかなる事態が生じるのか。良心が行動するとき、他の意識は、良心が立てるある具体的な存在を、「この精神の真実態として尊重し、この存在のなかでこの精神を確信する」（ibid. 同前）としてみる。良心は、この存在のなかで「自分にとって義務と見なすものを表明した」というわけである。ところが、当の良心にとって、「自分の現実は、このように外に立てられた（hinausgestellt）義務とその規定ではなく、自分が絶対的な自己確信のうちにもつところの現実である」（ibid. 同前）から、良心は、「他の意識に差し出すものを、他方でずらかしてしまう（verstellen）」。

それでは、他の意識は、どうか。「良心が彼らに差し出すものを、彼ら自身、ずらかすすべを心得ている」（ibid., 下九七一）。なぜなら、「他の自己がそれで表現されはしても、自分自身の自己は表現されない」のであるから、「自分の自己を保持するために、批評を通して、それを無化せざるをえない」（ibid., 同前）。ここには、相互的な「ずらかし」が生まれかねない。

（三）「精神の定在としての言葉」と自己の明言

ここには、何が必要なのか。〈自己の確信〉ないし〈確信する自己〉がはっきり知られることである。「存在すべきだとされるものは（タテマエではなく）、自己自身を明言する（aussprechen）個体性として知られるからこそ、真実味（Wesenheit）をもつのである」（GW9. 350f., 下九七二）。「知られるものこそ、承認されるもの」（GW9. 351, 同前）だからである。ここで、「精神の定在としての言葉」（ibid. 同前）に目が向けられる。それは、「自己が、純粋な自我＝自我のまま、自分にとって対象的なものとなり、この対象性において自分をこの自己として保持し、そのまま他者と合流して、彼らの自己意識となる」からである。行動が即自 - 対自 - 対他に間隙をもたらし、「ずらかし」を引き起こすのに対して、「精神の定在としての言葉」は、自己意識が自立的でありつつ承認し合う媒体になることができる。こうして、「明言することは、行動が妥当すること」（ibid., 下九七四）という意義をもたされる。つまり、〈確信〉の形式を「意識が良心として自己に根ざして義務を知っているという断言（Versicherung）の形式へと移すこと」（GW9. 352, 同前）が、行動の実現という意義をもたされる。〈断言〉は、確信をもってきっぱりと言い切ることであり、内的意図が秘かにあるわけではない。良心とは、自己における即自と対自の区別を止揚したものだからである。

なお、行動を離れた「語らい（Rede）」という形式の上に、「美しい魂」(7)が成り立つ。「彼らの結合の実体は、自分たちの良心性、善き意図について断言し、お互いの純真さを喜び、この卓越性を知り、明言し、囲い育むことのすばらしさで元気を回復させることである」（GW9. 353, 下九七八）。ただし、この自己には、「自己を物となして、存在に耐え忍ぶという外化の力が欠けている」（GW9. 354）。「美しい魂」は、現実に汚されないかわりに、「最も貧しい形態」、「不幸な意識」（GW9. 355, 下九八一）とならざるをえない。

（四）行動が不一致をさらけだし、良心の二形態をもたらす

以上のように「精神の定在としての言葉」のなかでは、普遍的同等性が成立するように見える。しかし、あくまで行動に定位するかぎり、良心は「この自己である以上、他の自己から区別される」（GW9. 355, 下九八二）。行動にすすむ良心は、自己のうちで、純粋義務と「この限定された義務」、純粋自己と「この限定された自己」、「自立的な存在」と「他者に対する存在」という対立を意識せざるをえない。また、他者との不等性が現れざるをえない。良心の本領は〈確信における即自‐対自の一体性〉にあるが、行動する良心は、「この自己のままでありつつ、みずから（純粋義務の）内容をつくる、という肯定的な意識」（ibid. 同前）であるから、良心の契機のなかで〈対自〉に本質をおいている。これに対して、良心の契機のなかで〈即自〉を本質と見て、個別性を「止揚される契機」とみなす「普遍的意識」（GW9. 356, 下九八四）が対立してくる。自己‐他者関係は、それぞれ自己内不等をかかえる「行動する良心」と「普遍的意識」の対立関係となり、それぞれが反照して鮮明な姿をとる。

さて、行動する良心は、〈自己確信〉を本質として、「自分の行動は、自己自身と同等であり、義務、良心的なものだ、と明言する」（GW9. 356, 同前）。行動する良心は、自己内の不等を知りつつ語っている。ここに「偽善（Heuchelei）」がある。行動する良心は、やましさを感じる「悪しき意識」となる。では、この自己内外の不等性は、回復するのだろうか。①〈普遍的なものと一致していない〉と言う普遍的意識に対して、行動する良心が、虚偽に気づいている自分を打ち消して、「内なる法則と良心にしたがう行動」（ibid., 下九八五）だと主張する場合。これは、一方的な断言であるために、他の意識との不等性が残る。ただし、「悪しき意識」は、あくまでも自己確信に固執すれば、普遍に対する個別‐悪を認めることになり、自己解体を招いてしまう。普遍性こそ自己と他者をめぐる境位であるから、行動する良心は、「自分の行動は、承認された義務である」（GW9. 357, 下九八六）と言い張るほかない。②普遍的意識が自分の批評（Urteil）に固執する場合。普遍的意識が、「真の義務」に照らして、「悪い（schlecht）」とか「下賤（niederträchtig）」と言っても、「悪しき意識」の「自分の法則」に、これまた「自分の法則」を対置しただけであり、「真の義務」なるものは、同位対立という点で「一つの特殊な法則」にすぎなくなる。また、それは「承認されるべきもの」ではあっても、まだ「承認されていないもの」（ibid., 下九八七）でもある。このことが明らかである以上、普遍的意識は他方の存立を許容するほかない。

「批評」は、このようにして、普遍的意識に自己内不等をもたらしてしまう。この意識は、個別と普遍の対立にとらわれない意識として、つまり「思想の普遍性のなかにとどまり、受けとめる（auffassen）意識としてふるまう」（ibid., 同前）。それが、「批評」であった。この〈受動〉は、〈能動〉的自己規定という良心の本領に矛盾する。「この意識は、行動しないから、純粋性のうちで善として身を保持したのであった」（ibid., 下九八八）。あまつさえ、この意識は「批評をもって実際の行動として受け取ってもらおうとする偽善」にほかならない。では、この意識はなぜ〈行動〉にこだわるのか。〈確信における即自‐対自の一体性〉が良心であるからこそ、普遍的義務はたんなるタテマエであってはならないし、義務を語ることは「行動の必然性」（ibid., 同前）を含まざるをえないからである。そもそも行動（Handlung）は、ある具体的場面で、「義務」にある内容を与えるのであるから、普遍的な面と特殊な面をあわせもつことになる。普遍的意識は、この一方だけを切り離して、行動を、「意図や利己的衝動」(GW9. 358, 下九八九)から説明する。この手口にかかれば、いかなる行動も、下賤という「批評」を免れない。ところが、今度は、普遍的意識のなかで自己内不等が成熟して、「批評する(beurteilen)意識は(相手を見下すどころか)、自分は行動する者と同じだ、と同一視する」(GW9. 359, 下九九一)。行動する意識が、この態度変化に気づくところに、大きな転換が生まれる。

(五)即自‐対自‐対他を契機とする知の成立——自己の反対にうちに自己をみる

行動する意識は、相手に自分と「同じ」あり方を見てとり、心をひらき、自分の悪と偽善を告白する(gestehen)。言葉は精神の定在として、行動する良心の〈自己〉を〈自己〉のまま伝える。「われわれにとって」は、すでに「共同性、連続性」が生じてはいるが、批評する良心は、行動する良心の悪に、「自分の魂の美しさ」を、告白には、「自己のままであろうとする性格につきものの強情と、沈黙」(ibid., 下九九二)を対置して、共同性を拒否してしまう。純粋知は、そもそも普遍的なものであり、「絶対的に流動的な連続性」であるのに、この純粋知へのこだわりが、行動する良心との連続性を拒否している。この良心は、「自分の心を打ち明けようとしない自分の対自存在を、手元にとどめている」(ibid., 下九九三)。あくまでも魂の気高さと清らかさを汚したくない「美しい魂」であろうとするかぎり、「(自分の反対である)他者における自分自身の統一を直観するには至らない」(GW9. 360, 同前)。

さて、行動する良心の「告白」には、いかなる意味があるのだろうか。「告白」という「自己の外化(放棄)」(GW9. 361, 下九九四)を通して、「現実のものとなる自己、自己の行動という形式」が、止揚されたものとして、「全体の一契機」(ibid.)として定立されたという意味が、ここにある。行動する良心は、「自分の現実に対して、精神の威力をまのあたりに見せている」。〈精神の威力〉とは、諸契機を自己の契機として包括する威力であるが、「あの悪にとって、その〈特殊な対自存在という、承認されない一面的な定在〉が砕けざるをえないように、批評する意識にとっても、その〈承認されない一面的な批評〉は砕けざるをえない」（ibid., 下九九五）。批評する意識は、「（善悪を固定して）区別する思想を、それからこの思想に固執する対自存在の〈かたくなさ〉を断念する」（ibid., 同前）。「自己の断念」と「赦し（Verzeihung）」を表わす和解の言葉、「しかり（Ja）」（GW9. 362, 下九九八）は、こうしたときに発せられる。普遍を本質とする自己知と個別を本質とする自己知は、共同の境位 - 普遍性を通して矛盾を抱え込み、ついには「自分の絶対的反対」（ibid. 同前）のうちに自己をみるに至る。この相互承認は、即自 - 対自 - 対他を契機とする知の成立を告げている。これらの契機は、良心の全面的展開を通して、全体の契機として自覚的に定立されるにいたった。第五章で良心が「人倫的実体の知」であることを明らかにしたが、今確認したありようがおのずとそのような知にふさわしいことも判明したであろう。

結び

「良心」は、ヘーゲルにとって、このように人倫的共同性を根底から支える知という意義をもつものであった。共同体の基底に良心を据えるという構想は、初期フィヒテがすでにもっていたものであったが、ヘーゲルも独自にそのような構想を立てたのであった。後年の『法〔権利〕の哲学』「道徳性」章は、人倫に止揚される道徳性・良心の形式性と主観的無力性に言及しているが、「形式的良心」ではない「真の良心」、つまり「即かつ対自的に善であるところのものを意志する志操」（一三七節）をあげていることを看過してはならないだろう。『精神現象学』のモチーフはたしかに継承されている。「良心」は、人倫的共同体の基本性格を規定するであろう（第三部第九章）(8)。

第七章　「疎外」と近代的啓蒙
――伝統的公私関係の解体、新たな着手点

はじめに

『精神現象学』（一八〇七年）には、時代の帰趨を見定めようとする生成の意識が働いている。意識が学の境地に向かう途上には、さまざまな舞台があり、そこには歴史的視野の豊かさがある。「精神」章は、とくに近代の批判的検討を含んでいる。ヘーゲル左派の思想家がヘーゲル哲学の誕生の現場をここに見て、時代を読み解く鍵を探ろうとしたのもうなずける。このヘーゲル左派の思想圏に、時代批判のキー・コンセプトとして、疎外（Endfremdung）概念が登場する(1)。その後、疎外概念は、K・マルクス『経済学・哲学草稿』（一八四四年執筆）の公表（一九三二年）をまって、あらためて思想界に登場する。そしてマルクスが先の草稿で『精神現象学』の「疎外」論を標的にしていたこともあり、ヘーゲルの疎外論に目が向けられるようになる。

ところで、ヘーゲルの「疎外」概念は、『精神現象学』のなかでもとくに「精神」章Bに集中して現れる。「精神」章Bの疎外概念は基本的な枠組みとその働きという点で、ヘーゲル左派のB・バウアーやL・フォイエルバッハそしてマルクスなどの疎外論と大きく異なっている。しかし、「精神」章Bの疎外概念は、ヘーゲル左派的な「疎外」概念に引きつけて理解される向きがあった。本章では、「精神」章BのEntfremdung概念本来の基本的な枠組みとはた

らきを明らかにし(2)、法哲学形成史にとっての意味を明らかにしてみよう。

「精神」章Bは、古代ローマの「法状態」を前提とし、フランス革命の「絶対自由と恐怖」にいたる。ヘーゲルは、その途上で、公的なものを善とし、私的なものを悪徳視する伝統的な固定した価値観、諸関係を、Entfremdung 概念を駆使して突き崩し、すべてに理性の光をあて批判を向ける近代的啓蒙の意識、すなわち「純粋自己意識」、「純粋明察(reine Einsicht)」を登場させる。この意識は、よるべきものがない現実から逃れた「信仰」の意識を批判し、さらに地上に立ち返って世界の変革に向かう。「純粋明察」にとって、彼岸性をもつものは何もなく、世界は自分の意志のうちにある。個別的意志がみずからの普遍性を確信し、それがそのまま普遍的意志となり、主権を打ち立てる共同体構想について の総括がある。以上がもっとも基本的なシナリオとなるであろう。ここには近代的啓蒙の精神とそこから生じる共同体構想にとって、「絶対自由と恐怖」はどのような意味をもつのか。「絶対自由と恐怖」の問題は、個別意志の側から〈普遍的なものと個別的なものの統一〉を現実のなかで、これら二つの局面に何ら媒介をおくことなく実現しようとする点に由来する。伝統的な公を善、私を悪徳視する価値観を放棄して、普遍的なものと個別的なものの原理的区別を前提におくことが、「精神」章Bを通して人倫的共同体を構想する上で総括となるであろう。この視点は『イェーナ体系構想Ⅲ』に通じている。

一　固定した価値観の解体と近代的主体の形成——「精神」章Bのテーマ

(一)「精神」章BのEntfremdung概念——固定的存在の解体

『精神現象学』には生成の意識が働いていると述べておいた。序文の「現代は誕生のとき」であり、「精神は新たに自分を形成しなおす仕事にとりかかっている」(GW9. 14, 上一一)は、それを伝えている。「精神」章Bもこのコンテクストのなかにある。〈自己（自己意識）〉は、「A　真の精神、人倫」（ギリシア的人倫）を出発点として世界経験を重ねて、「C　自己自身を確信する精神、道徳性」、その完成としての「良心」にいたる。「精神」章の冒頭に、「精神は、直接無媒介のありかた（ギリシア的人倫）を越えてその何たるかの意識にまで進んでいかなければならない」（GW9. 240, 下七三八）とある。ヘーゲルは、「理性」章B冒頭で述べていた、積極的な意味での「人倫的実体とは何かの意識」（GW9. 196, 上三六〇）の成立を、つまり近代の境位に立つ人倫の知の成立を、「良心」に見定めていた（第五章）。

そこでは、G・ルカーチが指摘するように(3)「外化（Entäusserung）」概念が重要な役割を果たしている。『精神現象学』のなかで、意識は自然的意識から出発して、教養形成をへて、「精神の自己知」（絶対知）に進んでいく。ヘーゲルは、二つの方向がそのなかで必要であると言う。それは、「自己意識が自分を外化して、自分を物つまり〈普遍的な自己〉となすこと」、そして「実体が自分自身を外化して、自己意識となること」（GW9. 403, 下一〇九三）という二つの方向の「外化」である。そのとき、〈実体の外化〉とは、「神的実在が人間となること」（GW9. 405, 下一〇九八）、つまり受肉（incarnatio）の哲学的意味を問う「啓示宗教」論の境位をさしている。それに対して、〈自己意識の外化〉は、おもに自己意識が「精神」章の対象的世界とかかわるなかで、その対象性を止揚する過程を主宰している。このなかで、意識は「対象の個々の規定を各々自己として把握することによって、対象が意識に対して真に精神的な実在となる」（GW9. 422, 下一一三八）。Entfremdung 概念は〈外化〉概念とともにこの場面ではたらいている。では、「精神」章Bの特徴はどのような点にあるのか。次の一文を見てみよう。

「この精神は、ただ一つの世界を形成するだけでなく、二重の世界を、しかも分離し対立する世界をみずから形成する。……（現実世界の）それぞれの契機は実在（Wesen）として、その意識を、したがってその現実性を、他方の契機から受けとる。それぞれの契機が現実になるそのとき、その実在は、その現実性と違うものになってしまう。何ひとつとして、自己自身のうちに根拠のある精神をもっていない。かえって自己のそとに出て、〈自分とは異なる〉よその（fremd）精神のうちに存在する」（GW9. 265, 下七八七―八）。

「精神」章Bは一つの世界を扱う。しかし、それはつねに二重の相で、つまり公共の「国家権力」に対して、私的利害の「富」、あるいは変転する現実の世界に対して、それを逃れた安定した、信仰の天上界というように現れる。とくに現実の世界の二つの契機は、その世界をかたちづくる確固とした制度である実在と想定されて、互いに原理的に異なる（fremd）あり方をしている。この実在が、それに自発的にかかわる自己意識によって、現実のものとなると、まさにそのときに、この実在とは異なる（fremd）他の実在に転じてしまう。たとえば、公共の「国家権力」は私的利害の「富」に転じてしまう。あるいは逆に「富」は私的利害にからむばかりでなく、「国家権力」とともにあったような公益的なものに転じてしまう。「精神」章Bの世界では、すべてがこのように自分のうちに根拠をもたない。確固たるものは何ひとつ存在することなく、すべてが変転するなかで、もっとも確固としたものとして「純粋な自己」（GW9. 286, 下八三二）が姿を現すことになる。

このように「純粋な自己」、近代的啓蒙の精神は、あらかじめ前提として立てられた固定観念や価値秩序の解体をへて登場する。Entfremdung のはたらきは、そのような確固とした秩序を流動化し、さらにあるあり方をその反対のあり方へと転換する点にある。Entfremdung の用法を次の一文に見てみよう。「〈公共的な〉国家権力は die sich entfremdete Selbstständigkeit である」（GW9. 278, 下八一七）。国家権力は、私的利益からなる「富」とは異なり、真に公的で善なるもの、自立的なものとされる。先に述べた「自己意識の外化」を通して、この自立したあり方が〈自分から離反して〉非自立的なものとなる。引用文中の「自分から離反した自立性」は、このような意味で理解できる。あるあり方が自分のあり方から離れて反対のものに転じる。ここに「精神」章Bの Entfremdung 概念の独自性があり、

「精神」章Bに即するかぎりで、Entfremdung概念に、本質的諸力が自分から失われて、よそよそしい対象の諸力となる、そして主客転倒が生じるというヘーゲル左派的な含意はない。

ところで、「精神」章Bのタイトルは、“Der entfremdete Geist; die Bildung”とある(4)。「精神」章Bでsich entfremdenは、自分が自分のあるあり方から身を引き離す、もしくは自分が自分のあるあり方から離反するという意味で用いられる。本章ではこの意味を踏まえて、「自分から離反する」という訳語を使う。「精神」章の展開は、この意味を踏まえることでもっともよく読み解くことができる。

(二)〈自己〉の変革を通して世界を形成する——離反と外化

「精神」章Bまでの経緯を簡単に振り返ってみよう。「美しい人倫的生活」(GW9. 240, 下七三五、ギリシア的直接的人倫)は、人間の掟(公共的領域)と神々の掟(家族の領域)という二つの掟からなり、安定した均衡と統一をかたちづくっていた。しかし、アンチゴネーに見られる〈個人の行為の実行(Tat)〉によって、二つの掟の対立、撹乱が生み出されて、悲劇的運命が訪れる。そうしてローマ的「法状態」が現われた。

個人は、直接的人倫の掟のなかで表立つ存在ではなかった。むしろ影であったが、今や行為の実行を通して、現実のなかに歩みでている。しかし、かつての生き生きとした共同精神は死せるもの、つまり「平等」となり、それとともに諸個人は無数に分散して、権利の主体としての法的「人格」となる。一方にバラバラになった砂粒のような群集、他方に個人の実生活から遊離した抽象的普遍(法・権利)に世界が引き裂かれる。そして、実質的なものはすべて、「ひとつの独自の威力」(GW9. 262, 下七八一、皇帝権力)に集中する。個人は共同のきずなから離れて、偶然のなかに放り出されている。

「精神」章Bの前提となる「法状態」は、このようなものであった。普遍と個別がこのように分離するあり方は、たとえばヘーゲル左派のフォイエルバッハのように、人間の本質的諸力が人間自身から失われて、神という対象の本質的諸力として独自の力をもち、主体と客体の転倒が生まれるという事態ではない。個人たる〈自己〉は、共同のきずなを失い、存在のリアリティを失う。しかしそれと引きかえに、〈法的人格〉としての承認を手に入れている。ヘーゲルは、この個人のありようが、抽象的法、抽象的普遍としての対象的世界を支えている、あるいはこの個人のありようと対象的世界のありようが対応しているとする。これらの間に、とくに生きたつながりはない。

「この世界はそれ自体としてみれば（世界という対象的な）存在と個体性が浸透したものである。世界のこのあり方は、自己意識のなせるわざ（Werk、作品）である。しかし、同時に、直接目の前にある、自己意識にとってよその（fremd）現実、固有の存在をもち、そのなかで自己意識が自分を認識することのない現実である」（GW9. 264, 下七八六）。

自己意識のありようと現実は、互いに他のあり方に支えをもっている。ここにヘーゲルは、自己意識が自分を変えることによって、対象的世界を変える可能性を見てとって、この現実の「否定的本質は、まさに自己にある。自己がその主体であり、行為であり、生成である」（ibid. 同前）と言う。分裂が生まれたからこそ、〈自己〉は「それだけで遊離している対象的現実についての意識」（GW9. 265, 下七八七）として、対象的現実に能動的にかかわることができる。たとえば、国家権力と富について、自己意識は次のような態度をとることができる。「自己意識は、これらの対象から自分が自由であることを知っている。それらのうちのいずれかを選べると思っているし、何も選ばないこともできるとさえ思っている」（GW9. 271, 下八〇〇）。「法状態」の分裂は新しい可能性なのである。

〈自己〉が主体となるためには、自分の現にあるあり方を変えなければならない。「（法的）人格の疎外（Entfremdung

der Persönlichkeit）」は、この〈自己〉の変革にかかわる。ここに言う「疎外」は、ヘーゲル左派的な含意で、つまり本来的な法的人格というあり方が自分から失われて、対象の属性となって自立化することとは読めない。ヘーゲルは、〈自己〉が、抽象的な内実をともなわない法的人格というあり方から〈距離をとり、身を引き離す〉ことを語っている。Entfremdung der Persönlichkeit は、「（法的）人格からの（身を引き離す）離反」と訳したほうがヘーゲルの意図に沿うであろう。また、ヘーゲルは、この〈離反〉（疎外、Entfremdung）とともに「外化（Entäusserung）」も術語として使う。「外化（Entäusserung）は、ひとつの世界へと自分を秩序づけて、自分を維持する精神的威力である」（GW9. 265, 下七八六）。〈外化〉は、おもに〈自己〉がみずからの自然性を放棄して、かえって主体性を発揮する行為をさしている。〈離反〉あるいは〈外化〉はそれを通して、〈自己〉が自分を変える論理であり、〈自己〉はそれらを通して、世界とかかわり、形成し、自分の主体性を発揮する論理となっている。「自分からの離反」としての Entfremdung 概念を通して、この事情を見てみよう。そこには、ある世界を形成する面と、そのある世界をその反対に転じるという反転の面がある。この二つの面から、固定した秩序の解体が完成するであろう。

二　〈自分からの離反〉を通して世界の形成と反転が生じる

（一）観念と現実を媒介する――〈形成〉としての〈自分からの離反〉

〈自分からの離反〉の意義をもう少し詳しく見てみよう

「自己意識はみずからの（形式的に承認された）人格性を外化（放棄）して自分の世界を創り出し、そして自己意識はその世界を今や自分のものとしなければならない。このように自己意識は、（自分とは）異なるもの（eine Fremde）(5) としてのその世界に対してふるまう。世界の定在ならびに自己意識の現実性は、このような運動にもとづく。……あるいは自己意識は、自己から（身を引き離して）離反するかぎりで、ひとかどのもの（Etwas）であり、実在性をもつ」（GW9. 267, 下九七一―二）。

〈自己〉は自然的自己から身を引き離し、それから離反するときに、表現をかえるならば、自然的自己を放棄するときに、社会性のある教養を身につけて、自分を普遍化できる。「個人は教養をもてば、それだけ現実性と威力をもつ」（GW9. 267, 下九七二―三）。そのときに、〈自己〉は初めて普遍的なものとかかわり、それにリアリティを与えることができる。「個々人に関して教養形成として現れるものは、実体における思想上の普遍性がそのまま現実性に移行することである。……このようにして、即自（抽象的普遍）は承認されたもの、存在するものとなる」（GW9. 268, 下九七四）。しかし、さらにめざす地点はこの先にある。いくたの舞台をくぐり抜けて、自己とは異なる（fremd）世界を自己のもとに捉えきる地点である。

今述べた形成の場面は、「思惟の上での実体」としての「国家権力」によく見ることができる。よく指摘されるように、「精神」章Bは、フランスにおける封建制の解体、封建貴族の宮廷貴族への移行、絶対王政の成立、商人階級の勃興、国家権力への富の力の浸透、伝統的身分秩序の解体、フランス革命という時代の流れにある。精神は、かつてのギリシア的人倫のような有機的な構成を失って、バラバラになり、生気のないかたまりとなっている。ここにあるのは、①あくまで個別的なものの根拠として、普遍（即自）を本領とする「自己同等的な（自立的な）精神的実在（Wesen）」、それから、②普遍的なものを個別的なものに委ねる実在（Wesen）、そして③「火の力を身につけた」「自己意識としての主体」（GW9. 269, 下七九七）である。共同体をかたちづくる二つの制度（Wesen）は、現実としては、公共的な「国家権力」と、私的利害が満ちあふれる「富（Reichtum）」、思想としては、善（das Gute）と悪（das Schlechte）に結びつく。これはけっして近代的な見方ではない。公共的政治の場面を善とし、私的利害の富を悪とする思想は、近代以前のものである。私的存在あるいは利己心を倫理的に悪徳とみなすのが伝統的な見方であった(6)。「精神」章Bは、このような枠組みの解体もねらう。

さて、自己意識はこれらの実在に自由にかかわることができる。そこに二つの典型的な意識が、すなわち〈自己〉と実在に〈同〉を見る意識と〈不同〉を見る意識が生まれる。国家権力におのれの本分を見て、富がもたらす恩恵に感謝の気持ちをもてる意識、「高貴な意識」、そして前者に束縛と抑圧を見てとり、富に執着し、その恩恵に軽蔑の念をいだく「下賤な意識」である。

国家権力は、高貴な意識にとって、さしあたり「思惟の上での普遍的なもの」にすぎない。イデアールなもののために、高貴な意識は、個別的な私的なものを、みずから進んで犠牲にして、献身する（奉公のヒロイズム）。それは、名誉に生き、「忠言（Rat）」をあえておこなう「誇り高き封臣」の態度を表わしている。あるがままの自分から身を引き離し、それから離反して、大義にふさわしい人士たらんとする。イデアールなものとしての国家権力は、熱心に担がれて、生命を吹きこまれ、「存在する普遍的なもの、現実的な権力」（GW9. 274, 下八〇八）に生まれ変わる。

しかし、〈自分からの離反〉、〈自己意識の外化〉は、これで完成したわけではない。封臣は名誉に生きるにしても、世評を気にして「自分の特殊な福祉を留保している」、つまり私心を残しているために、国家権力は「決裁する自己（君主）」（GW9. 277, 下八一五）をもつにいたらない。この離反と外化をさらに進めた地点で、「玉座に坐る者に向かって、彼が何であるかをいつも口にすることによって」、この「決裁する自己」が現実となる。この「追従の言葉」が誇り高き封臣を宮廷貴族に引き下げ、国家権力は一人の君主によってあまねく知られる（「朕は国家なり」）。ヘーゲルは、このように観念的な普遍的なものが現実的なものに生成する経緯を〈自分からの離反〉の論理で描きだす。

（二）価値秩序の転倒と〈自己〉の登場

ところが、この公共的な国家権力は、高貴な意識の外化（ないし自分からの離反）を通して、現実的な権力となったとたんに、この高貴な意識がそこから恩恵を受け取り、享受を引き出すもの、言いかえれば、悪としての富に変質してしまう。公共的な国家権力は私腹を肥やす手段と化して、「自己意識の契機」となってしまう。そして高貴な意識はこのような下賤な意識になりさがり、「権力の外化（放棄）」（GW9. 279, 下八一七）、つまり空洞化が進み、国家権力や君主は空語と化していく。国家権力は、それだけで価値ある自立性であったのに、一転して「自分から離反した自立性」（GW9. 278, 下八一七）、つまり非自立性となる。

こうして、国家権力は富に、善は悪に、高貴は下賤に、つまり普遍的「即自存在」たらんとした意識は、個別的私的な「対自存在」になりさがった。固定的な枠組の流動化、そして価値の転倒、これらは、あるあり方からの〈離反〉を通して遂行された。また「精神」章のコンテクストからすれば、この経験の意味は、自己意識の外部で真理とされた〈即自〉が、個別的な〈対自存在の契機〉となった点に、世界が自己のもとに捉えられる一歩となった点にある。

さて、富はこれまでの表向きの世界を飲み込むように、独自の威力となって日陰から日向におどりでた。富は、個人の享受のために差し出されるだけの存在ではない。富は、富を分かち与えること（Mitteilung）によって吸引力を手にして、実在（Wesen）としてのあり方を打ち立てる。欲求と労働の相互依存性のうちで、人々は他者が享受するものを与え、他者のために労働する。富は現実のうちに普遍を生みだす。悪としての富は、善としての公共的性格をもつ富に姿を変える。公共的政治を善とし、私的利害の経済的行為を悪しきものとする近代以前の固定観念がここにくずれさる(7)。

ここでこれまでにない新しい意識形態、つまり「恩恵を施す富」と「恩恵を受け取る意識」が生まれる。富める者も、それに寄食する者も、卑しさという点では変わりはないが、富める者は、「一度の食事で、他の自己そのものを掌中に収めたと思いこみ、そうして心底からの服従をものにしたと思いこんでいる高慢ちき」(GW9. 281, 下八二三)のために、他の自我の内面的な反抗を見落としてしまう。表向きの感謝には、「見下されているというどん底の感情と心の奥底からの反逆感」(GW9. 280, 下八二一)がこもっている。ここにあるのは「分裂の言葉」であり、寄食者の自己は、富める者にすっかり握られ、まったくの気まぐれにさらされる。「この人格はすっかり引き裂かれている」(GW9. 282, 下八二五)。自己は自己でありながら、すっかり他者の自己になりさがり、深刻な自己分裂が、寄食者をおそう。

ヘーゲルは、これまでの展開を振り返ってこう述べる。

「教養の実在的世界の精神は、現実(国家権力と富)、そして思想(善と悪)における絶対的な余すところなき転倒(Verkehrung)であり、離反(Entfremdung)である。……これらの契機は、いずれも互いに他方のものに転倒し、自己自身の反対になる」(ibid., 同前)。

ヘーゲルが問題としてきたのは、非本来的なあり方から本来的なあり方を回復する、いわゆる疎外の克服ではない。そうではなく、現実と思想についての固定した秩序を突き崩し、そこから新しい主体を取り出すことである。それを推し進めるものが〈自分からの離反〉であった。そして、この転倒をもっともよく映し出し、もっともよく知る意識として、ヘーゲルは、この分裂の意識、屈辱と分裂のまっただなかで反抗に立つ意識をクローズアップする。引き裂かれては抗い、抗いながら自己を回復するこの意識は、下劣さから転じて、「もっとも教養を積んだ自由がもちうる高貴さ」(GW9. 283, 下八二六)となる。その典型をヘーゲルは、ゲーテが一八〇五年にドイツ語訳したばかりのディドロ『ラモーの甥』のうちに見た。ここに高貴と下賤という固定観念はすっかりくずれさった。確固たるものは何もない。そのなかで拠り所たりうるもの、それは「純粋な自己」（GW9. 286, 下八三三）以外にない。ここに近代的啓蒙の精神が登場することになる。

「精神」章Bの展開は、いかなる意味でも疎外論的な枠組みをとっていない(8)。基本的なシナリオは、主体が変わり、対象的世界にかかわるなかで、その世界が変わり、固定した価値秩序が解体する点にあり、その舞台を〈自分からの離反〉の論理が貫いている。ヘーゲルは〈自分からの離反〉の論理を機軸にして、近代以前の価値秩序——公的なものを善とし、私的なものを悪とする点にその特徴が出ていた——を崩壊させて、ここから近代的啓蒙を登場させる。それは、信仰との闘いをへて、近代的啓蒙の実現として「絶対自由と恐怖」に行きつく。次に、それが人倫の思索にとってどのような意味をもつかを検討してみよう。

三　「絶対自由」と近代的人倫の起点

（一）世界を自己としてとらえる——近代的啓蒙

これまでつねにあるものは自分を形成しながら、ただちに自分の反対のものに転じていった。よるべなく変転する現実の世界から逃れて、安定した「純粋意識の、現実ならざる世界」（GW9. 286）を立てる意識が生まれる。「純粋な意識」、つまり「絶対実在」に向かう信仰の意識は、あくまで自己同一という静止の局面に身をおこうとする。現実から見れば、彼岸にある絶対実在（神、Wesen）はなにも現実味をもたないとしても、この信仰の意識のなかでは「現実的な実在」となる（信仰の世界）。

しかし、この純粋意識には、ただちにその反対の意識が立ち現れる。自己にとって他的なもの（fremd なもの）一切を自己のもとに概念把握しようとする〈純粋自己意識〉あるいは〈純粋明察（reine Einsicht）〉である。信仰と対立するときに、この意識はとくに〈啓蒙〉となる。その積極的な要求はこうなる。

「ここに二つの側面がある。対象的なものはすべて、ほかならぬ自己意識という意義をもつ、そして、自己意識は、普遍的なものであり、純粋な明察がすべての自己意識自身のものになる（共有される）べきだという」（GW9. 292, 下八四六）。

啓蒙はこのような姿勢をもって世界に向かう。しかし、現実の世界の変革に向かう前に、信仰の世界が立ちはだかっている。信仰が向かう絶対実在と、そこに成り立つ信仰の意識は、啓蒙にとってははなはだ不可解なものだからである。啓蒙が現実の変革に向かうまでの経緯を簡単に振り返っておこう。

信仰の〈逃避〉の本性は、現実と対立しながら、現実をそのままにしておく点にある。信仰は現実を越えようとしながら、地上の感覚的なものを受け入れている。石像や木像、あるいは聖餐式のパンに「聖なる精神」が宿るとされる。また、信仰にとって絶対実在は信頼を通して自分とぴったり一体感をもてると同時に、彼岸にあるものでもある。この天上的なものと地上的なものという二面性をもつ点に、信仰の特性がある。啓蒙は信仰に闘いをいどみ、地上的な感覚的なもので天上の世界を照らし出してみせる（石は石にすぎない）。そして、二つの面のへだたりを持ちこんで、信仰のもつ美しい統一を引き裂いてみせる。信仰の意識は分裂した意識であることが明るみに出て、信仰はなりをひそめる。こうして啓蒙は絶対実在がそなえるさまざまな規定を次々と剥ぎ取って、ついに「啓蒙にとって、絶対実在は真空になる」（GW9. 303, 下八六九）。地上のものは地上に返されて、地上のものがそれ自体として価値あるものとして現れる。啓蒙の「照明に照らされて、いたるところに個別的な存在が発生した」（GW9. 310, 下八八四）。そして啓蒙は、信仰という敵の原理（絶対実在）を、「述語をもたない絶対者」（理神論）や「純粋物質」（唯物論）というかたちでみずからのうちに取り込むにいたった。

啓蒙としての〈自己〉に手の及ばないものは何もない。すべて〈自己〉にとってのものとなる。「有用性」はこの証しでもある。啓蒙はこうして現実の世界のうちで〈自己〉の実現に確かな手ごたえをつかむ。

「有用なもののもつ対象性の形式を撤回することは、潜在的にはすでに生じており、この内的な変革(内的な確信)から、現実的な変革つまり絶対自由という新しい意識形態が出現する」(GW9. 316, 下八九八)。

(二) 新たな着手点――個別と普遍の分離

では、普遍性を確信する〈自己〉の実現はどのようなものとなるのか。この場面が〈意志論〉として展開されていることから、まずはルソーの個別意志 - 普遍意志が念頭におかれているとみることができよう(9)。「世界は、この自己意識にとって、端的に自分の意志であり、この(世界を自己とみる)意志が、普遍意志である」(GW9. 317, 下九〇〇)。このような確信をもった意志が、そのまま直接的に、共同体全体の意志つまり普遍意志となる。「絶対自由という(単一)不可分な実体は、なにひとつ権力の抵抗を受けることもなく、世界の玉座に高められる」(ibid. 同前)。フランス革命である。そこでは、身分そして社会組織がすべて崩壊して、〈自己〉と共同体がぴったり一致する。一人一人が、普遍意志に直接かかわり、普遍意志を自発的に担う。ヘーゲルの念頭にあるのはルソーの「共和国」的な体制であろう。

「普遍意志は、現実的に普遍意志であり、すべての個々人の意志そのものである。……各個人は、つねにすべて分け合わずにおこなう。(共同体)全体の行為として登場するものを、各個人が直接、意識的におこなう」(GW9. 317, 下九〇〇)。

このあり方をより詳しく見ると、問題がふきだしてくる。個人が、全体を分割した、ある限られた職務をおこなうとする。そのとき、個人と共同体全体の直接的な結びつきが失われる。では、個と共同体全体との直接的な結びつきを可能にするために、すべてを取り除くなら、そこには、具体的な法律や制度をもった「肯定的な仕事」(GW9. 318, 下九〇三)は生まれようもない。生まれるのは「アナーキー(無政府)」しかない。

「絶対自由」の意識は、普遍性を確信して、そのまま全体の意志であろうとする。この共同体全体の意志である〈普遍意志〉を現実のものとするならどうなるか。それは、「個体性の一者に収斂せざるをえないし、また一つの個別的な自己意識を頂点に立てざるをえない(ロベスピエールの独裁)」(GW9. 319, 下九〇四)。〈普遍意志〉は、単一の意志として一者の掌中に収まるほかない。それとともに他の個々人はそこから締め出され、この〈普遍意志〉の実行にごく限られた範囲でだけかかわる。「この実行は、現実的に普遍的な自己意識の実行ではなくなるだろう」(GW9. 319, 下九〇四)。すなわちすべての自己意識による実行ではなくなる。そしてこれら締め出された個々人は、普遍的なものではない個別的なものとして否定されざるをえない。またこの場合、統治(政府)を立てようとするならば、統治は勝利を収めた「徒党(Faction)」(GW9. 320, 下九〇六)によるものとなり、対立するものは特殊なものとして嫌疑を受け、有罪を宣告される。ここにあるものは、

「普遍的なもののうちに存在する個別的なものを否定することである。普遍的自由のなしうる唯一の仕事と行為は、それゆえ死である。……この死は、きわめて冷酷かつ平板な死であり、キャベツの頭を割るとか水をひと飲みする以上の意味をもたない」(ibid., 同前)。

〈自己〉の普遍性を確信して、自己をいきなり普遍意志に結びつける絶対自由は、テロリズム、「死の恐怖」(GW9. 321, 下九〇九)を生みだしてしまう。このあと、対象的な現実をくまなく経験した意識は「純粋な知」の境地に移ることになるが、「絶対自由」の意識は、実体的なもののすさまじい威力に打たれて、区別をそなえた「実体的現実性」

に立ち返る。つまり「精神的な集団（さまざまな制度）の有機組織がふたたび形成され、そこに個々人が配属される」（ibid., 同前）ことを受け入れる（ナポレオン体制）。

さて、『イェーナ体系構想Ⅲ』で、ヘーゲルはすでにルソーの個別意志 - 普遍意志論を取り上げていた。そこでは個別意志と普遍意志を区別した上で、社会契約論は前者から出発して「知的な必然性」をもって普遍意志との結びつきを説いていないと見ていた。それに対して、『精神現象学』の「絶対自由と恐怖」は、個別意志がそのまま自己の普遍性を確信して、それをそのまま直接的に現実化する場面を扱う。この現実化にともなう問題性が余すところなく示される。人倫の構想にとって、ここにどのような意味があるだろうか。

すでにヘーゲルは『精神現象学』「精神」章Aで古代ギリシア的な人倫を、また「理性」章C「査法的理性」で「財産共同体」の現実性(10)を、そして「精神」章B「絶対自由と恐怖」でルソー的共和国の現実化がかかえる問題点を検討した。ヘーゲルは『精神現象学』で近代的人倫のあり方について語らないとしても（この点については第五章を参照のこと）、今自分が構想しつつある人倫的共同体が何を克服すべきかについて語ったことになる。「絶対自由と恐怖」は、近代の主体性の原理を極限にまで推し進め、個別性と普遍性の直接的一体化が「肯定的な仕事」を生みだすことができない所以を明らかにした。とするならば、この二つの局面を原理的に区別して(11)、具体的な構想を立てることが新たな課題になる。そこには伝統的な公と私の関係に代わる新たな関係を構築することも合わせて課題となる。「精神」章BでEntfremdung概念が遂行したのは、伝統的な公と私の関係の解体でもあったのだから。

結び

『精神現象学』は、ヘーゲル法哲学形成史のなかで、近代の人倫について語っていない、あるいは道徳性と人倫の関係が『法（権利）の哲学』と反対になっているなど扱いにくい問題をもっている。これらについては、第二部第五章、第六章を通して、見通しは得られたであろう。本章では、Entfremdung 概念の再検討を通して、「精神」章Bの基本的構図を明確にしようとした。この概念が伝統的な固定した価値秩序を流動化し、解体する論理であったこと、そこには伝統的な公と私の関係を問い直すという視点がはたらいていたことを見ておいた。また、「絶対自由と恐怖」は、「道徳性」への移行を準備する舞台であるだけでなく、法哲学的視点からは、普遍意志と個別意志の局面を原理的に、そして具体的な人倫構想の上でも区別する——この問題は権利と法、市民社会と政治的国家の区別に通じるであろう——、そして新たに関係づけるという課題を提出していた。この新たな課題は、今あげた公と私の新たな関係づけという問題とも絡むであろう。これらの問題については次の第三部が扱う。

第三部　ヘーゲル法哲学の確立と展開

第八章　憲法闘争と『法(権利)の哲学』の成立

――ハイデルベルクからベルリンへ

はじめに

『法(権利)の哲学の要綱』(一八二〇年、以下『法(権利)の哲学』と略記)は出版されてから今日にいたるまで、さまざまな解釈を生みだし、ときに旧状追認の書であり、ときに鋭い時代批判の書であった。それはさながらヤヌスの相貌を呈してきた。その出版は、メッテルニヒ主導のウィーン体制のもと、カールスバート決議による「デマゴーグ狩り」、言論弾圧の時期にあたる。ヘーゲルがベルリン大学で学派をなして(一八二六年)影響力をもったことから、『法(権利)の哲学』の立憲君主制論とプロイセンとの関係が取り沙汰されてきた。

イルティングによれば、これまでの解釈には重大な欠陥があった。補遺と本文との相違に対する無自覚という欠陥である。この「補遺」は、ベルリン版ヘーゲル全集『法(権利)の哲学』に、ガンスが講義録から採録したものである(一八三三年)。イルティングは、この相違を講義録(一八一八/一九、二二/二三、二四/二五年)の刊行によって示そうとした。ヘーゲルは、急速に悪化する政治状況のなかで、政治的嫌疑をかわすために、カールスバート決議による検閲を前に『法(権利)の哲学』の原稿に手を入れ、当時の状況に「順応」した。本来の思想は、この制約を受けない講義のなかにあるというのである。相違は以下の点に見られる。まず君主権について、『法(権利)の哲学』は、君主の権能が無制約であるかのように叙述する（PR. §273）のに対して、各講義は、君主の決定は制限されて空虚であるという（II. 25ff.）。理性法と実定法について、一八／一九年講義はそれらの対立について語る。しかし『法（権利）の哲学』は「暗にこの対立を否認している」（II. 79）。さらに歴史哲学的展望について、一八／一九年講義は「国家を発展した理性の像へと形成すること」が時代の課題であるという。それに対して『法（権利）の哲学』は理性と現実とが和解に達したかのように語る（II. 82）。現実との和解という論点は、各講義録序文のなかには見られない。むしろそこでは現実との対立が云々される。イルティングによれば、『法（権利）の哲学』において「理性的なものの現実性という言葉をヘーゲルに語らせたものは、現実的なものの非理性であった」（II. 82）。そして『法（権利）の哲学』の表題にある「講義に使用するために」という文言は、講義とのつながりを示唆しているという。こうしてイルティングは、ヘーゲルは『法（権利）の哲学』のなかで「政治的な立場転換をおこなった」というテーゼを立て、むしろ講義録の読解から「リベラル」な法哲学像を打ち出そうとした。検閲を前にした原稿の改訂、『法（権利）の哲学』と講義との根本的差異という論点は刺激的であり、論議を呼んだ。今日では、検閲と当時の政治状況が『法（権利）の哲学』執筆に影響を与えたであろうこと、また講義録の検討が必要であること、この懸案は、研究者が等しく認めるところとなった。イルティングの提起は、法哲学研究を新たな段階に進めたのである(1)。その後、ヴァンネンマンによる一七／一八年の講義録が公刊されて、法哲学の原像を見定めることが可能になり、さらに『法（権利）の哲学』の執筆時期に重なる一九／二〇年講義も公刊され、法哲学の展開をめぐる環境が整うにいたった(2)。こうして旧来の実定法を理性法の立場から批判する『ヴュルテンベルク王国地方民会の討論』論文（以下『領邦議会論文』と略記）から、現実との和解を語るかのような『法（権利）の哲学』への展開を論じることも可能になったのである。

ところで、立憲君主制論ならびに君主権論は、法哲学解釈の上でつまずきの石であった。立憲君主制論は歴史的文脈のなかで十分検討されないまま放置されてきた。これを歴史的文脈にもどして、立憲君主制を受容したヘーゲルの視点を明らかにする必要がある。ヘーゲル法哲学の成立は、同時代、とりわけ復帰王政下のフランス立憲主義、西南ドイツの憲法闘争と深いつながりがある。一七／一八年講義は、この事情をはっきりと伝えている。本章は、イルティングを踏まえて、フランス立憲主義ならびに西南ドイツの立憲運動を背景におき、この講義にヘーゲル法哲学の原像を探る(3)。ここからヘーゲルが立憲君主制を執行権と君主権の分離として受けとめ、君主権に公的な圏と私的な圏を新たに構築する際の結節点という意義を与えたことが明らかになる。この公と私の新たな構築に向けた思索は、今日的な課題でもある。この角度から法哲学を読み解くとき、それは新たな相貌を示すであろう。また、プロイセンの憲法制定の動きを背景において、一七／一八年講義の基本線が『法（権利）の哲学』に通じていることを確かめておこう。『法（権利）の哲学』は、けっして「順応」の書でもなく、また閉ざされた体系でもない。ヘーゲルの視線は、フランス革命を起点とする現代史のゆくえにあり、その真骨頂は、このゆくえを見定め思想として汲み上げようとする点にある。その一面を二二／二三年講義、二四／二五年講義に見ておこう。これまで看過されてきたこの面は、ヘーゲルの思想的可能性を問う足場となるであろう。

一　西南ドイツ立憲運動と一七／一八年講義

『法（権利）の哲学』の二七三節に次のようなくだりがある。

「国家が立憲君主制へと成熟していくことは、実体的理念が無限の形式を獲得した近代世界の業績（das Werk der neueren Welt）である。……人倫的生活がこのように真に具体化していく歴史こそが、普遍的な世界史の核心的問題なのである」。

では、この「近代世界の業績」といわれる指標は、いったいどのような点にあるのか。

「憲法体制が民主制、貴族制、君主制に分類されていた段階では、すなわち無限な区別をもつにいたらず、自己のうちに深化するにいたらない実体的一体性の立場には、自己自身を規定する最終意志決定の契機は、国家の内在的な有機的契機としては、それだけで独自の現実性となって登場してはいないのである」(PR. § 279A.)。

ここでヘーゲルは、成熟した国家になって初めて、最終意志決定の契機つまり君主権が「独自の現実性」になるという。立法権、執行権、君主権がそれぞれ他の契機をみずからのうちに含みつつ、憲法体制の有機的構成要素をなしている。それらは、普遍、特殊、個別という概念の諸契機に対応している。この枠組みから先の引用を見れば、そこに目新しいものはない。しかし先の引用を歴史的コンテクストにおくならば、君主権という「独自の現実性」ならびに「近代世界の業績」が重要な意味をもつのである。

ヘーゲルは、近代世界が深刻な分裂状態を生みだしたことに直面して、青年期の共和主義の理想から、君主制と代議制の結合した体制を構想し始めた(『ドイツ国制論』一七九九/一八〇二年)。人倫の構想が基本的に成立した『イェーナ体系構想Ⅲ』(一八〇五/〇六年)には、「世襲君主は全体の確固たる直接的な結節点である。精神的紐帯は公共の意見(世論)であり、これが真の立法団体である。……君主はあらゆる命令の執行に際して生きている」(GW 8. 263)とある。これは実質的に後の立憲君主制と重なるであろう。しかし「立憲君主制」という概念はまだない。一八〇七年八月二九日、ニートハンマーにあてた書簡は、本当の国法学者はパリにいる(ナポレオン)、ドイツの君主たちはまだ「自由な君主制」の概念をつかんでいないと述べる(Br1. 182ff.)。そして『領邦議会論文』(一八一七年一二月と一八年初頭の『ハイデルベルク文芸年報』に発表)は、「理性的な君主制度」(GW15. 33, 一三)という表現を使用する。「立憲君主制」概念は、一七/一八年講義をまたねばならなかった。立憲君主制概念の意味は、この講義から明らかになるであろう。

ここで『領邦議会論文』がたびたび言及する「最近二五年の経験」(GW15, 12, 33, 61, 62, 一一、一三、六二、六四、六五)に留意する必要がある。ヘーゲルは、この一七八九年から一八一四年までの年月を「世界史がこれまでにもった最も実り豊かな年月」、「われわれにとって最も教訓に富む年月」、また「誤った法概念や、国制についての偏見を踏みつぶすためには、この二五年の法廷より豊かな実りをもたらす乳鉢はほとんど存在しないだろう」(GW15. 61, 六四)とまでいう。ヘーゲルは、目下の情勢について、「ヨーロッパの諸政府とこれら諸国民の運命、そして彼らの奮闘努力は、ドイツ諸国家の主権を、これらがこれまでなお受けていた制約より解放するにいたったが、これによって、さしあたっては約束にとどまるが、諸国民に自由な憲法が与えられる可能性がもたらされたのである」とし、「しかも君主制度に代議制度の規定を結びつける、すなわち、君主制度に合法的状態や国民の立法への参加の規定を結びつける諸概念は、……今や広く人々の信条にまでなったのである」(GW15. 33, 一三)と述べる。

この文面を理解するには、同時代の動きに目を向けなければならない。ナポレオン没落後、ウィーン会議が一八一四年九月に始まり、翌年六月に発足したドイツ連邦(Deutcher Bund)において、西南ドイツ諸国は、領土の大幅な変更とともに法慣習や宗派の異なる新住民を抱えて、「帝国」のもとでの領邦国家から独立国家としての体裁を整えるという課題を背負うことになった。新たに国民的‐国家的統一を図る重要な指標が憲法制定であった。憲法制定が歴史の趨勢として否定できないことは、連邦規定一三条(「連邦を構成するすべての個別邦国にはラントシュテンデ的憲法(Landständische Verfassung)が施工されるであろう」)というあいまいな表現として現れた。ヘーゲルのいう「約束」とはこの一三条を指しており、念頭にあったのは、この立憲化の流れであった。その際、西南ドイツ諸国における憲法のモデルは、つとに指摘されるように復帰王政下のフランスで、一八一四年六月に発布された「シャルト(憲章)」であった。ヘーゲルは、「最近二五年の経験」の集約をここに見て、西南ドイツのこうした空気を存分に吸いながら、『領邦議会論文』を執筆し、一七／一八年講義をおこなった。イルティングを援用すれば、ここでヘーゲルは「南ドイツ初期立憲主義の最も優れた理論家」（Ilt. 19f.）たることを示している。またペグラーによれば、この講義は「原 - 法哲学」（I. XIV）の意義をもつという。

なおヴュルテンベルクでは、一八一五年三月、国王が領邦議会（民会）に提出した憲法草案をめぐり、四年余り憲法闘争が展開されることになる。ヘーゲルが論評の対象としたのはこの論争の前半であった。ヘーゲルは、民会が「収税金庫」を掌握し、特権化した委員会がおこなう国庫の「強奪と乱費」、住民の生活一般にかかわる司法、行政、税務に特権的にたずさわる「書記の狼藉」、これら旧社会の腐敗に厳しい目を向けている。民会のよりどころはいわゆる「古き善き法」にあり、そこで特権に固執するさまは「現実の世界情勢に逆行する立場」（GW15. 54, 五〇）であると言い切る。その根本的誤謬を「実定法から出発していること」（GW15. 60, 六二）に求める(4)。ヘーゲルは、『領邦議会論文』において、シャルトをモデルとする国王の憲法草案に近代の理性的な立場を読み取り、ここに「思想が現実性の再生に没頭しているのを見る」（GW15. 31, 九）。理性的法の実現のなかには、「国民に属する代議制度」（GW15. 110, 一四九）も含まれる。ただしこの代議制度は、アトム化された個人を原理とするものではない。ヘーゲルは、公共的な圏と私的な圏の境界があいまいなまま、「本来、国家に属すべき権利」（GW15. 56, 五五）が骨抜きにされ食い物にされ、私的な特権が横行する状態を見すえている。真に公共的な圏を立て直し、あわせて近代の主体的自由を打ち立てるというモチーフが『領邦議会論文』を貫いている。これと一七／一八年講義での「立憲君主制」論は無縁ではない。この講義を検討する前に、復帰王政下のフランス立憲主義のありようを見ておこう。

二　同時代の所産としての立憲君主制

一七／一八年講義を公刊したイルティングは、その一三七節に付した注で、「『立憲君主制』という表現は、フランスの復古時代の始まりに初めて形づくられた（たとえば、バンジャマン・コンスタン『政治の諸原理』第二章）。そして、これは成文法によって制限された君主制を意味する（権利の章典以来のイギリス憲法は、この意味で成文法ではなかった）」（Ilt. 339,（　）内、イルティングの補足）と述べ、その序文ではこう指摘する。「シャトーブリアンは、コンスタンの君主権論をわがものとして、それを徹底させた。コンスタンは、大臣権と君主権の分離から、政治的に活動的な国家権力の上に立つ「憲法の番人」として「中立的権力」が国王にふさわしいとする結論を引き出した。それに対してシャトーブリアンは、国王の政治的権限をことごとく否認し、彼を不可謬の神性の地位にまで高めた。……ヘーゲルは『法(権利)の哲学』の憲法理論を、議会主義的君主制に進むフランス立憲主義の正確な知識にもとづいて構想した。このことは、一八一七／一八年の講義から分かる」（Ilt. 22f.）。

イルティングによれば、ここにシャルトのもとでの代議制を支持する正理論派の「学派的秘密」がある。そしてヘーゲルもこの事情をわきまえていた。一七／一八年講義は、イルティングにとって従来の見解を補強するものとなる。つまり検閲を意識して内容的に「順応」した『法(権利)の哲学』に対して、この講義は、ヘーゲル「学派の秘密」を明示しているという。イルティングは、フランス立憲主義が「議会主義的君主制」を志向することを強調することによって、君主権の役割を低く見積り、ヘーゲル法哲学のリベラルな解釈を補強する。この講義とフランス立憲主義との関連を明確にしたのは、イルティングの功績である(5)。しかしそこでは、ヘーゲルはフランス立憲主義をどのような視角から受けとめたのか、また執行権から分離された君主権にどのような機能を与えたのかという問題が見過ごされる。まず当時のフランス立憲主義の特質を確かめておこう。

一八一四年四月、ブルボン王朝が連合国のバックアップを受けて復位してまもなく、「シャルト」は、国王が国民に授与するという形で発布された（六月）。連合国の方針は、フランス革命以前の諸王朝を復位させ、各国の勢力均衡をはかるという点にあった。シャルト第一四条は、国王をもって「国家の最高の元首」と明記し、前文は、国王がすべての国家権力の源泉でありかつ基礎であることを謳いあげる。これは一見すると革命以前への逆行ともとれる。しかし「シャルト」はたんなる逆戻りではなく、ナポレオンの帝政時代の市民的自由や制度を継承し、また権力分立を盛り込むものであった。そして第一三条は「国王の一身は不可侵かつ神聖である。彼の大臣は責任を持つ。国王にのみ執行権が属する」と定めている。ただし、大臣が議会に対して責任を負うという規定はない。この一三条は、当時の立憲主義を見る上で重要な箇所となる。ここには国王と内閣の関係について解釈の余地があったからである。この「シャルト」のもとで、一八一五年八月、帝政時代の選挙法による衆議院選挙の結果、定員四〇二名のうち、三五〇名が「超王党派」で占められて、ルイ一八世は大いに満足する。当初、両者の歯車は噛み合っていたが、超王党派が反動的な施策を打ち出すようになると、国王は内閣を更迭して、議会を抑えにかかった。再び革命が再来するのではないかと懸念するヨーロッパ各国への配慮があったからである。このありさまは「世にも不思議な議会」といわれた。超王党派は国王に対して、議会の多数派から大臣を任命すべきこと、大臣は議会の信任を受けること、といった要求を突きつけたのに対して、少数の自由派が、国王の大臣任命権を擁護するという逆説的な構図が生まれた。この超王党派の左派の論客がシャトーブリアンであり、彼に影響を与えたのが、正理論派、つまり「シャルトに則った自由主義」の論客バンジャマン・コンスタンである。

さて、コンスタンは、一八一四年五月二五日の日付をもつ『憲法草案』で、執行権を、積極的な執行権である大臣権と、消極的な執行権である君主権に分けて、「国王はこの三権の環境において……均衡を維持することにすべての利益を有する中立的および仲裁的権威である」(6)という。ここにいう「三権」は、積極的な執行権、立法権、司法権を指している。コンスタンは、政治的・社会的な安定をはかる基軸として、また個人の自由を制度的に保障するものとして、この中立権の理論を提唱する。さらに一八一五年の『政治の諸原理』第二章で、第一三条の解釈から王権と執行権(内閣権)を区別して、大臣任免権は国王に残しながら、王権から自立した責任内閣制の構想を打ち出すにいたる。また、シャトーブリアンは超王党派に属しながら、王権と執行権の分離というコンスタンの提案を積極的に受けとめ、「責任ある政府」の存在こそが、君主の神聖不可侵ないし尊厳を最大限に保障すると考える(『シャルトによる君主制』一八一六年)。そこではシャルトの定める国王の法律発議権すら否定される。もし法案が修正ないし否決されるなら、国王の神聖な名が汚されることになる。国王の名は完成した法律にだけ使用される方がよいと考えたのである。一切から超然としながら、しかし一切がそこから流れ出す。そして尊厳と神聖不可侵が可能になるもの、これが立憲君主制であり、議院内閣制であるという。立場の違いはあるが、両者ともフランス革命以来の混乱をいとう気持ちが強かった。彼らはいずれも、この間動乱を免れていたイギリスの体制を研究した。また立憲君主制にとって議会を公開し、世論と言論の自由を保証することを不可欠とする点で、両者は共通していた。

さて、こうした歴史的文脈を踏まえてくれば、ヘーゲルの立憲君主制論は、まさに執行権から分離した君主権という着想が初めて確立した復帰王政期フランスの立憲主義につながることが分かる。このつながりを示すものが、一七／一八年講義なのである。

三　一七／一八年講義と立憲君主制の基本モチーフ

先に述べたように、ヘーゲルは一七／一八年講義で初めて「立憲君主制」概念を使用する。理性国家の本質、立法権・統治権・君主権という権力の分節化、これらについての基本的な思想は『法(権利)の哲学』と変わらない。しかし具体的な内容をみると、『法(権利)の哲学』が必ずしも明示していない論点が登場する。その特徴的な点をいくつか見ておこう。

(一)〈一八一四年〉という年ならびにシャルトを現代史の集約点と見なしている。ヘーゲルは革命以来のフランス現代史をふりかえり、諸権力の生みだす混乱に言及する。そうしてこれまでのフランス憲法の欠陥を、「頂点となる主観的統一の欠如」(I. §123) に求め、ルイ一八世について次のように述べる。

「ルイ一八世は、不可侵の憲法を国民に与えた。……彼は、国民精神が革命以来展開してきたすべての自由な理念を憲法に取り入れた。……彼は、国民精神が生み出したところのものを、みずからの憲章のかたちで国民に与えたのである。……それは、権威によるものにすぎなかった。しかしその内容は純化された国民精神なのであった」(I. §134A.)。

ここでの総括によれば「二五年来、一、二ダースもの憲法が制定されたが、すべて多かれ少なかれ欠陥をもつものであった」。それに対して「このシャルトは、不変性の形式を基礎にした灯台である」という。ヘーゲルは、シャルトを肯定的に評価しながら、次のように付け加える。「ここでは、よりよいものが不変性の形式をそなえていないために、より悪しきものになっている」。ヘーゲルにとって、シャルトはけっして満足のいくものではなかったが、シヤルトとルイ一八世について立ち入った言及をしているのは、一七／一八年講義だけであり、これは『法（権利）の哲学』にも他の講義録にも見あたらない。

（二）君主権について、君主権と統治権を明確に区別して君主権を立てるという観点は、この講義で初めて登場する。「君主権はそれ自身憲法体制の一契機であり、君主権がもろもろの決定を調整しなければならないときに従う理性的なものは、もろもろの法律である」（I. §138A.）として、「最終的な形式的な決定という契機だけが、個人としての君主に帰属する。君主は、私はそれを意志すると言わなければならない」（同前）と述べられる。ここで、当時のフランス立憲主義を思い起こすならば、「もろもろの決定の調整」ならびに「最終的で形式的な決定」という論点は、確実にコンスタンならびにシャトーブリアンのモチーフに通じている。また「君主は国民の最高の代表」（I. §139）という論点は、シャトーブリアンの「代表君主制」概念を連想させる。

（三）統治権に関して、君主は無答責、責任は内閣が負うとしている。ここでは「君主のどの決定も関係大臣によって署名されなければならない」（I. §140）。大臣のこうした副署権は、一八／一九年講義も言及しているが（II. 333）、一九／二〇年講義は示唆にとどまり（「多くの国々では大臣のある種の責任が正式に規定されている」III. 253）、『法（権利）の哲学』とその後の講義では表立たない。内閣の自立性は議会に対する責任と結びつき、君主の大臣任免権は「恣意の事柄」ではなくなるという。君主は、議会との関係上、大臣の才能や品位などを考慮せざるをえないからである。「フランスの内閣は、王族への敵対者、すなわち超王党派からなっている」という事例は、「よく構成された君主制における大臣の選任」が「恣意の事柄」でない証左ですらある。この注解で、ヘーゲルは、元首権に属していたものが「内閣活動に移るのは歴史の示すところ」ともいう（この視点は、最晩年になっても変わらない。第一一章、「結び」を参照されたい）。

（四）議会と内閣の関係について、内閣は議会の多数派の支持をもつかぎりで存続するとしている。「内閣は議会において多数を占めなければならないが、同じく反対派も必然的に存在しなければならない。議会は国家の偉大な助言者である。……内閣は、それだけで多数を占めるかぎりで存続することができる」（I. § 156）。また議会に法案提出の請願権があり、内閣は「議会の望むすべてに対して理由を……説明しなければならない」（I. § 149A.）。このことを示すために、たびたびイギリスの事例があげられる。

（五）議会について、租税承諾権によって行政を間接的に制御するなど相応の威力をもつとしている。「議会の仕事には、法的、政治的領域に関する法律を制定するにあたっての協力、市民生活という特殊な領域の法とその作用の仕方を規定するにあたっての協力のほかに、統治権に関して、官吏と統治官庁の振舞いに対する個々人の訴願を取り上げて審査すること、そしてとりわけ租税に対して年毎に承認することが属している。租税承認を通して、議会は統治の案件一般に対して間接的な制御をおこなう」（I. § 157）。この間接的な制御という論点はヴュルテンベルクの国王の憲法草案にもあった。この権能を明示している点がこの講義の特徴である（なお二四／二五年講義もこれに言及している。vgl., VI. 703，五六二）。そして「共同の方策は君主権、統治権、ならびに議会権の助言から生じる」と明言する。そこで「議会の公開性」は「出版の自由」と直結するものとされて、「出版の自由の可能性は、審議の公開性をもつ善き議会が、陪審裁判による裁判活動のあるところでだけ成立しうる」（I. § 155）とされる。責任内閣性‐議会の公開‐言論・出版の自由が一連のものという理解は、コンスタンやシャトーブリアンも同じくもっていたものであった。

以上、特徴的な論点をあげてみた。ジープは一七／一八年講義の権力分立論の方が「後のテキストに見られるよりも、諸権力の重要さをそれぞれに均等に分与し、また、諸権力相互の依存性を制度的により強く保障するかぎりで、古典的権力分立論に近い」(7)と指摘している。これは一面では妥当するが、『法（権利）の哲学』の読解に問題を残している。またイルティングは、フランス立憲主義が議院内閣制を展望しており、一七／一八年講義がそれと歩調を合わせている点に注目していた。ヘーゲルは歩調を合わせると同時に、独自のモチーフをもって立憲君主制を受容している。ヘーゲルが立憲君主制に込めたモチーフを探らなければならない。次のくだりから見てみよう。

「われわれの時代には、国家が理性的な現存在となる歩みが生じている。この歩みは千年来生じることがなかった。理性の権利が私権に対して真価を発揮したのである」（I. § 125A.）。

この論点はすでに『領邦議会論文』にあり、一九／二〇年講義も「近年のすべての闘争は、政治的生活を封建的諸関係から純化することにある」（III. 238, 一七九）と述べる。政治的公的領域における「普遍的自由の概念の叙述」は、この歴史的文脈のなかで練り上げられたものであり、憲法体制の特性は「普遍的なものが公然のものとなった法律として意識されるとともに現実化されている」（I. § 123A.）点に、すなわち普遍意志である法の支配にある。立憲君主制のあり方は、次のように述べられる。

「一国民が市民社会を形成するまでに発展して、その具体的な生活と欲求と恣意ならびに良心において自由な自我が無限であるという意識をもつまで発展したとき、そのような国民においてのみ立憲君主制が可能になる。特殊性が自身のなかへと内省すると、一面では普遍的精神となる。それは自身のうちで具体的に編成された不可分の個体として、もろもろの特殊な契機へと分節化する（権力分立）。これが憲法体制である。他面でそうした内省は現実的個別性の契機、すなわち君主という個別的主体性の契機である」（I. § 137）。

主体的自由が申し分なく発展していなければ、つまり個人が社会生活のなかで個として自立した姿をとれるようになっていなければ、真に普遍的なもの、言いかえれば普遍意志としての法は意識にのぼらない。特権というかたちでの私権に、この普遍意志が支えであるという意識はない。主体的自由に対する客観的自由、権利に対する法がはっきりと意識されるには、市民社会の発展が何よりも必要である。「立憲君主制の可能性」はここから生まれる。そして諸権力は、このような「普遍的精神」における「分節化」として「概念そのものの諸契機にしたがった区別」（I. §131A.）とされる。この区分は、特殊的「自由に対する絶対的な保障」（I. §132）を、そして「普遍的自由へとむかう概念の叙述」（I. §137A.）をめざしている。つまり主体的自由の圏を打ち立てること、ならびに「普遍的自由」としての真に公的な圏を確立することが、区分の眼目なのである。「国家の理性的で確固とした有機的編成」（I. §138A.）は、執行権から切り離された君主権と深いつながりがある。

そこでヘーゲルは、君主が「最終的な頂点」（I. §131A.）であることを強調する。これは、君主権に強大な権能があるという意味ではない。しかし「教養形成された憲法体制においては、君主の個体性は重要でない」（I. §138A.）ということから、君主の機能を低く見積るのも早計にすぎる。ヘーゲルが重視するのは、憲法体制が作動する起点、すなわち「活動が君主から始まる」（I. §149A.）という機能であり、それが正式に（「形式的に」）憲法体制のもとで〈制度〉化されるという点である。「最終的な頂点」には、公的な圏を党派抗争や特殊利害に簒奪させないという意図が込められている。大臣の任免権、形式上の法律の発議と裁可権は、行政府や議会が党派や派閥の抗争の場となり、特殊利害が本来公的な圏を踏み荒すのを阻止するようにはたらく（I. §140, 149）。また「世襲」には、「頂点」を特殊利害から切り離すという意味がある（I. §138）。憲法体制における〈出発点〉というモチーフの背景には、公的な圏域の確立に失敗してきた歴史がある。幾世紀にわたり公的なものと私的なものが混同されてきた。この文脈のなかで、執行権から分離された君主権は、この関係を脱構築する結節点という意義をもたされている。ここにヘーゲル独自の視点がある。主体的な自由の圏を確立することと、公的な圏を立て直すという課題は表裏一体をなしている。こうして主体的自由ならびに市民社会の発展と、新たな機能をもつ「君主という個別的主体性」が、人倫的共同体の両極におかれるのである。

四　プロイセン憲法闘争と『法(権利)の哲学』

さて、プロイセンでは、一八一五年五月二二日、国王の憲法発布の公約が出されて、憲法制定への期待が高まっていた。しかし憲法制定は、復古派が解放戦争後しだいに息を吹き返し、挫折にいたる。争点は、まず議会の問題にあった(8)。連邦規定一三条の「ラントシュテンデ的憲法」という規定は、明確さに欠けていた。復古派はこれを旧身分制的な「等族的」議会と解し、君主の協賛組織にとどめようとした。とくにメッテルニヒは、「代議的」議会を革命の導火線とみて、西南ドイツ諸国ならびにプロイセン改革派の動きを憂慮し、この一三条を復古的に規定しようとする。それは、二〇年五月、ウィーン最終規約五七条となる。「……すべての国家権力は邦国の元首のもとに統括されねばならず、主権者である君主は一定の権利の行使においてのみ、ラントシュテンデ的憲法により等族(旧身分制——筆者)との協力を義務づけられるにすぎない」。これは旧身分制を維持し、君主主義を明確にしたものである。またウィーン体制の鍵は、プロイセンとオーストリアの協調にあることから、メッテルニヒは、プロイセン復古派を支援し、憲法と議会の阻止に躍起となった。プロイセン復古派は、ついに二一年六月、国会の開設を無期延期に追い込む。『法(権利)の哲学』は、プロイセンが立憲化をめぐり大きく揺れた時期に姿を現したのである。

シュタインの改革を引き継いだ宰相ハルデンベルク(1750-1822)は、戦争で逼迫した財政の再建に取り組みながら、いよいよ憲法制定に乗り出した。まず手をつけたのは、州議会の改革であった。復古派が、「諸州の連邦」論をかかげて旧議会(貴族、聖職者、都市貴族)の再建を主張したのに対して、改革派は、旧議会の再編(貴族、市民、農民)

とそれを土台とした国民代表制をめざした。ただし「国民による国会の直接選挙は、当時、民主主義革命の原理と同じ意味をもった」(HD. 305) ことから、「代表」は地方議会にとどまり、国会は地方議会からの間接選挙というものであった。一七年三月二〇日には憲法の審議を促進するために、枢密院が設けられ、さらに三〇日には「憲法委員会」(議長、ハルデンベルク) が発足する (国王の意向は諮問的性格の議会にあった)。ヘーゲルは、制憲作業が本格化する時期にハイデルベルクからベルリンへ赴任する。

同じ頃、ブルシェンシャフトとその同調者の急進的な動きに対して、復古派の主導する警察がデマゴーグ狩りに乗りだす。それは一九年に本格化した。すでにメッテルニヒはアーヘン会議 (一八年九—一〇月) で、ハルデンベルクに制憲作業への懸念を表明し、国王には立憲を策す「革命的党派」に注意するよう進言し、プロイセン国王と復古派にてこ入れを強めていた。そして、一九年八月一日に連邦政策についてプロイセンと秘密協定を結ぶ際に (テプリッツの密約)、「プロイセンは、……一般的な国民代表制は導入せず、諸州に領邦議会的な体制を授け、そこから邦代表者の中央委員会を形成することに決定した」(Tr. 2. 542f.) という言質をとるまでになった。憲法と議会とが復古と改革の争点であり、よく話題になるカールスバート会議における出版規制問題は、その第二ラウンドなのである。

ハルデンベルクは、この新連邦政策を「二、三年の例外法規」(Tr. 2. 580) とみて、同年八月二三日、憲法小委員会を設け、制憲作業を加速させようとしていた (改革派四名、復古派二名)。しかし議会問題担当大臣フンボルト (1767-1835) の権限をめぐり、宰相が他の大臣を統括する官僚主義的な総理大臣制をとるハルデンベルクと、シュタインと同様に「合議制」を唱えるフンボルトの対立が表面化した。さらにフンボルトは、カールスバート決議の正式承認にのぞんで、二年間の時限立法とするよう主張し、改革派の亀裂を深めた。年末にはフンボルトほか二閣僚が閣外に去り、憲法委員会の活動も停止するにいたる。こうして二〇年になると、「内閣、枢密院、宮廷のうちで、今や旧身分制的な心性の持ち主たちがはっきり優位に立った。ハルデンベルクは憲法問題で孤立無援に近くなった」(HD. 311)。憲法委員会は、ハラーやミュラーを信奉する皇太子(1795-1861)を座長とし、復古派が握ることになったのである。

なおコンスタンは、二一年三月、コレッフ(ハルデンベルクの医師)が送ったベンツェンベルク(ハルデンベルクの信奉者)の著書(一八二〇年、出版)をもとに、『プロイセンにおける立憲制的諸原理の不可避的かつ真近かの勝利』を著した。それはハルデンベルクを立憲主義、自由主義の旗手として描くものであり、これは彼の「宮廷における声望に致命的な一撃を加えることになった」(HD. 312)という。フーバーによれば、「立憲君主制」を掲げることは「反動が一般化した時代には、反逆の訴えを受けるのとほとんど同じことだった」(ibid.)。ハルデンベルクは、制憲に向けた建白書を国王にだす際に(同年五月)、もはや「立憲君主制」を使用せず、かわって「プロイセン的君主制」を使用する。

ヘーゲルは『法(権利)の哲学』の見本刷りを、二〇年一〇月一〇日に文相アルテンシュタインに、さらに一〇月中旬には逆風を受けるハルデンベルクに献呈している。後者への書簡はこう述べる。「私の学問的努力がめざしておりますものは、哲学からこの名を誤ったかたちで簒奪するものを分離し、そして国家一般の本性が必要とする諸原則と哲学との一致を、しかし最も直接には、国王陛下の啓発的な政府と閣下の賢明な指導のもとで、プロイセン国家が好運にも……一面ではすでに保持しているものと、また一面ではさらに獲得しなければならないものとの一致を示すことであります。私の著作は、私たちの前にあるそうした大きな活動のうちに存するものを、そして私たちが享受するその果実を……しっかりと把握しようとするものであります」(Br. 2. 241f.)。ヘーゲルは、プロイセンにおける憲法制定の動きを注視していた。それを念頭において、憲法体制の原則を学的に描きだすという姿勢を表明している。次に以上の立憲をめぐる動きを背景において、『法（権利）の哲学』の立憲君主制論を検討してみよう。

五　「理性の象形文字」としての国家論

「理性の象形文字」（VI. 670、五三四）という言葉が、一二四／二五年講義にある。この言葉は『法（権利）の哲学』を読み解く姿勢と無関係とは思われない。「立憲君主制」は、同時代の生まれたての概念であり、しだいに復古派が危険視し、ハルデンベルクも状況に〈順応〉して用いなくなったものであった。『法（権利）の哲学』は、そのように危険視される概念を正面に掲げる。ここには原則の保持という姿勢が浮かぶ。ヘーゲルの熱心な読者ターデンは、二一年八月八日づけ書簡で『法（権利）の哲学』に『領邦議会論文』からの後退をみ、封建的なもの、たとえば土地貴族への批判の欠如を嘆くものの、立憲君主制をとがめていない（II. 393-399）。むしろ出版からおよそ一〇年後、保守派の論客シューバルトやシュタールが、立憲君主制を君主制と相容れないもの、かえって革命の土台として批判するにいたる（II. 561-589）。なお今では手垢のついた「愛国心」にも同じような事情があった。ベーンによれば、『国家学の復興』の著者ハラーは「愛国心そのものに対しては断固として反対し、この感情は君主制の国家にあっては全く容認しがたいものとした。『愛国心』という概念は以前には存在しなかったし、この言葉はほとんど使われたことがない。共和国という概念を「抽象的に」国家に適用するようになってはじめて、愛国心という言葉が使われるようになったというのである」(9)。『法（権利）の哲学』にも登場する「愛国心」は旧体制に批判的な意味をもっていた。保守的ないし復古的に聞こえる「立憲君主制」や「愛国心」にこのような事情があるとすれば、まして『法（権利）の哲学』を読み解くためには、当時の歴史的文脈のなかで「象形文字」を読み解くようにして、その含意を見定める必要がある。ヘーゲルが『法（権利）の哲学』に基本ライン（Grundlinien）をどう描き込んでいるかをみていこう(10)。

さて、君主権の「最終的な意志決定」（PR. §273）という規定は、君主に絶対的な威力を与えるかにみえる。そこで君主権の第三の契機である「憲法体制の全体と法律」に、これを相対化する観点が求められる。しかしこの「最終的」の意味は、第二の契機である「審議」から探る必要がある。「最終的」を字義通り解すれば、実質をなす「審議」の途上で君主が口を挟まず、その最終場面にのみ関与するという意味になる。この〈最終的な関与〉は各講義録を貫く観点でもある。そして君主の「無答責」（PR. §284）は、何よりも統治権から君主権を分離するという前提から出てくる。「最終的な意志決定」といい「無答責」といい、フランス立憲主義の見識があれば、その意味はおのずと分かる。また当時のプロイセンは、歴史も宗教も異なる地方を抱えたモザイク的な国家であった。しかも「郡邦割拠制（Partikurarismus）」に立つ旧身分は、政治・財政の改革の障害であった。「イデアリテート」（PR. §278）という主権の規定は、これら旧身分制的な既得権の廃棄も含意している。「最終的な意志決定」の契機は、「イデアリテート」の人格的表現＝君主という規定とワンセットであり、一七／一八年講義でみたように、公的な圏の確立というモチーフに通じている。

ところで、議会の役割は、一七／一八年講義と比べて低下したかにみえる。「国家の最高官吏」の「包括的洞察」に対して、議会をその「補足（Zutat）」（PR. §301A.）とする叙述は、その証左にみえる。議会は当時の最もデリケートな問題であった。ハルデンベルクが一九年一〇月一二日の憲法委員会でおこなった提案は、「用心深く、発議権、公開制、大臣答責制について留保しておいた」（Tr., Bd. 2. 580）ほどであった。しかし、ヘーゲルは「原則」を譲らない。「総体性にまで展開された理念の一規定であることの内的な必然性は、外的な必然性や有用性と混同されてはならない」（ibid.）。ヘーゲルは、質疑応答の重要性を強調する。「公共の福利と公共の自由のために議会のうちに存する保証は、……予期される多くの人々の監察（Zensur）と、しかも公的な監察がもたらす結果のうちにある」（ibid.）。

官吏は、そのためにあらかじめ最善の洞察を働かせるという。また「議会の公開によって、みんなが知るという契機が拡張される」（PR. §314）。さらに「言論・出版の自由」（PR. §319）がそれを補足する。議会の使命は「共に知り、共に審議し、共に決議するというかたちで、……形式的自由の契機の正当な権利がかなえられるようにすることにある」（PR. §314）。野党の存在を抜きにした公開制は考えられない。とすれば、議会のおこなう「監察」は、ただの「補足」にとどまらない。そして君主が「無答責」であるなら、責任をもって議会で応答するのは、内閣にあたる「最高審議職」になる。「無答責」は、フランス立憲主義では責任内閣制の裏返しなのであった。さらに、議会は媒介機関として、「有機的に組織された統治権と共同して、君主権が極として孤立したかたちで現れて、これによって支配権力や恣意として現れることがないようにすること、他方で、もろもろの地方自治団体やコルポラツィオーンや個人の特殊的利益が孤立しないようにするという媒介の意義をもつ」（PR. §302）とある。これは、君主から自立した責任内閣制のもとで可能になるはずであり、それと共同する議会がたんなる協賛機関であれば、この課題は果たせない。ヘーゲルは、「補足」どころか、相応の威力をもつ議会を描き込んでいる。また公開制 - 世論 - 言論・出版の自由を一連のものとする基本ラインは、フランス立憲主義に確実に通じている。

ところで、ヘーゲルの国家では啓蒙官僚が主導的位置にある、とよく言われる。ここでは、「最高審議職」を「合議制（kollegialisch）」（PR. §289）とする点に注意しておこう。「合議制」を内閣の編成原理とする構想は、本来シュタインのものであり、そこには官僚制全体に対するチェックというモチーフが働いていた。これを継ぐフンボルトは、ハルデンベルクのもとで新たに形成されていた官僚制を憂慮して、入閣（一九年）と同時に、国家宰相制か合議制かという内閣の構成原理をめぐり、宰相に闘いをしかけたのであった。ヘーゲルがこの争点を知らないとは思えない。ヘーゲルの「合議制」は、シュタインのモチーフと無縁ではない。ヘーゲルは、新しい「中間階級」の形成に期待をもつとともに、その弊害に眼をこらす。「政府構成員と官吏は、国民大衆の教養ある知性と合法的な意識とが所属する中間身分の主要部分をなす」(PR. §279)と官僚制の理念を語り、その後すぐ「この身分に貴族制のような孤立した立場をとらせず、そして教養と技能を恣意の手段や主人づらをする手段にさせないものは、上から下に向かう主権と、下から上に向かう団体権(Korporationsrecht)の制度である」という。二四／二五年講義は、さらに中間階級の他の部分として「コルポラツィオーンの代表者たち」(VI. 695、五五五)を挙げる。市民社会の自治の成熟が中間階級のありかたを規定することになる。

国家論の叙述は平板ではない。その冒頭は、「国家は実体的意志の現実性であり、……絶対不動の自己目的である。……個々人の最高の義務は国家の構成員であることである」(PR. §258)という。この前に、国家は「個々人の知と活動において媒介されたかたちで顕現する」とある。この落差に読者はとまどう。しかしその先には、「普遍的なものは、諸個人の特殊な利益や知と意志のはたらきを抜きにしては、効力をもたないし貫徹もされない」(PR. §260)とあって、先の論点が相対化される。『法(権利)の哲学』には読解しにくい箇所が多々ある。『法(権利)の哲学』はことさら基本ラインを読み解く眼を求めているのである。二一年六月九日づけニートハンマーあて書簡は、「私は、欺くことなく(ohne Gefährde)、デマゴーグ狩りの危難を持ちこたえました。――嫌疑や中傷に対する心配がないわけではありません」(Bri. 2. 271)という。この「欺くことなく」は、当時の厳しい状況のなかでも、『法(権利)の哲学』においておのれの思想の基本ラインをいつわりなく叙述したことを指すものであろう。

結び

プロイセンにおける立憲化の試みは結局挫折にいたった。新たな動きは「三月前期」をまたねばならない。二二／

二三年講義は、この試みについて「近年、人々が国家について一般にいっそう明確な見方をもつようになったことはきわめて重要である。憲法を作成することがきわめて一般化した」（V. 744）ことを評価しながら、他方で「理性的な見方」（ibid.）に立つ必要を強調する。二四／二五年講義は、「国家は、恣意、偶然、誤謬の圏にある」（VI. 632, 五〇二）ことをはっきりと認めて、「不完全な国家」と「完全なものとなった国家」（VI. 635, vgl., 654, 五〇三、五二〇）を対比し、あるいは「最良の憲法体制」（VI. 655、五二一）の何たるかを語り、「実体的であるもの」と「外面的な現存在」を区別する意義を語りだす。「憲法を作る絶対的な立法権力は歴史である。……作るということは偶然性の形態をもつが、つねに個々の規定は時代の必要によって展開される。こうしたことがどのように生じるか、君主の自由な意志によるか、あるいは君主から奪い取られるか、あるいはコルポラツィオーンによるか、戦いによるか、あるいは平穏な諸観念によるか、いずれによって生じるかは歴史の問題である。……国民のうちに憲法の規定が必要だという必然性の意識がなければならない。これが歴史における実在的意識というものである」（VI. 696f., 五五七）。南欧では革命運動が勃発し、歴史は変化を招きよせる。「少なくとも主観的自由のある西洋においては、一般に憲法体制は不変のままにとどまらない。それはつねに変化する。つねに革命が起こり、つねに前進が生じる。このことを見るには、五〇年来の意識の発展を考察すればよい。この発展によってすべての制度や関係が形態化されたのである」（VI. 660f., 五二五）。一七／一八年講義は、現代史の総括の上で人倫の理念を具体化するという姿勢を示していた。この姿勢は一連の憲法闘争の終息のなかでも変わらない。「新たなものが破壊されて、形式の変更がおのずと次第次第におこなわれる。……立法権は生けるものであり、そこにはさらに特殊な諸制度が入りうるのである」（VI. 697, 五五八）。ヘーゲル法哲学は閉じた体系ではない。ヘーゲルは終始、歴史との応答のなかで、それが生みだすものを見定めようとしている。

さて、本章では、同時代を背景において立憲君主制の意味を探り、そしてヘーゲルの視線が終始、フランス革命を起点とする現代史の展開とそのゆくえにあったことを見ておいた。ここでは検討するにいたらなかったが、ヘーゲルは人倫の理念を具体化するにあたり、市民としての個人がいかにしてシトワイアン（公民）としての気構えをもちうるか、またそれを基盤としてどのような制度的回路によって公的な圏を生きた空間としうるかについて思索を巡らしている。対等な市民的関係を基本にしたコルポラツィオーンならびに地方自治団体が、私的な圏を再編成し、それを公的な圏と結ぶ重要な中間団体として重要視される。ヘーゲルは、このような中間団体そして公的諸権力の間に、それらが既得権の固執に自閉しないよう相互にチェックしあう制度的回路の形成にも目を凝らしている。公的な圏と私的な圏がそれぞれ固有の意義をもちつつ、不可分のつながりをもつ鍵は、シトワイアンの気構えをもつ市民の成熟度、またそれに支えられた制度的回路の形成にある。市民をシトワイアンとして形成するためのハードルは高めに設けられた。ここに時代による限界を見ることはたやすい。しかしヘーゲルが見すえた問題は今日なお切実な問題として残されている。ヘーゲルの思索はこの手がかりとして今日においてこそ生彩を放つであろう。

第九章　『法（権利）の哲学』の基本線

——精神の教養形成と制度の体系

はじめに

『法（権利）の哲学』を読み解く視点

『法（権利）の哲学』（一八二〇年）は、刊行以来実にさまざまな評価を生み落としてきた。K・ポパーによれば、ヘーゲルは、F・ヴィルヘルム三世からビスマルクをへてヒトラーにいたる「政治的反動の権化」であり、R・ハイムによれば「反動プロイセンの国家哲学者」であった。そこでは、四八年革命後、欽定憲法にあった基本権を次々と破棄していった反動プロイセンのイメージが、『法（権利）の哲学』に重ねられた。ところが、『法（権利）の哲学』には、ヘーゲルの存命中すでに復古派の批判が向けられていた。一八二九年、K・E・シューバルトは、「ヘーゲルは、本来の意味で立憲的と言えない一国家のうちに生活し」ていながら、「自分の学問的確信にしたがって純粋に立憲的な君主制を国家形態の絶対的なものとして立て、君主制それ自体を立てない」(1)と論難し、後にプロイセン保守派の代表的理論家となるF・J・シュタールは『法（権利）の哲学』のうちに近代の合理主義の完成を見てとる（『歴史的見地からの法哲学』一八三〇年）。それにしても、ヘーゲル法哲学の基本モチーフをとらえるには、どのような視点が必要なのであろうか。

『領邦議会論文』（一八一七年）に次のようなくだりがある。「最近の二五年間、世界史がこれまでにもった最も実り豊かな年月、われわれにとって最も教訓に富む年月。……誤った法概念や、国制についての偏見を踏みつぶすためには、この二五年の法廷より豊かな実りをもたらす乳鉢はほとんど在り得ないであろう」（GW15. 61, 六四）。ヘーゲルは、フランス革命に発する歴史から何も学ばなかったヴュルテンベルク地方民会（領邦議会）の頑迷さを批判している。『法（権利）の哲学』を読み解くには、できあいの準拠枠をはずして、まずこれを歴史的コンテクストに戻す必要がある（ちなみに「愛国心」という言葉は「祖国愛」とならんで、フランス革命以降使用されるようになったものであり、復古派からみれば、いかがわしい言葉であった）。本章は、『法〈権利〉の哲学』の基本線を、最初の法哲学講義である一七／一八年講義（以下、講義録と略称）を援用しつつ明らかにしてみよう。この基本線の原形というべきものは、『イェーナ体系構想Ⅲ』の「精神哲学」が示した、意志論とそれにもとづく〈知にもとづく共同体〉構想に由来していることも分かるであろう。

一　『法（権利）の哲学』の基本モチーフ――意志論との関連で

意志論の基本モチーフ

法の地盤は「精神的なもの」であり、その出発点は「自由な意志」にあり、したがって「自由が法の実体と規定をなす」（PR. §4）。ヘーゲルは、『法（権利）の哲学』のテーマをこう述べる。このことは、「法の体系は、実現された自由の王国であり、精神自身から生み出された、第二の自然としての、精神の世界である」（ibid.）とも言われる。『法（権利）の哲学』の大きな特徴は、自由にもとづく共同体を意志論として展開する点にある。このモチーフはルソーのものでもあった。「ルソーには、形式上だけではなく内容上も思想であり、しかも思惟そのものであるような原理すなわち意志を、国家の原理として立てたという功績がある」（PR. §258, S. 400）。ただし、ルソーは「普遍意志」を個別意志からなる「共通のもの」というレベルでとらえたため、共同体は個々人の社会契約から説かれることになった。そして、個別意志が原理となって、普遍的な万人の意志を自称するときに、恐怖政治やテロリズムが生まれる。この光景はフランス革命に出現したという。しかし、ヘーゲルはここで意志論という問題設定そのものを放棄したわけではない(2)。

さて、主体的自由という意味での個別的意志（「知と意志のはたらき」）は、「理性的意志の理念」の一契機であって、他方に「客観的な意志」の契機がある（PR. §258A, S. 401）。『法（権利）の哲学』の出発点にある「意志」は、「ようやく潜在的に自由な意志」、つまり「直接無媒介な、ないし自然的な意志」（PR. §11）であるのに対して、人倫的共同体の局面は、この「客観的な意志」（「客観的自由」）にある。叙述の出発点と到達点に目をやると、このように〈意志〉の二つの局面が浮かびあがる。共同の自由は、個人の意志の自発性と〈知るはたらき〉を通して、個々人の知るところとなって存立する。個々人は、そこで自己の自由が真に普遍的なものに通じていることを自覚する。このような共同の自由と個人の自由の生きた統一というモチーフが、〈意志〉論の背景にある。ヘーゲルは、ルソーのモチーフを批判的に継承している（第四章）(3)。『法（権利）の哲学』の課題は、この二つの局面をはっきりと区別しながら、それらの相互媒介を通して「普遍性と個別性が相互に浸透してなりたつ一体性」（PR. §258A, S. 399）を人倫的共同体――それは、意志と知のはたらきに支えをもつ制度の体系となる――として示す点にある。

〈知〉にもとづく共同体

「自由の実現は必然的な諸段階をもつ。この実現を知るようになることが、われわれの学の目的である」（I. §8A）。

自由な意志は、直接的な意志から出発して、自分のあり方が普遍的なものにどのように媒介されているかをつかんでいく。これは、内容豊かな共同体のあり方が像を結んでいく過程でもある。ここではつねに〈知（Wissen）〉の契機がはたらいている。この契機がなければ、実体的なものは、主体的意志にとってよそよそしいままであり、主体的意志は、恣意のレベルにとどまってしまう。ヘーゲルはこう強調する。人倫としての「実体は、万人の実在的な自己意識（に支えをもつもの）であり、この自己意識という面からすると、知が普遍的になることは、精神が万人の知のうちにあることであり、共同精神（が存立すること）なのである」（I. § 129）。「自己意識は知るはたらきそのもの」（ibid.）であり、このはたらきがあるからこそ、「自己意識は、権利ないし法、道徳性、そしてすべての人倫の原理」（PR. § 21）となる。「第二の自然としての、精神の世界」は、〈知るはたらき〉が浸透した世界なのである。

二 〈知〉にもとづく制度の体系

権利と法そして自由

さて法は、ふつう個人の自由を制限するものと見なされる。しかしヘーゲルは、法（正義）を、個人の自由がなりたつ基盤、万人のよりどころ（「普遍意志」）としてとらえる。法は意志の自由にとってよそよそしいものではない。ここにいう法（正義）は、「法の理念」（PR. § 1）、「理性的な法」（I. § 1）として、「自由」そのものを意味している。なお、法と権利は、もともと Recht（レヒト）という一語で表される。ここにはあいまいさがある反面、この言葉は両者の深いつながりを示唆している。個別意志が自分の自由を確証する〈権利〉は法によって効力をもち、〈法〉は個人の知となることで確かな現実性をもつにいたる。ヘーゲルは、万人の自由を保証する法の局面と、個人の自由を保証する権利の局面を、そのまま普遍意志と個別意志という意志論による問題設定の上にのせている。法を自由論としてとらえる観点とともに、ここに立論の大きな特徴がある。これら二つの局面は、具体的には国家と市民社会の形をとり、それらが相互に浸透しあう全体が「憲法体制（Verfassung）」として示される。

理性的なものを保証する制度

これらが具体的に構想される際に、鍵をにぎるものがある。それは〈制度〉である。ヘーゲルにとって、制度は理性的なものが社会的客観性を手にする場であり、自由のもろもろの局面を「保証」するものであった。ヘーゲルは、裁判の公開、言論・出版の自由、議会、憲法などについて語る。それらは、当時のプロイセンに存在しないものであった。理性的な〈制度〉は歴史のなかで生成途上にある。「諸制度が、進んで自己を形成していく精神とともに変化しない場合には、本物の不満が立ち現れる」（I. § 146）。私権や特権による旧来の制度を失効させて、さらに新たな制度の形成とそれを担う精神の教養形成を押し進めること、人倫的共同体の構想の背後には、このような問題意識があり、市民社会と国家は、制度の体系という姿をとる(4)。

ところで、フィヒテは個人の自由を保証するつもりでいながら、逆に「正真正銘のガレー船」（I. § 119, S. 163）のようなポリツァイ国家を描くはめになった。「普遍的なものが公然のものとなって法律として意識され、現実のものとなっている」（I. § 123）。このようなヘーゲルの国家は、市民社会に権力国家として介入することになり、フィヒテと同じ轍を踏むことにならないか。ヘーゲルはこの点を強く意識する。二つの局面を区別しつつ、それらが相互に浸透し合う、このあり方の鍵は、制度にある。市民社会の制度は「教養形成のうちにある普遍性の形式」（PR. § 256）とされるのに対して、理性的国家の諸権力は、有機的に組み合わされた制度として、公共の自由の「客観的な保証」（PR. § 286）という意義をもたされる。主体的自由と客観的自由それぞれが独自の場をもちながら、相互に浸透し合って一体性をなす人倫的共同体は、この制度によって具体性を与えられる。

三　権利、道徳の自由は、普遍的なものに裏づけをもつ

権利の侵害が法を喚起する

さて自由な意志は、まず抽象的なあり方から出発して、その内在的な規定を通して、内容豊かな世界を手にする。この過程のなかで、前の段階は、後の規定を構成する契機として組み込まれていく（PR. §2）。まず自由な意志は、さまざまな関係を捨象した個人のレベルにある。といっても自由な意志は、自然状態に埋もれた意志ではない。〈自由〉の意識のなかには、すでに客観的な普遍意志のレベルが隠れている。ヘーゲルは、個人の自由のレベルに〈普遍的なもの〉がはたらいている事情を見定めようとする。「抽象的な法‐権利」は、人格の自由の基本となる私的所有(5)や、人格相互の関係（契約）に関わる。人格と人格はここで権利の主体として相互に承認される(6)。それにもかかわらず、この関係は恣意を含むことから不法‐犯罪を生まざるをえない。一見すると、不法は権利の侵害という否定的なものに見える。しかし「不法という回り道をへた帰結として初めて」（PR. §94）、「刑罰をおこなう正義の要求」が、言いかえれば個人の権利とは異なるレベルの法が意識に上る。権利の意識は「特殊な主観的な意志でありながら普遍的なものを欲するような一つの意志」であることが明らかになる（PR. §103）。

道徳的自由は、すべてをふるいにかける

自由な意志は、外的な物件や他の人格との関わりから内省して、いっそう普遍的なもの、つまり自他を含む幸福、ひいては万人の「普遍的な幸福」（PR. §130）を実現しようとする。この意志の特徴は、みずから意志するかぎりで

意志の内容を、行為によって実現しようとする点にある。「自由にとっていっそう高い地盤」（PR. §106）、道徳性である。この道徳的意志は教養形成を通して、主観性に対する客観性をはっきりと意識する。そうして「世界の絶対的な究極目的」（PR. §129）である善そのものと、それを規定しようとする良心という二極構造が、道徳性の行き着くところとなる。良心の特質は、「自分自身における純粋な自己確信」、つきつめると「ただ自己にもとづいて、内容として何が善であるかを規定する」（PR. §138）ところにある。良心にとって、社会で現に通用している諸規範はいともたやすく空無なものとなる。しかし良心が規定しようとする善は抽象的なままであり、良心は自分の内面にこもりきるとき、自分とは正反対の悪に転化しかねないものになる。良心と悪は、抽象的な自己規定という共通の根をもっているからである。主観性を純化した極北に、まさに正反対のものが生まれて、善と良心の抽象性がさらけだされる。

具体性を希求する真の良心

こうしてヘーゲルは、「真の良心は、即かつ対自的に善であるものを意志する志操である」（PR. §137）という。「真の良心」の特質は、〈善〉を客観的で具体的な姿で追求する点にある。こうして「普遍性と個別性が互いに浸透しつつ一体性をなす」（PR. §258A、S. 399）場である人倫は、知るはたらきを本性とする自由な意志が内発的に目ざすものとなる。なお、内面的に何が善であるかを規定しようとする営みは、「現実と習俗のうちで法と善として通用しているものが、より善き意志を満足させられない時代」（PR. §138A）に、つまり時代の転換期に現れるという。道徳的自由は、旧い価値規範をふるいにかけ、新たな価値規範を構築しようとする。しかし主観性に執着するあまり現実のなかに歩みだせない。ヘーゲルは、現実への回路を閉じるこの執着を批判するのである(7)。

四　教養形成としての市民社会

利己は利他に転じる

権利と道徳性は、それ自身のうちで普遍的なものと深くつながっていた。こうして「現にある世界となり自己意識の本性となった自由の概念」（PR. §142）として、〈人倫〉が姿を現した。それは、さらに市民社会と国家として示される。近代の主体的自由は、この市民社会をみずからの舞台とする。自立した個人は、情愛にもとづく家族（人倫の第一段階）を背景にもち、自分の幸福を目的として働き、自分の欲求を満足させる。しかし個人は自分のために働きながら、そのとき他者のためにも働いている。「個々人の労働によって、また他のすべての人々の労働と欲求との満足によって、欲求を媒介し、個々人を満足させる」「欲求の体系」（PR., S. 346）は、分業（労働の分割）と交換のネットワークをなしている。何事も他者の手を経なければ成就しない。一着の衣類には、無数の他者の労働が織り込まれている。このネットワークのなかで「主観的利己心は、……特殊なものを普遍的なものによって媒介するはたらきに転化する」（PR. §199）。ここに社会性を身につけた個人を生みだす「教養形成の段階」（III. 148、九九）という市民社会固有の意義がある。

相互関係は法を懐胎する

この相関性を〈知〉のフィルターを通して振り返るとどうであろうか。そこには人格と所有の相互承認がはたらいている。「承認されること」（PR. §192）がこの関係の結節点なのである。「もろもろの欲求とそのための労働における相互関係の相関性は、まず一般に無限の人格性、抽象的権利というかたちで自己内反省をもつ」（PR. §209）。労働と欲求充足のネットワークがすでに〈権利〉を懐胎している。権利が「一般に承認され、知られ、意志されたもの」となる根拠は、この相関性のなかにある。相互承認に固有の場はここにこそある。そして〈法〉が権利を保証するということが意識にのぼるとき、法は法律として制定される（実定法）。そして法の「客観的現実性」は、ひとえに「一般に通用するものとして知られる」（PR. §210）ことにある。〈知られる〉ことが法律の大切な要素であることから、「陪審裁判と法廷の公開性が、偏りなき司法の二つの大きな保証である」（I. §116, S. 153）。

生活権とポリツァイ

ところで、欲求の体系は、個々人の生計と幸福を具体的に保証するわけではない。司法活動は法律によって諸個人の権利を保証し、それらの侵害に向かうものであった。しかし普遍的なものと個別的なものとの結びつき、法‐権利と個々人の生計・幸福との結びつきは外面的であり、偶然に左右されている。市民社会が「差異の段階、……人倫の喪失」（PR. §181）とされる理由は、ここにある。市民社会にはさまざまな不均衡が生まれて、市民生活を混乱におとしいれる。そこでポリツァイ（内務‐福祉行政）は、市場が機能不全に陥ったときに、必要なものがしかるべき仕方で市民に提供されるよう、「監督と事前の配慮」（PR. §238）をおこなう。商品の価格や質の監視、教育、貧民、対外貿易、植民などに対する配慮が、その内容である。ここには「生活権は人間における絶対的に本質的なもの」（I. §118A, S. 160）という考えがはたらいている。ポリツァイは「あらゆるものの間の均衡の維持に努めなければならない」（I. §117A）。ただし、その基調は「目立たないポリツァイが最良のもの」（I. §119A, S. 163）にあり、ポリツァイは国家による介入を意味しない。あくまで市民社会に内在する制度なのである。ここに当時のドイツ官房経済学との大きな違いがある。また自由な市場の機能に留保をつける点でイギリス政治経済学の志向とも異なる。ポリツァイの方向性については、「コルポラツィオーン（職業団体）において二つの要素を統一する、経済体制の第三のヴァリエーションを提起する」(8)という見方も成り立つであろう。

人倫の支柱、コルポラツィオーン

さてポリツァイは、市民社会が生みだした「普遍的な資産」に個々人が関与できるよう配慮するものであった。しかし市民社会は富と貧困への分裂、ペーベル（自分への誇りを喪失した窮民）の発生という問題を生みださざるをえない。ポリツァイによる救貧対策は、自己労働という市民社会の原理そのものに反することになる。かといって、労働を提供すれば、生産の過剰をまねく。コルポラツィオーンは、市民社会が生みだす「人倫的退廃」（PR. § 185）を回避し、人倫的契機を回復するという問題に向かう。コルポラツィオーンは、市民社会の身分（ないし階層）のうち、とくにアトミズムの原理に左右される「商工業身分」――「手工業身分」、「工場主身分」、「商業身分」が属する――に関わり、対等な市民的関係から組織される。このなかで構成員の「生計を才能に応じて保障する」（PR. § 253）という。これは排他的な封建的ツンフトでない。ヘーゲルは、この弊害を避ける制度的保証を「公の威力の監督」（PR. § 252）におくが、コルポラツィオーンはあくまで「市民社会に内在的な人倫的なもの」（PR. § 249）として、相当の自治能力を期待している。「ついで地域自治団体それ自身がコルポラツィオーンを形成する」（III. 206, 一四九）。ヘーゲルは、この自治を「民主主義」と呼び、そこから本来の公共的‐共同精神への通路を開こうとする。コルポラツィオーンは、人倫的共同体に内実を与える重要な中間団体なのである。なお、ヘーゲルの弟子E・ガンスは、一八三二―三三年冬学期の講義で、フランス社会主義のアソシアシオン論も念頭において、社会問題に対するコルポラツィオーンの積極的な役割を強調している(9)。

五　歴史的思索の結晶——国家論

旧社会の腐敗と公共精神の確立

かくして国家（狭義の「政治的国家」）は、これまでの展開の成果、とくに市民社会（「必要国家」）の内在的目的として立ち現れる。ヘーゲルは、国家が「実体的意志の現実性」であって、市民社会と国家の局面が端的に異なる（PR. § 258A, S. 399）という。ここにはしばしば読者を困惑させるような章句が（「実体的一体性は絶対不動の自己目的云々」（PR. § 258）など）出てくるが[10]、これは、〈公共的なものの骨抜き＝私有化を阻止し、公共的な圏を確立する〉というヘーゲルの強烈なモチーフによるところが大きい。ヘーゲルの見るところ、何世紀にもわたり、封建的なもろもろの特権や私権によって空洞化してきた〈実体的普遍的意志〉が、フランス革命を起点とする時代経験をへて、ようやく陽の目を見ようとしている。これは千年来なかったことである。理性の権利が私権の形式に対して妥当させられたのである」（I. § 125A, S. 175）る。これは千年来なかったことである。一七／一八年講義は、「現代では、国家が理性的現実存在となる歩みが生じているといい、一九／二〇年講義は、「近年のすべての闘争は、政治的生活を封建的諸関係から純化することである」（III. 238, 一七九）という。公共的権力が家産の一種と見なされたり、官職が売買されたり、領主裁判権が存続したり、封建的特権がなおはびこる状況、また市会役員の腐敗、ツンフトやギルドの営業権の排他的独占など、ヘーゲルが見ていたのは、旧社会のあまりにひどい腐敗であった。しかし、イギリスの体制は不完全ながら一つの指針であった。「イギリス人は共同精神をもっている。かれらは各人に自分の権利が生じること、また国家が普遍意志としてかれらの意志、国民自身の意志であることを知っているからである」（I. § 129A, S. 180）。

公的圏の確立——立憲君主制のモチーフ

では理性にかなう国家体制は、どのようなものであろうか。この問いに答えるものが「立憲君主制」であった。その大きな特徴は、普遍、特殊、個別という「概念の本性」にしたがって国家の活動が分節する点にある。これらに、「普遍的なものを規定し確定する権力」である立法権、「特殊なものを普遍的なもののもとへ包摂する権力」である執行権、「最終的意志決定としての主体性の権力」(PR. § 273) である君主権が対応する。各権力は他の権力を契機として含みながら、それぞれの存在意義をもってはたらく。ヘーゲルは、さらに権力の分立を越えて、それらを契機とする「観念性(イデアリテート)」、「一つの個体的全体」(PR. § 272) が成り立つことを強調する(1)。

この区分は、とくにフランスの近代国家形成途上の混乱とその収束に関係がある。ヘーゲルの見るところ、フランスの場合、執行権と立法権の対立が争乱を引き起こし、国家をめぐりさまざまなケース・スタディが生じた。「執行権と立法権が自立すると、人々が大規模に見たように、たちどころに国家の崩壊がおこる」(PR. § 272A, S. 434、V. 743ff.)。諸権力が並存しながら、頂点となる「主観的統一」が欠けていたために、立法権が王権を乗り越えたかと思うと、次に「公安委員会」が頂点に、さらに「ロベスピエール」が立法権を従属させて頂点に立った。「共和主義的な憲法」(一七九三年)は日の目を見ず、その後、総裁政府が立法権を従属させて「総裁憲法」(一七九五年)を成立させた。この混乱のなかで、ナポレオンが「統領」、「皇帝」として「頂点」を立て直し、今や「国王権力」(一八一四年、ブルボン王朝の再来)が頂点をなすにいたった(I. § 133A の叙述による)。

しかしこの王政はたんなる復古ではなく、ナポレオン時代の市民的自由や制度を継承し、権力分立を盛り込んでいた。この時代に、君主権と執行権を分離し、君主権を一種の「中立的権力」ないし「調整的権力」とする思想が生まれた(コンスタン)。このことが、ヘーゲルとの関連で重要になる。「シャルト」(一四年憲法)は、この解釈を許容するものであった。「立憲君主制」は、実質的に議院内閣制を含意する、生まれたての概念であった（コンスタン、シャトーブリアン）。「国家の立憲君主制への成熟は、近代世界の業績である」（PR. §273, S. 435）という文言は、この動きを念頭においている。そして、ヘーゲルは、執行権から切り離された君主権に注目し、そこに新たな機能を見いだす。「一つの個体的全体」が成り立つ上での結節点、さらに私的な圏と位相の異なる公的な圏を立て直す結節点という機能である。立憲君主制を解釈するためには、まず統治権と君主権の分離の意味をつかまなければならない。なお、司法権は、通常の三権の一つではなく、執行権に帰属して、市民社会に配置される。

歴史的展開が憲法体制を左右する

では、このような「憲法体制をだれがつくるのか」（I. §134）。憲法体制（政治的国家）を「つくりもの」と見なすならば、現状を無視して、先験的にあるべき体制が、国民に押し付けられるであろう。また真に〈公的〉な圏域が私的な任意性に委ねられるであろう。この危険は大きい。ヘーゲルにとって、政治的国家が〈政治的〉である根拠は、実体的普遍意志に根ざす〈法の支配〉にある。それは恣意的につくられたり壊されたりするものではない。ヘーゲルは先の問いを「まったく抽象的で空虚な問い」と一蹴し、モンテスキューを意識して、憲法体制は「国民精神の内的な展開」（PR. §134A, S. 190）であり、「一定の国民の体制は要するにその国民の自己意識の状態と形成とに依存する」（PR. §274）という。国民精神は、精神の教養形成と、法律ならびに諸制度の形成を内容とする。憲法体制は、このような国民精神が〈歴史〉のなかで古い外皮を脱ぎ捨てながら、つくりあげる。ここで体制が成り立つ上の〈主権〉は、「観念性（イデアリテート）という一般的思想」（PR. §279）といわれる。この観念性は、一つには特殊な利害関心のなかに消え去った公共圏の回復を表し、客観的自由の局面にある憲法体制の機構上の有機的分節化を表現している。

またもう一つには主観的自由の圏と客観的自由の圏が相互に浸透しているあり方を示している。憲法体制は個人にせよ集団にせよ作り手のなせるわざではなく、国民精神全体のなせるわざであることから、「主権は国家に属する」（PR. § 279A, S. 446）といった方がよい。この点を押さえれば、君主主権といっても国民主権といっても差し支えないという。ここに主権概念に対する独特のとらえ方がある。

チェックそしてバランス

さて、ヘーゲルは、憲法にもとづく国家体制を理性的なものとするために、さまざまな工夫をこらしている。めぼしい点を、講義録を援用して見てみよう。「君主の尊厳」（PR. § 281）は「最終の無根拠な自己」に由来するという。これは、君主の賛美にみえる。ここで、同時代のフランスの「立憲君主制」論者シャトーブリアンを引合いに出してみる。それによれば、君主の尊厳は一切から超然としている点にあり、君主の名は完成した法律に使用されるだけでよい、そしてここから一切が流れだすことが重要であり、この体制は「責任ある政府」によって可能になるという。ヘーゲルの言う「君主の尊厳」も、このような執行権と君主権の分離を前提にしている。この分離からは、次のような風景が浮かび上がる。一七／一八年講義によれば、大臣は「副署権」によって自立性をもち、また君主による大臣の選任は、議会審議に対する責任から制度的制約を受ける。「最終の無根拠な自己」という規定は、内閣が実質的に政務につくことと背中合わせの関係にある。この場合、「最終的な意志決定」という契機は、審議の最終局面にのみ関わる点では消極的である。しかし、憲法体制のもとで事が始まる「出発点」として、内閣を始めとする公共的機構が「派閥」的抗争に堕ちるのを阻止するという機能をもたされている。それは、公的な圏を保持するという積極的な機能である。なお、「世襲制」には〈選ぶ〉恣意性から生じる権力闘争を阻止するという機能がある(12)。

また、統治権は、市民社会の自治を前提として、国民を普遍的なものとのつながりのなかにおく。統治権を担う「中間階級」である官僚は、「国民大衆の教養ある知性と合法的な意識」（PR. §297）を出自として、客観的能力を通じて調達されることから、市民層全体に可能性として開かれている。官僚には「普遍的教養」が期待される。しかしヘーゲルは官僚制国家を描くわけではない。官僚制は、議会と市民的自治団体によってチェックされる（PR. §297, §301A, S. 470）。このことは、「コルポラツィオーンの代表者たち」（VI. 695, 五五五）が「中間身分」の他方として挙げられることと無縁ではない。また立法権において発議権は君主にあるが、議会は内閣に発議請願権をもち、政府提出法案の審議にあたり、それを通して大臣をチェックする。さらに議会は租税の承認によって執行権を「間接的に制御」（I. §157）する。それにとどまらず、「組織された統治権と共同して、君主権がたんなる支配権や恣意として現れないようにする」（PR. §302）。議会は相応の威力をもつのである。議会の公開、反対派の存在、出版の自由、世論は、国民の政治的〈教養形成〉、〈知〉の契機と密接につながる。ヘーゲルはこのことを念頭において、「イギリス国民はどれほどドイツ国民より途方もなく先行していることか」（I. §157A）という[13]。

シトワイアンとしての教養形成

ところで、ヘーゲルは、市民の政治参加をおおよそ、市民的自治団体を通して、そこから選出される代議士として、さらに政治的自由を補完する言論・出版の自由を通して構想する。官僚が市民層全体に開かれているという面では、これも参加の一形態としてもよい。ここには、普通選挙が一見すると無条件の政治的自由を保証するように見えながら、広範な政治的無関心を引き起こし、ひいては特定の党派による政治権力の掌握を招いたりしないか、あるいは未成熟な大衆がそのまま政治的場面に登場して、かえって争乱を生みはしないかという懸念がはたらいている。ひるがえって、公共的な圏域を、市民的自由を基盤として確固として確立することが、ヘーゲルのテーマであった。ヘーゲルは、ブルジョワがシトワイアン（公民）たるにふさわしい気構えをもつよう、その教養形成のための制度的回路の形成に注意を注いでいる。ヘーゲルは、そのために高めのハードルを設ける。これをみて、ヘーゲルの限界を云々することはたやすい。しかし、そのモチーフを踏まえて「国家」章を読むならば、〈知〉にもとづく共同体を構想する格闘をいたるところに見いだせるであろう。

結び

『法（権利）の哲学』は、きわめて意欲的なモチーフを抱いている。そして内容豊かな体系である。人倫がいわゆる〈実践哲学の復権〉の思潮のなかで話題になるのも、この面があるからである(14)。ヘーゲルは、現代史の展開と成果を見すえながら、みずからのライトモチーフの実現に努めていた。一七／一八年講義はその跡を伝えている。『法（権利）の哲学』は、そこで示された構想をストレートに述べてはいない。復古的なウィーン体制があったからである。それでも、『法（権利）の哲学』には構想の基本ラインがしっかりと描き込まれている。国家は「理性の象形文字」（VI. 670, 五五四）という言葉は、『法（権利）の哲学』を読み解く眼の再検討を求めている。一七／一八年講義と『法（権利）の哲学』、ここからは知的刺激に富むヘーゲルが現れてくるであろう。

第一〇章　ヘーゲル国家論とホトー、グリースハイム講義筆記録

――現代史の総括、そして歴史的生成の視点

はじめに

ヘーゲルは法哲学講義を、一八一七／一八年冬学期（ハイデルベルク大学）を手始めとして、ベルリン大学で一八／一九年、一九／二〇年、『法（権利）の哲学』の刊行のあと（一八二〇年一〇月）、二一／二二年、二二／二三年、二四／二五年、三一／三二年（ヘーゲルの死去により二回のみ）の各冬学期におこなった。今日では、講義筆記録がほぼ出そろうにいたって、ヘーゲル法哲学研究は新しい段階を迎えている。本章は、『法（権利）の哲学』を念頭において、とくに二二／二三年（ホトー）、二四／二五年（グリースハイム）講義筆記録を取り上げ、そこからヘーゲル国家論の特質を浮かび上がらせてみよう。またベルリン期に表に出てくる〈歴史〉的視点がどのようなかたちで法哲学的思索に滲みでているかも見ていこう。

一八一五年五月二二日、プロイセン国王は憲法制定の公約を発した。この憲法制定をめぐる保守派と改革派のせめぎあいのなかで、そしてウィーン体制下で復古主義的な動きが急速に強まるなかで、『法（権利）の哲学』は書かれた。ヘーゲルは、この復古的反動的な政治状況に直面して、イルティングの言う「政治的な立場転換」ではないとしても、いくつかの問題を慎重に目立たないかたちで語っている。講義はテキストにないものを語ったわけではない。この点

はホルストマンとともに確認できるであろう（1）。また二二／二三年講義、二四／二五年講義は、『法（権利）の哲学』を手引書として使った。この点がほかの講義形態と異なる。ほかの講義が法哲学の問題領域を過不足なく取り扱おうとするのに対して、これらの講義では、同じパラグラフのなかで読み上げた部分もあれば読み上げない部分もあり、また力を入れた部分とそうでない部分がある。では、二二／二三年講義、二四／二五年講義にはどのような新しい論点が登場していると言えるだろうか。問題の取り上げ方にどのような特徴があるだろうか。

第一の論点は、歴史の視点が表に登場し、そのなかで「国家は恣意、偶然、誤謬の圏にある」（二四／二五年筆記録、二五八節解説、VI. 632 五〇一）という点である。ここにはドイツ連邦諸国での憲法制定をめぐる動き、プロイセンでの憲法制定をめぐる動きが、一段落し、これらの動きを総括するなかで、以上の言葉が出てきている。ヘーゲルは二二／二三年冬学期に、それまで『法（権利）の哲学』の「第三章　国家」にあった「C　世界史」を独立させて、「世界史の哲学」の講義を始めた。このことと講義のなかに歴史の視点が表に登場したこととは無縁ではないだろう。ヘーゲルは「できの悪い（schlecht）国家」（二七〇節解説、V. 727）、「不完全な国家」と「完全な国家」という対比（二六〇節解説　VI. 635, 五〇三）をあげて、発展した形姿をもつ国家の生成が歴史に属するものとする（二七三節解説、VI. 659, 五二四、二九八節解説、VI. 696, 五五七）。憲法制定をめぐる近年の動きを念頭において、国家について理性的な知の立場の必要性を強調する（二七二節解説、V. 744）。そうして歴史における変化と生成の視点が表にでてくるとともに、現存の国家に対する批判的スタンスも表立ってくる。

第二の論点は、立法権に多くの言及がなされて、それが歴史的過程のなかで国家のあり方を左右するテーマとして考えられていることである。ちなみに、『法（権利）の哲学』では本文と注解で、君主権、統治権、立法権の比はほぼ二：一：二であるが、講義では、イルティング版ホトー筆記録の頁数で、君主権一八頁、統治権一三頁、立法権三九頁（世論、出版の自由を除いて三一頁）、グリースハイム筆記録の頁数で、君主権二四頁、統治権七頁、立法権三五頁（世論、出版の自由を除いて三一頁）に及んでいる。ヘーゲル最晩年の論文が『イギリス選挙法改正論文』であったことも、このことと無縁ではない。

第三の論点は、とくにグリースハイム筆記録で、君主権について「概念にもとづく規定を構成するという視点は新しい」（二七九節解説、VI. 672, 五三五）として君主権の意味を詳しく述べている点である。ここからヘーゲルの立憲君主制概念の特異性が浮かび上がる。

これらの三点を軸にして、二つの講義筆記録を見ていこう。その前に『法（権利）の哲学』と補遺をめぐる問題に触れておこう。

一　『法（権利）の哲学』と補遺——イルティング・テーゼをめぐって

テキストと補遺をめぐる問題については、K・H・イルティングを取り上げなければならない。イルティングは一九七三年に法哲学講義の聴講者筆記録を公刊して、一八／一九年（ホーマイヤー）、二二／二三年（ホトー）、二四／二五年（グリースハイム）、三一／三二年講義（D・シュトラウス）をよりどころとして、従来のヘーゲル法哲学解釈に対して新しい解釈を突きつけた。これまで『法（権利）の哲学』について多くの研究が現れてきたが、それらはテキストと「補遺」の区別に無自覚なままであった。一八二〇年一〇月刊行の『法（権利）の哲学』は、急速に反動化が進む政治状況と、ヘーゲルに向かう嫌疑のなかで、体制に「順応」した産物、「政治的な立場転換」の産物であって、ヘーゲルは講義のなかで本来の主張を語っている。イルティングはこのように言う。研究史のなかで繰り返し語られてきた君主主義的国家像に対して、イルティングは筆記録を通して議院内閣制を基調とするリベラルな国家構想を示した。このテーゼは、テキストの執筆時期をめぐる問題も含めて、新たな問題を投げかけたのであった。

さて「補遺」は、ベルリン版ヘーゲル全集『法(権利)の哲学』(一八三三年)に、E・ガンスがつけたものである。『法(権利)の哲学』は本来のテキストと、ホトーとグリースハイムの筆記録から採られた補遺を含むことになった。一八三九年に保守派の論客K・E・シューバルトは、とくに二八〇節の補遺(一八二二/二三年筆記録)の、完成した国家組織では君主は最後のピリオドを打ちさえすればよいという論点を見とがめて、ヘーゲルの立憲主義はプロイセン体制とは両立できない「君主主義的な見かけをもつ共和制」であり、「立憲君主制はいわば精神的な日本皇帝である」(M. 252)と激しく非難した。シューバルトは「ヘーゲルは、本来的な発展した意味で立憲的とは呼べないような国家のなかで生活しながら、……自分の学問的確信にしたがって純粋に立憲的な君主制を国家形式の絶対的なものとして立て、君主制そのものを立てない」(M. 212)と、すでに「ヘーゲルの国家概念のために」(『哲学一般そしてとりわけヘーゲルの哲学的諸学のエンツュクロペディーについて』一八二九年)で批判していたが、「補遺」はさらにそれを立証するものと映ったのであろう。補遺は、このような非難を誘発した。しかし、この「補遺」はリベラルな立場にとって、主体的自由に対する実体的なものの優位は依然として変わるものではなかった。ヘーゲル法哲学の思想像形成に大きな影響を与えたR・ハイムは、ヘーゲルの立憲主義について「主体的自由に表明されているように見える敬意は、真相ではたんなる名ばかりの空虚な社交辞令にすぎない」(M. 387)と批評する。

ヘーゲル国家論の思想像は、とくに君主権によって大きく左右されてきた。F・ローゼンツヴァイク(『ヘーゲルと国家』一九二〇年)は、「全体の絶対的に決定を下す契機」(『法(権利)の哲学』二七九節本文)と、「最後のピリオドを打つ」にすぎない君主の機能(二八〇節補遺、二二/二三年筆記録から採録)に「深い思想的矛盾」(M. 348)を読み取り、「君主の合理主義的演繹は、従来、最高国家権力と君主の人格性をあっさり同等のものとしてあえて必然的なかたちで立てたことはなかった」(M. 345) という。イルティングは、テキストと補遺を区別して、このような「矛盾」を、そして君主権の旧来の解釈を失効させせようとしたのであった。

イルティングにとって、一七／一八年筆記録(ヴァンネンマンによる)は、旧来の特権を守る実定法を理性法の立場から批判する『領邦議会論文』と基本線を同じくして、西南ドイツ立憲主義の最良のものを示していた。また一九／二〇年筆記録も、「劇的に展開した時代状況に対する順応について講義のなかにいささかの痕跡も見られない」(2)。では、イルティングの解釈は十分説得力のあるものであったろうか。テキストと講義筆記録の関係はどのようにとらえられるだろうか。とくに君主権についてはどうか。R・P・ホルストマンがいち早く指摘していたように、君主の性格の特殊性は問題でないという論点、また君主が憲法体制による拘束を受けるという論点については、目立たないながらも『法(権利)の哲学』のうちにもある(二七七節、二八〇節)。「君主に関して見解の見かけ上の違いは、むしろ同じ根本的立場の、叙述上のアクセントの違いの産物として捉えられなければならない。ただし、この根本的立場はすでにハイムやローゼンツヴァイクが考えたように矛盾を免れていない」(3)。こうして、イルティングのように『法(権利)の哲学』と講義をはっきりと分けるわけにはいかない。しかし、ホルストマンの論点を認めるとしても、「深い思想的矛盾」(ローゼンツヴァイク)という言明をそのままにしておくわけにはいかない。本章では、一八二四／二五年講義筆記録の君主権の解説を踏まえて、これら二つの論点のつながりを検討してみよう。

さらに筆記録も視野に入れて、ヘーゲル国家論にどのような積極的なものを読み取ることができるだろうか。この点で、ホルストマンはヘーゲル国家論から何か積極的なものを読み取るわけではない。またルーカスは、『法(権利)の哲学』の原テキストが存在して、カールスバート決議による検閲を前にして原テキストが書き換えられたというイルティングのテーゼに対して実証的に反論を加えたが、彼はヘーゲル法哲学の歴史的制約性について語っても、その積極的なものを語っていない。ルーカスは「一八二〇年に憲法が与えられていたら、それは国民の作品ではなく、むしろ都市条例がそうであったように、国王の意志の自由な贈り物であったろう」というトライチュケの言葉を引いて、「君主には、立憲君主制という達成されるべき国家形式のうちで、主体的決定のはたらきと対外的な国民の代表の役割が残るだけである。ただし、革命的性格をもつ内戦に対する恐怖がヘーゲルをして国家内における正統性原理の身元確認を考えさせている」(4)というにとどまる。イルティングはヘーゲル法哲学から根本的にリベラルな構想という積極的なものを読み取ろうとした。この視点には問題があるとしても、別のかたちで積極的なものを読み取れるのかどうか。あらためて検討されなければならない。

二 国家は誤謬の圏にある——憲法闘争の挫折と理性的知の立場

カールスバート決議(一八一九年九月二〇日)からすでに数年をへた二四/二五年講義のあと、ヘーゲルはハイデルベルク大学で同僚だったクロイツァーにこう書いている(一八二五年七月二九日付け)。「私は毎日毎日、ある種のものうい惰性的な生活にはまっています」(Br. III, 89)。一八二一年五月二八日に国会の創設を無期延期とする勅令が出たあと、一八一五年の国王の憲法公約について語ることは大逆罪に等しいものになったと言われる。妥協に妥協を重ねて憲法制定に力を注いだハルデンベルクは、一八二二年一一月に没した。政治改革は頓挫したまま、復古的精神によるウィーン体制が二〇年代をおおう。ヘーゲルはプロイセンの改革に期待を抱いてベルリン大学に赴任してきた(この雰囲気はベルリン大学での開講演説(一八一八年一〇月二二日)からうかがえる)。状況は大きく変化した。二二/二三年講義、二四/二五年講義は、この間の事情を映し出している。

憲法制定をめぐる動きについて、二二/二三年講義はこう述べる。「近年人々が国家について一般にいっそう明確な見方をもつようになったことはきわめて重要である。憲法を作成することがきわめて一般的なものになったのである」。しかし、この場合「何が本質的なものかという知をとくに携えなければならない」（一七二節解説、V. 744, 補遺となる）。ヘーゲルはこの間の動きを背景において、国家についての理性的な知の必要性を訴える。ここから「ただ存在しているだけの国家」、「できの悪い国家」（V. 727）に対して、理性の諸契機をしっかりともつ「完成された国家」（V. 729）のあり方を持ちだす。この対比は『法（権利）の哲学』にはなかった。プロイセンでの憲法制定、議会開設の挫折という事情がここに絡んでいるであろう。さらに二四／二五年講義は、「国家の理念という場合、特殊な国家や特殊な制度を念頭においてはならない。……国家は、恣意、偶然、誤謬の圏にある」（二五八節解説、VI. 632f. 五〇一―二）と言い、「どの憲法体制もこの時間上の世界では不完全である」（二七二節解説、VI. 654, 五二〇）とはっきり語る。

ところで『法（権利）の哲学』は自由を核とする哲学的法学の体系的叙述をめざしている。人倫をかたちづくる構成要素を「論理学的精神」（HW7. 13（Vorrede）、一五四）にもとづいて「事柄そのものの内在的な発展」（HW7. §2）として述べようとする。眼目は概念による正当化にあり、歴史的な正当化あるいは慣習による正当化は論外であった。講義は、そうして描き出した国家と現にある国家とを対比して、「最良の（best）憲法体制とは、理性的なものであり、理性的であるとは概念の本性に規定されているということである」（二七二節解説VI. 655, 五二一）と言う。『法〈権利〉の哲学』の基本線に即するところから、理性的知による批判的スタンスが浮かび上がる。

なお、悪評を生んだ序文の理性‐現実性テーゼについては、『エンツュクロペディー』第二版（一八二七年）第六節が言及する。これに先立って、二四／二五年講義はこのテーゼの悪評を念頭においてその意味を語る。「理性的であるところのものは現実的でもあり、理性的なものは現実的でないほど弱々しいものではない。また他方で、非理性的であるものも現に存在しはするが、現実的ではない。ただ現に存在するにすぎないものは、現象するものにすぎない。現実性とはまったく別物なのである」（同前、VI. 654 五二〇）。現にある国家を考察するときに大切なのは、この区別をおこなうことである。これは先に触れた不完全と完全という対比に通じている。ところで『法（権利）の哲学』序文の理性‐現実性テーゼのあとには、「偏見のない意識はどれも、このような確信（Überzeugung）のうちに立つ」（序文、PR. 25 一六九）が続く。この文言は見過ごされやすい。テーゼは何よりもまず「確信」であって、胸の内なるこの「確信」には、外的な世界が対抗するのがつねである。このテーゼをどう理解するかという問題以前に、「確信」と外的世界との背反ないし乖離をまず思い起こす必要がある。そこには、現状の追認ではなく、現状に対する批判的尺度というテーゼの意味が浮かび上がってくるであろう。

三　生成こそ憲法体制の本質——歴史の立場に立つ

さて、このような批判的スタンスは、歴史の視点と無縁ではない。一二二／二三年講義、二九八節の解説で、ヘーゲルはこう語る。「憲法体制は存在するが、しかし同様に本質的に生成するものである。……これは目立たない変化であり、変化の形式をもたないような変化である。……憲法体制は長い時間をかけて、気づかれないでこれまでとはまったく別の状態になるのである」（V. 788ff. 補遺）。ヘーゲルは過去のケースから諸侯の資産が国家資産になり、裁判権が君主から官僚団に移るという例をあげている。なるほど『法（権利）の哲学』二九八節は、「法律がすすんで形成されるなかで、そして統治上の普遍的な諸案件が前へすすんでいくという性格をもつことから、憲法はさらなる発展を手にすることになる」と言う。この二つは突きつめれば、同じことになろう。かつてR・ハイムは『法（権利）の哲学』に「静寂主義」（M. 368）というレッテルを貼ったが、『法（権利）の哲学』も目立たないかたちで変化を語り、講義はさらに憲法体制が「本質的に生成する」もので、ゆくゆくは「別の状態になる」とはっきりと語る。「別の状態」は、現にあるものに対して完成した姿が念頭にあるときに意味をもつであろう。そしてこの生成の立場は歴史的な視野のなかで語られている。二四／二五年講義の二九八節解説を少し長く引用する。

「憲法体制（Verfassung）を作る絶対的な立法権力は歴史である。憲法体制を作ることは憲法体制の彼岸にある。……（歴史によって――イルティングの補足）作られた憲法体制こそが理性的な憲法体制なのである。

作るということは、偶然性の形態をもつが、つねに個々の規定が時代の必要によって展開される。こうしたことはどのようにして生じるか、君主の自由な意志によって生じるか、あるいは君主に強要されるのか、あるいはコルポラツィオーン（職業団体）を通じてか、闘いを通じてかまたは平穏な異議申し立てを通じてか。このことは歴史の事柄である」（VI. 696f. 五五七。この個所は補遺にはない）。

またヘーゲルは、国民の意識とそれに照応する体制という問題に、『法（権利）の哲学』二七四節で言及していたが、講義では、この問題を歴史の視点に立って次のように述べる。

「国民のうちに規定が必要だという必然性の意識がなければならない。これが歴史における実在的意識というものである。新しい制度や体制について人はさまざまな観念をもっている」。しかし重要なのは、これらが「国民の意識に対してどうなのか」であり、「いかなる国民も自分にふさわしいものと違う体制をもつことはない。どの国民も自分の歴史の結果なのである」（ibid. 同前）。

プロイセンでは、憲法制定、国会開設が無期延期になったあと、一八二三年に国政の諮問機能をもつにすぎない身分制的州議会が各州に設置された。憲法と国会の問題は四〇年代に入りF・ヴィルヘルム三世が死去し、四世が即位したあと、ライン州議会などが請願決議をあげてようやく議論されるようになった。今あげたヘーゲルの指摘は、憲法闘争を背景においたときによく理解できよう。歴史の視点をとるならば、そこにふさわしいものは、停滞の感覚ではなく、変化の感覚である。ウィーン体制のもと、自由主義的な政治的活動が鳴りをひそめざるをえなかった二〇年代に、ヘーゲルは次のように語った。

「ある憲法体制は一般に、少なくとも主体的自由が存在する西洋では、とどまったままではいない。つねに変化する。つねに革命化が起こり、これはつねに前へとすすむ。このことを見るためには、五〇年来の(つまりフランス革命以来の――訳者)意識の発展を考察しさえすればよい。こうしてすべての制度や関係が形態化されたのである。……意識の自己形成が大切なものであって、それが外部からなされるのではなく、十分に成し遂げられて、新しい段階が達成されたときには、死せる外面的なものはもちこたえることができない」(二七三節解説、VI. 660f., 五二五)。

「外部から」は、プロイセンの憲法闘争がそれに見合う国民における意識形成を欠いていたことも含むであろう。それとともに南欧の問題がある。ドイツではメッテルニヒ主導のウィーン体制による押さえが利いていた。しかし、南欧では(スペイン、ナポリ、ポルトガル、ピエモンテなど)自由主義的な革命運動ないし憲法制定運動が起こっていて、ヘーゲルの関心をかきたてていた。それらは結局挫折した。ここでヘーゲルは、「抽象的自由」に由来する自由主義の破産という論点を入れて、それとともに宗教改革をへて主体的自由が存在するプロテスタント国家と、それをもたないために多くの労苦を背負うであろうカトリック国家という対比を入れて、その総括をおこなう(V. 754(二七四節解説、スペインの挫折に言及した部分は補遺となる)、VI. 659, 五二五(二七三節の解説))。

このように講義では、歴史と生成の立場が表に出てくる。これはさらに立法権をめぐる問題につながる。

四　憲法体制の成否は立法権にある——立法権は変化し続ける

さて、ヘーゲルの「政治的国家」は、周知のように立法権、統治権、君主権からなり、これらは普遍性、特殊性、個別性という概念による区別とされている。このような理性の諸契機が十分に展開したときに、成熟した政治的国家が現れると言う。この諸権力が独自の形をとりながら互いに他を契機として一体性をもつという点に、政治的国家の特徴がある。諸権力や特定の権限が立憲的体制の構成要素となっているあり方、すなわち「観念性（Idealität）」に、ヘーゲルは国家の「主権」を見る（二七九節）。この「観念性」すなわち「公共の自由」（二六五節）の圏を確固たるものとするために、ヘーゲルはさまざまな工夫を施す。私的利益と幸福を追求する諸個人のいとなみからなる私的圏域（市民社会）は、相互に分業を介して依存しあう体系から成立して、中間的団体を通して公共的心性を育む。公共的なものをめざす心性を支柱として、ヘーゲルは「公共の自由」の圏、すなわち「政治的国家」を描きだす。そして、この私的な圏に対して——自立した個人が作り上げるコルポラツィオーンやゲマインデ（地方自治団体）などの中間団体を媒介として——確固とした「公的自由」の圏は、公的な視野に立って法の支配や公的利益を維持するものとして実を示すことができる（二八九節）。

この枠組みのなかで、立法権は、すでにある法律に新たな規定を加え、また財政を含む公的性格をもつ国内案件に関わる。ただし、憲法体制そのものは立法対象とならない（二九八節）。ヘーゲルは講義のなかで憲法体制は本質的に変化することを強調していた。そして同様に「立法権は生けるものであり、そこにはさらに特殊な諸制度が入ってくることができる」（二九八節解説、VI. 697, 五五七）と言う。『法（権利）の哲学』でも、講義筆記録でも、君主権や統治権がこのように語られることはない。立法権はなお歴史のなかで明確化されるべき問題を抱えているということであろう。ヘーゲルは個々人が選挙権を行使する普通選挙について、『法(権利)の哲学』と同じくその弊害を指摘してこう言う。政治的「無関心には打つ手がない。自分の一票は無意味なものとして現れる。党派があるところでだけ投票が重要になる」(VI. 718, 五七五)。そうして中間団体を介した代表制を構想したが(三一一節)、選挙権の条件や範囲からして未解決の問題がある。ヘーゲルは同時代に先んじて、女性参政権にも言及する。女性はこれまで選挙権から排除されてきたが、「自由意志をもつ個人が問題なのだから、女性もこうした権利をもつのである」(三〇八節解説、VI. 716, 五七三)。

そもそも「議会」はあまりに大きな振幅をもつ争点であった。ヘーゲルはヴュルテンベルク王国での憲法制定をめぐる問題では、身分制議会が旧特権の維持に動き、時代の動きに逆行するさまを見ていた(『領邦議会論文』一八一七年)。地方議会のあるところ、そこは保守的勢力が占めていた。しかし、復古的勢力の目には、フランス革命の前例から、全国議会は革命の導火線となりかねないものであった。一八二〇年一月に勃発したスペインでの革命運動、同年七月にナポリで勃発したカルボナリ党の反乱などが、その恐怖心をあおった。そのなかで憲法制定、国会開設に取り組んだ改革派宰相ハルデンベルクは、大幅に妥協して、「立憲君主制」を用いることなく「プロイセン的君主制」を用いるようになり、ついに議会の非公開、内閣責任制の否定、国会権限の縮小などを盛り込んだ建白書を一八二一年五月二四日に国王に提出したが、これも復古派によって水泡に帰した。全国議会の問題は、きわめてデリケートな問題だったのである。

『法(権利)の哲学』は、このようななかで議会について抑制的なトーンをもちながら(三〇一節、三一四節)、言論出版の自由を背景において、公開された議会を理念の「内的必然性」(三〇一節)と明言している。言葉としては出ていないとしても、議会の公開と責任内閣制はワンセットのものであるから、ヘーゲルは『法(権利)の哲学』でも責任内閣制を目立たないかたちで語っていた。二つの講義はイギリスを例にあげて――これはハイデルベルクでの講義以来そうであるが――はっきりと語る（二二／二三年筆記録、三〇〇節解説、V. 794補遺に採録。三一〇節解説、V. 815二四／二五年筆記録、二八〇節、三〇二節、三一五節解説、VI. 677f., 五三九、VI. 707, 五六六、VI. 722, 五七九。補遺に採録、ガンス補筆）。ヘーゲルは、決定を下すものとしての君主権、決定されたことを適用するものとしての統治権に対して、立法権は「国家が決定を下し遂行すべき具体的な諸対象について論議する場」（VI. 698, 五五六）であると言う。それだけにヘーゲルは議会そして立法権に注意を払う。議会と内閣の関係、そして君主権との関係など見定めるべき問題がひかえている。その上、そもそも議会がどのような威力と機能をもつのか。このことも十分検討されなければならない(6)。こうしたことが立法権を「生けるもの」とし、ヘーゲル最晩年の関心をイギリスの議会と選挙法改正に向かわせたとも言えよう（第一一章）。

五　君主権の「矛盾」？――立憲君主制のモチーフ

さて、君主権はこれまでヘーゲル法哲学解釈上の争点であった。『法（権利）の哲学』と講義は、守旧的な立場とリベラルな立場とにふりわけることができるのか。また君主権論は矛盾する両面をもつのか。『法（権利）の哲学』に対して、ターデンは一八二一年八月八日づけ書簡で、「先生は、繰り返し王党派的な哲学者また哲学的王党派と悪口を言われています。それゆえ勇敢な著作の一部は、歴史的・哲学的な論争の書となっています」（Ilt. 394）と伝える。

その『法（権利）の哲学』は、権力の区分を概念にしたがって、立法権、統治権、君主権をあげながら、実際の叙述では君主権から議論をすすめる。君主は「絶対的な自己規定のはたらき」（二七五節）、「国家意志の最終の自己」であり、「他の一切の内容を捨象したこの個人」として「自然的出生」によりその地位につく（二八〇節）。そして「恣意によって動かされないという理念が君主の尊厳性をかたちづくる」（二八一節）。さらに一切の責任を越えた「無答責」（二八四節）が出てくる。

それに対して、二二／二三年筆記録は、国家が実際に理性的な姿をとったときに、「純粋な自己規定」が可能になり（二七九節解説、V. 760）、君主の性格という特殊性は取るに足らなくなると言う。「発展した有機組織では、形式的な決定という頂点が問題だからであり、……君主に必要とされること、それは、『然り』と言って最後のピリオドを打つ一人の人間をもつことである」（V. 763f. 二八〇節補遺）。二四／二五年筆記録も同じように、「立憲体制が確固としていれば、署名する以外にすることがないが、この名前こそが重要なのである。そして、このことが空虚な『我意志ス』であり、何ものもそれを越えていくことができない」（VI. 674, 五三七。二七九節補遺、若干変更）。ヘーゲルはこのあり方を念頭において、すべての者がこの地位についてよい。しかしそうであるからこそ一人の者が「自然にもとづいて」つくほうがよいと述べる。「ここで自分もほぼ国王になれるのでは、という思いが普通なら人々におこる。……すべての人が国王になれるからこそ、すべての人が王になるのではなく、一人の者が王になることが大切なのである。こういうわけで、一人の者が自然にもとづいてそのように規定されなければならない」（二八〇節解説、VI. 677f. 五三九）。ここには、君主の地位について何ら神秘化も伝統による正当化もない。はたらいているのは、〝最終的な決定〟の必要という論理的な精神である。

『法（権利）の哲学』と講義の落差は確かに大きいように見える。二四／二五年筆記録は、君主権を「概念にもとづいてこの規定を構成する視点は新しい」（二七九節解説、VI. 671, 五三五）と強調する。あらためて君主のありようを見てみよう。この講義には「自由な人格性」（同前、VI. 673, 五三七）の表現が新たに出てくる。「君主の本分は最終的な決定をおこなうことである」（ibid. 同前）「自由な人格性」は、他の何ものにも左右されることなく、みずから決定をくだす主体を表している。このあり方はテキストと講義で首尾一貫している。「絶対的な自己規定のはたらき」（二七五節）の「絶対的」も、それから「国家意志の最終の自己」の「最終」も最後にくるものだから、他に左右されないあり方を表現している。さらに「無根拠な（grundlos）自己規定」（二七九節）の「無（没）根拠」も、根拠と根拠づけられるものという関係を離脱して他から左右されないさまを表現している。「意志の純粋な自己規定」（二八〇節注解）の「純粋な」も同様である。

この規定があって初めて、君主権と統治権との分離が出てくる。この点が留意されなければならない。この論点は、テキストと講義で一貫している。この主体が具体的な内容に関わるとどうか。さまざまな比較考量をおこなうことになり、みずから決定をくだすときに、そのように決めた根拠をあげなければならない。これはけっして「無根拠な自己規定」にはならない。そうであるからこそ、「根拠にもとづく審議、根拠にもとづく決定は、内容に立ち入るものなので、特別の存在、……内閣（Ministerium）をもつ」（二八三節解説、VI. 685, 五四七）のである。テキストの「最高審議職と諸個人」は「内閣」のことであった。さらに二八四節の解説は、「無答責」について「諸大臣は責任を負うものであり、主観的な頂点としての君主は責任を負わない」と言う。ヘーゲルは「概念にしたがって」、君主権と統治権の分離を明確にする。この分離はすでに「概念にしたがって」テキストも明確に述べていた。さらに、二二／二三年講義、二四／二五年講義は、ハイデルベルク大学での講義以来語ってきた責任内閣制に言及する。最終決定の意志としての君主権は、このように責任内閣制を前提として初めて成立する概念である。このことが講義から明らかになる。なお、二八三節は「最高審議職」の選任と解任が君主の「制限を受けない恣意」にあるとする。二四／二五年講義は、これに関連して「イギリスでは、内閣が議会の信頼を、（つまり）多数そのものをもたなければならない。こうでなければ、内閣は何一つとしてやり通せない」（二八三節解説、VI. 686 五四七）と言う。テキストの論点は、内閣と議会のはたらきを前提においたものであることが、講義での解説から分かる。君主権と統治権の明確な分離、君主権の形式化――この機能については第八章を参照のこと――、この基本線は、テキストでも講義でも一貫したものである。

では、このように奇異な性格をもつ君主権は、いつどこで登場したものなのか。『法(権利)の哲学』二七九節注解に、これまでの民主制、貴族制、君主制では「最終意志決定の契機が、それ自身だけで独自の現実性となって登場していない」とある。裏を返せば、「立憲君主制」において初めてこの契機が「独自の現実性」になったということである(第八章第一節、第二節参照のこと)。そのあり方が先に述べておいたあり方であった。君主権にはどのような神秘化も伝統による正当化もない。君主の「尊厳」も、いかなる他のものにも左右されない純粋な主観性から発生する。

さて、ヘーゲルは、近代の司法権、立法権、執行権という三権の区分に変更を加えて、立法権、統治権、君主権に置き換える。ローゼンツヴァイクは、この近代的な権力分割の放棄について一九世紀前半期のフランスの立憲主義者B・コンスタンを「先駆者」としてあげ、その際に諸権力に対して「国家の頂点を超出させた」ことを指摘した(M342「政治的体制のヘーゲルの概念」、『ヘーゲルと国家』一九二〇年所収)。彼はそれ以上のことを述べていないが、後にイルティングは、一七/一八年講義の基調を議院内閣制に見て、この講義が同時代の復帰王政期フランスの立憲主義とのつながりをもつことに言及した(5)。個人の自由を保障し、公的な領域を安定したものとするモチーフで、コンスタンやシャトーブリアンなどは、執行権と君主権を分離し、君主権を抽象化し中立化し、尊厳あるものとすることによって、諸権力の安定をはかろうとした。それが同時代の概念、「立憲君主制」であった。答責、無答責、君主権の抽象化による尊厳などの用語は、立憲君主制概念ならびに議院内閣制を表す指標でもあった。本質的な点でテキストと講義に相違はない。

このように『法〔権利〕の哲学』は、これらの言葉を盛り込みながら、議院内閣制をメッセージとして送っていたことになる。立憲君主制は、コンスタンやシャトーブリアンにとってフランス革命以来の混乱を克服する政治的な工夫として案出され、そこで君主権は統治権と分離されて抽象化された。ヘーゲルも、国家の権力構造を構想する上で、フランス革命以来の現代史を念頭においていた。それは、二七二節や、一七／一八年講義（§133）、一九／二〇年講義[6]、二二／二三年講義（V. 747, 二七二節補遺として採録）からも分かる。「独自の現実性」である「最終意志決定の契機」が欠ければ、政治的な混乱が避けられないという現代史の総括がここにある。この奇異な概念の源泉は、現代史というコンテクストのなかにある。さらに「観念性であるという一般的思想にすぎない主権」（二七九節）は、もろもろの権力、公的な諸部門が、私的なものあるいは党派的なものでなく、あくまで公的なものの契機であることを表現している。この主権の個体的表現が抽象的存在＝君主であるときに、君主の機能の眼目を、「公的自由」（二六五節）の圏を維持し確立するという点に、ヘーゲルはおいている。それとともに、これが可能になる条件は、市民社会の成熟にある。「国会や身分制議会を組織化することに多くのことがなされてきた。しかし、全体の大衆をなす下部は、多かれ少なかれ組織されないまま放置されている。しかしきわめて重要なのは下部が組織されることである。……合法的な権力とは、特殊的諸領域が組織されたときにだけ現に存在するのである」（二九〇節解説、VI. 692, 五五四）。二九〇節の補遺となったこの部分は、市民的領域の組織的自治能力を前提として、合法性をもつ権力が成立することを強調する。ヘーゲルは公的圏域と私的圏域とをともに立て直すというモチーフを抱いて、人倫的共同体の構想に向かった。ヘーゲルの君主権論を、そのなかで行なわれたさまざまな制度的工夫の一つとして読むときに、ヘーゲルの意図は最もよく理解されるであろう。

結び

本章は、ベルリン期の二つの筆記録の特性を、『法(権利)の哲学』を念頭において検討してきた。揺れ動く現代史に身をおき、歴史的生成という観点に立つというスタンスが浮かび上がった(7)。二つの講義は、そのような思索の跡を伝えている。なお、ヘーゲルは二四/二五年講義のなかで、対外主権にかかわる「軍事的権力(Militairgewalt)」に対して「市民国家(Civilstaat)」(二七〇節解説、VI. 651, 五一七)を、また「対外主権」冒頭で「軍事的権力(Militair-Macht)」に対して「市民国家」、「市民的状態(Civilstände)」(VI. 731, 五八七)を用いている。また二二/二三年講義では「市民的権力(Civilgewalt)」(二七一節解説、V. 741 補遺として採録)が見られる。とくに「市民国家(Civilstaat)」には思想史的に特定の意味がある。M・リーデルの引くツェドラーによれば、「ツィヴィール国家は、本来戦争(軍事)国家に対立するかぎりでの、ある国家、ないしは共和国の体制である。そしていわゆる文民のすべてを包括する」(8)。ヘーゲルの「市民国家」がこの意味を踏まえていないとは思われない。私的自由の圏の充実を支柱とする「公的な自由」の圏の確立というテーマは、「ツィヴィール」なものに通じている。君主権を立てるねらいもこのコンテクストのうちにある。またこれまでの検討を通して、「ツィヴィール」なものがヘーゲルの国家論の構成に浸透しているさまも読み取れたであろう。

第一一章　ヘーゲル最晩年の法哲学

――『イギリス選挙法改正論文』をめぐって

はじめに

『イギリス選挙法改正論文』は、ヘーゲルが公表した最後の作品であった。『プロイセン王国官報』（一一五―一一六号、一一八号、一八三一年四月）に第三章まで掲載されて、その第四章が印刷差し止めとなった。すでに官報に予告が出ていたが、プロイセン国王が外交的配慮も含めて、その公表を禁じたためという。ヘーゲルのテキストは、イギリス議会の腐敗、君主権の弱体性などについて遠慮なく論じている。このような友好国の内政に対する批評が、国王の不興を買ったという。ただし第四章は私的に印刷して、知人などに配布することは許可された。かつてヘーゲルはヴュルテンベルクの憲法制定に絡んで、『ヴュルテンベルク王国領邦議会論文』をしたためたことがある。それは、古い特権に固執する領邦議会に対して、理性法の立場から国王提出の憲法草案を評価しており、積極的な評価を受けることが多い。それに対して『イギリス選挙法改正論文』は、近代的選挙制度に批判的な扱いをしていて、またイギリス王権の弱さを問題視する論点もあり、晩年の保守的傾向を示すものというイメージがあった(1)。本章はこの論文にスポットをあてる。ヘーゲルは、イギリスの病巣と選挙法改正の必然性を描き出し、改正法案が問題の解決に資するものではなく、むしろ改正後に新たな問題を生み出す事情を、存在するものの理解という哲学的スタンスから語る。

前章で明らかになった歴史から新たな動きを汲み取るというスタンスも生きている。ヘーゲルの思索は歴史に生成の感覚で臨んでいる。ヘーゲルは一八二四／二五年法哲学講義で、立法権は変化していくものであって、制度上新しいものが入り込んでくるであろうと述べていた(2)。選挙権と選出方法は、市民としての個人がどのように公的なものに参与し、政治的公共性に内実を与えるかという問題につながる。イギリス選挙法改正問題は、ヘーゲルがたまたま取り上げたものではない。

イギリスでは一八二〇年代に入り、名誉革命以来の選挙法の改正が叫ばれるようになった。そして一八三一年三月一日、下院に改正案が上程された。ヘーゲルはこの改正案を取り上げる。一八三〇年のフランス七月革命の余波はヨーロッパ諸地域に及んだ。この選挙法改正の動きも七月革命の波及によると見られている。ヘーゲルはなぜこの問題を取り上げるのか。この論文はイギリスの社会・政治問題のたんなるコメントなのか。あるいはドイツとくにプロイセン国内への何らかのアピールを含むものであろうか。ヘーゲルは七月革命とそれが提起する問題を注視していて、一八三〇／三一年冬学期の「世界史の哲学」講義はフランス革命以来の現代史と、七月革命に言及している。現代史を総括する視点も念頭において、『イギリス選挙法改正論文』の執筆事情にもアプローチしてみよう。

一 『イギリス選挙法改正論文』をめぐる歴史的状況と執筆動機

(一) イギリス選挙法改正法案と七月革命の波紋

まずヘーゲルをとりまく歴史的状況はどうであったろうか。この時期の歴史上の動きをつかんでおこう。一八三〇年の七月革命はブルボン王朝に終止符を打ち、フランス新政府はウィーン体制から離脱した。その後、九月にブリュッセルで反乱が起こり、ベルギーがオランダから独立して、議院内閣制をもつ立憲君主制を打ち立てた。隣国ポーランドでは一一月に反ロシア蜂起が起こり、さらにイタリアでも革命の火種がくすぶっていた。こうして七月革命は、ドイツ連邦のザクセン、ハノーファー、ブラウンシュヴァイク、クールヘッセンなどに波及して、専制的君主を退位に追い込み、より開明的な君主を迎え入れた立憲的体制を生み出した。すでに立憲的体制をとっていた西南ドイツ諸国でも、改革を求める反政府運動が高まっていた。そこにはウィーン体制下、声を潜めていた自由主義が浮上してきた。ヘーゲル没後の一八三二年には、バイエルン領プファルツのハンバッハ祭に三万余の人々が集まり、人民主権、共和制の樹立、ドイツの統一などを叫ぶようになった。時代は「フォア・メルツ」（一八四八年三月革命前の時期）へと動く。

ヘーゲルはこの動きの中で、一八三〇／三一年冬学期の世界史の哲学講義を行なっている。フランス革命以来の現代史の総括がここにある。フランス革命は世界史的事件であった。その原理はナポレオンによって広められた。しかし、そこに流れる原子論を原理とする「自由主義はいたるところで破産した」（PG. 231、参考、HW12. 535, 三六七）。しかもカトリック諸国について、世俗的なものと宗教的なものがカトリックによって分裂していて、結局イタリアやスペインは「古い状態にもどっている」（ibid.）。イギリスについてはどうか。イギリスがフランス的原理を受け入れる可能性があったにもかかわらず、大きな影響を受けることなく持ちこたえた。しかし「封建法にもとづいて、利害関心の特殊性がまったく固定している。もろもろの制度や私的権利に関して、イギリスは、ほかの文明的な国々よりもはるかに立ち遅れている」（PG. 232, 参考、HW12. 537, 三七〇）と厳しい目を向ける。三月一日に上程された選挙法改正案が議会にどの程度の変化をもたらすか、早速目をつけている。プロイセン官報が法案の上程を伝えたのが三月九日であり、この学期の最終講義日が四月一日であるから、ヘーゲルの動きはすばやい。

では、『イギリス選挙法改正論文』の執筆動機はどのような点にあるのだろうか。それはこの状況と関連があるのか。ヘーゲルは論文執筆後、かつて一八一九年、カールスバート決議に抗議して、フンボルト、ボイエンとともにハルデンベルク内閣を離脱したバイメ（1765―1838）に返事をしたためている。バイメの書簡（これは残っていない）に対する返事である（一八三一年五月二一日づけ）。バイメは官報掲載の匿名論文がヘーゲルのものではないかと推測し、また国王の命令で中断した第四章を私家版として出すよう提案したのに対して、ヘーゲルは自分が執筆者であることを認めるが、私家版については時間がないと言う。バイメがヘーゲルの論文を評価したことについて、ヘーゲルはこう応える。「あの論文には、プロイセンの国制と立法を見誤り中傷するときにつねに源泉となるとともに、プロイセンの国制と立法を比べて、イギリス的自由の見事さと周知の名声をもっともなものとして認める諸原理を利用しようとする傾向があります。この傾向がイギリス選挙法改正法案という機会を捉えたのです。このことからイギリスの国家体制が攻撃されたという見方が生まれかねず、そうしたことは、プロイセンの国家新聞には不適切なものとして最終章を印刷に付することが妨げられたのです」(3)。

このヘーゲルの発言を受けて、M・ペトリは、ヘーゲルのプロパガンダの目的は、プロイセンとフランスの自由主義を間接的に批判し、プロイセンの制度を評価する点にあると見た。ヘーゲルはおそらく自由主義的な改革の試み、弱点を指摘することで、プロイセン当局の諸政策を擁護しようとしたと言う(4)。このプロパガンダ説を不十分とする見方もある。H・ウィリアムズによると、ヘーゲルの論文は政治上のコメントにとどまるのではなく、「すぐれた哲学的洞察を示している」。ここでは政治と歴史が微妙に作用しあっている。選挙法改正法案の提案が『法（権利）の哲学』の政治的構造に出会うときに、ヘーゲルは変化を受けとめ、法案の提案が『法（権利）の哲学』の政治的構造の要件から見て不十分なときにはそれを批判する。ヘーゲルは政治哲学と歴史哲学の交差の中に身をおいていると言う(5)。なるほどペトリのプロパガンダ説がこのような面をカバーしていないとしても、『イギリス選挙法改正論文』

は時局をにらんでできたものであり、妥当性を失うわけではない。E・R・フーバーを引くならば、先に述べたような歴史的状況の中で、ドイツ連邦の諸国で、「教養ある上層市民層ばかりでなく、中間階層そして小市民、小農民層が、カールスバート決議が始めた長い停滞の後、再び政治的運動に入ってきた。……一〇年来抑圧されてきた世論が、決定に与る政治的力として装いを新たにした」(6)。「オーストリアとプロイセンの状態は、自由主義による論駁の対象であった」(ibid.)。自由主義とそこから帰結してくる問題を、ヘーゲルが論じる動機は十分成り立つであろう。プロイセン改革を担ったシュタインもハルデンベルクもイギリスを訪問したことがあり、政治制度上のインスピレーションを受けていたし、ゲンツは著作を通してそのような諸制度のメリットに言及していた。自由主義とイギリスはすぐ結びつく観念であった。ペトリはこう述べる。選挙法改正法案は「自由主義の切望が今や、一七八九年（フランス革命）でさえラディカルな仕方で影響を与えることのできなかった体制（イギリス）の中できっと発酵するはずだという警報を出していた。時代はプロイセンの成果を擁護しなかったのだろうか。……イギリスの趨勢の紛れもない欠陥を詳しく分析することは役に立たないものだろうか。こうしたことが、最初、選挙法改正論文をヘーゲルが計画するようになった思考過程にあったに違いない」(7)。

(二) 都市条例改正問題（プロイセン、一八三一年）とヘーゲル法哲学

選挙制度の改正はイギリスだけではなく、プロイセンの問題でもあった。プロイセンは、ウィーン体制のもとで国土を広げたものの、地理的に入り組み、宗派、法慣習の違いなどを抱えたモザイク国家であった。一八二〇年代の後半、プロイセン政府は地方行政の標準化を進め、全国の地方自治体の改革を一八三一年三月一七日に、一八〇八年のシュタインによる都市条例の改正という形でおこなった。E・W・ローマンは、この改正問題に対するヘーゲルの対

応と『イギリス選挙法改正論文』に平行関係を見ようとする。「当時のジャーナリズムにとって、イギリスに関する著作はつねにドイツの諸関係と批判的に対決するものだった。……多くの同時代人が進んで迎えたイギリスの諸関係に関するヘーゲルの叙述は、それとは正反対にプロイセンを手本に高める。このような背景を置いて、ヘーゲルの論文を、プロイセンの都市改革論議と関連して投げかけられた問題への解答として読むことは、示唆に富む」(8)。そこには選挙制度が団体主義的なスタイルをとるか、それとも原子論的なスタイルをとるかという問題が絡んでいた。市民社会領域が原子論にもとづくときに、政治的国家は組織されないままの群衆と直接向き合わざるをえない。政治的国家の有機的組織化は、市民社会領域での市民的「同輩関係(Genossenschaft)」にもとづく有機的組織(ゲマインデ、コルポラツィオーン)があって始めて根をもち、正統性をもつとヘーゲルは考えていた(9)。特殊的利益と普遍的利益が結びつく中間的団体が、公と私を寸断することなく媒介する。ヘーゲルはこうして国政レベルでも(もとよりプロイセンに全国議会はないが)、地方自治レベルでも団体にもとづく幅広い利益代表を基本に据える。

改正都市条例のポイントは、四州(プロイセン、シュレジエン、ポンメルン、ブランデンブルク)以外に条例を拡大、すべての都市住民に市民権を認める、市会議員の選挙資格を引き上げる、市会に対する参事会と市長の権限を強める、営業・移住・土地取得の自由化などにあった。ローマンによれば、すでに一八二〇年代末から改正をめぐり論争が起こっていた。一八〇八年の都市条例は、ツンフトから離れて地域的に編成された市民が選挙母体となり、市民的営業にすでに携わる者(年間二〇〇ターレル以上の収入のある者)は自動的に選挙権をもち、そして「居留民」(新興のブルジョワや教養市民)は選挙権を獲得できる者とされた。形としてはきわめて普通選挙に近いものとなった。また市会はそこから選出される参事会よりも権限をもつとされた。このような規定はスムーズに機能したわけではないが、コゼレックを引くならば、都市条例は「自発性の学校であるだけでなく、同じくリベラルな、憲法にもとづく行動の学校であった」(10)。

改正都市条例は政治的権利の拡大をめざすよりも、コルポラツィーフな団体主義的な制約を受けない経済市民の活動に道を開こうとした。すべての都市住民に市民権を認めるという点で選挙の団体的性格が薄れたのであった。ヘーゲル自身はこの改正問題について発言する機会をもたなかったが、ヘーゲル学派ではガンスが改正をめぐる問題で論文を公表している(11)。

一八二四／二五年法哲学講義は、「新たなものが破壊されて、形式の変更がおのずと次第次第におこなわれる。……立法権は生けるものであり、そこにはさらに特殊な諸制度が入りうる」(12)と述べていた。ヘーゲルは、政治上、市民生活上の諸制度のうちで、議会が最も変化を受けていくものと見ていた。しかも選挙制度は、ヘーゲルの法哲学構想の中で公と私を媒介する重要なテーマであった。プロイセンは七月革命の影響で大きく揺れ動いたわけではない。プロイセンの改革は憲法と議会の創設にまで行きつかなった。しかし、地方自治レベルで都市条例など見るべきものがあった。歴史の趨勢から見て、いずれ州議会や全国議会レベルでの選挙制度という問題が浮上するとヘーゲルは見ていたであろう。そのときに、自由主義的に原子論の原理をとった場合、どのような問題が生じるか。イギリスの動きは、プロイセンにとって遠い将来の問題でない。国王の命令で論文の第四章が掲載されなかった点で、論文は「失敗の作」(13)であったかもしれないが、ヘーゲルがイギリス選挙法改正問題を取り上げたのは、ヘーゲルの問題意識から自然の流れであった。なお、イギリスの社会的・政治的状況が大陸諸国（とくにプロイセン）に比べて立ち遅れているという見方に対しては、さまざまな疑問が投げかけられている(14)。これはヘーゲルが意図的に厳しい批判をイギリスに向けた結果であろうか。むしろそれは、ヘーゲルのニュース・ソースとしての『モーニング・クロニクル』紙の報道姿勢に起因するのではなかろうか。

二　最後の「世界史の哲学」講義と『モーニング・クロニクル』

(一)『モーニング・クロニクル』——功利主義による社会・政治批判

イギリスの体制について、一八一七／一八年法哲学講義は「イギリス人は共同精神をもっている。かれらは各人に自分の権利が生じること、また国家が普遍意志としてかれらの意志、国民自身の意志であることを知っているからである」[15]と述べる。またイギリス議会の公開、言論・出版の自由などについて「イギリス国民はどれほどドイツ国民よりも途方もなく先行していることか」[16]とも言う。一八二二／二三年法哲学講義、二四／二五年法哲学講義に至っても、議会の公開が公的なものに対する注意を呼び起こし、国民の教養形成にとってきわめて重要であるという述べるときに、イギリス議会はその具体例であった。またヘーゲルは、特殊な個の利害が普遍的な法律を通して達成されることが意識される点に、さらに特殊な主観性を満たす上で全体の維持が必要であることが意識される点に、近代国家の強さを見るが、一八二四／二五年法哲学講義は、そのような例としてこう述べた。「たとえばイギリス人は国家に対して大変愛着をもち、大衆はいつも内閣に協力していて、反対派は比較的わずかにすぎない。……一般にイギリス人は、個人の幸せは国家のもろもろの法律や制度が維持されるかぎりで現に存在するのだという意識をもっているので、内政でも外交でも強力なのである」[17]。

しかし、ほどなく一八三〇／三一年の世界史の哲学講義は初めてイギリスの国制をプラスとマイナスの両面から取り上げる。イギリスの選挙法改正案の上程を見て、ヘーゲルはこう言う。「問題は、改革のあとでも（これまでのような）統治がなお可能であるかどうかである」（PG. 232（カール・ヘーゲルの筆記録）、参考、三七二）。ヘーゲルは一八二〇年代に起こった選挙法改正の動きを知っていたことであろう。ヘーゲルは、ベンサムのフィロソフィカル・ラディカルズの流れを汲む『モーニング・クロニクル』紙を一八二三年二月ごろから読み始めていたと言う(18)。『モーニング・クロニクル』紙がヘーゲルのニュース・ソースであったことはまちがいない。改革を必要とするイギリスの姿がこの新聞を通して流れてきたであろう。世界史の哲学講義が描くイギリスは改革を求められている。この新聞情報がこの講義に影響を与えている可能性は十分にあろう。

『モーニング・クロニクル』は、J・ミルの友人、ジョン・ブラック（John Black）が一八一七年に編集を引き受けたものである。J・S・ミルによれば「そのときにいたるまでは、イギリスの諸制度とその運営の最も病的な部分に対して、ベンサムと私の父によるものを除いては、ほとんど語られてこなかった。……原理となる素材を提供したベンサム以来、迷信による悲惨な慣行を取り除く上で最大の貢献は、『モーニング・クロニクル』の編集者としてのブラックにある」(19)。ペトリによれば「ニュースの一般的カテゴリーは、ベンサムやジェームズ・ミルによってあらかじめ考えられていた改革の一般的プログラムの中に入っている」(20)。そしてホイッグ内閣が当時考えていた政策を実に正確に説明しているという。ここにはイギリスの社会的・政治的制度に対して厳しい批判が並ぶ。M・ペトリの紹介する記事をいくつか見てみよう（記事の掲載の頁数を記事の後におく）。

司法関係では、ロンドン近郊の州、南部の州での騒乱後の裁判にあたり、一労働者のアピールを見てみよう（一八三〇年一月六日）。「閣下、私は訴えられている告訴に服します。しかし、私は謹んで次の事情を斟酌して私の犯罪を情状酌量して下さるよう切にお願いします。閣下、私がながらく感じていたことは、一労働者として、私の作ったもののうち私が受け取る分が、公平に見て本来受け取るはずのものより少ないということです。……閣下、私は貧しいものです。しかし裁判を行なうのでしたら偏りなく執り行って下さるようお願いします。金持ちの教養ある犯罪人を逃がさないで下さい。しかるに貧しく無教育の者は、閣下の仕打ちが厳しすぎると思っています」（S. 73）。あるいは、社会面では、一八三〇年一〇月二八日の記事は、ケントの農民騒乱についてこうコメントする。「ヨーロッパにおいて、イングランドほど社会のきずなが暴力的に切断されている国はない。イギリス社会に広まる荒廃した風貌は、人々に互いににくみ、ねたみ、軽蔑しあうことを教えている。貧しき者は自分たちが楽しむことを禁じられていると感じる。イギリスの貴族制が長きにわたり愛顧してきた体制に対して、われわれはわれわれの声を上げてきた。この体制は、一六八八年に貴族制が支配権を手にしてからずっと支持されてきたものである」(ibid.)。ペトリは「主要記事の最も人目を引く特徴は、階級的反目の強調である」と言う。政治面について、ペトリはこう指摘する。「騒乱と革命というヨーロッパの背景の中にイギリス議会の動きをおくことが、本誌のリポートの最も際立った特徴である。『プロイセン王国官報』が東欧情報の、特にポーランド蜂起に関するニュース・ソースとしてしばしば引用されている」。ラッセル卿による改正法案の提案が伝えられて(三月一日)、二日の一面はすべて、フランス、オーストリア、イタリア、ポーランド、ロシア、さらに遠く中国の革命的事件のニュースで覆われたという。一〇月二〇日の社説は、改革の障害として、中産階級の小心と利己心をあげる。フランス七月革命がわずか三日で終わり、人々が自制と寛容をしめしたことを知らせる。そしてイギリスの当局が国内の騒乱に対して示す粗暴な態度を取り上げて、こう言う。「われわれは厳しい闘いを抜きにして、この国の貴族制が屈すると考えるならば、自分を欺くことになる」(S. 74)。憲法についてはどうか。三一年一月四日の社説はこう言う。「下層階級は裁判の面でも、教育の面でも立法府から恩恵を受けていない。しかし、彼らは狩猟法の面で立法府の恩恵を受けている。ロンドン近郊諸州では、飢えて死ぬか泥棒になるかを選択するという点で、恩恵を受けている」(ibid.)。三〇年一〇月一六日の社説は、一六八八年以来のイギリス国制について、「富める者が人々を貶めることを可能にする仕組みである」と批判を加えている。

『モーニング・クロニクル』はベンサムやJ・ミルの功利主義にもとづく改革プログラムを基調にして、イギリス社会の腐敗に厳しい目を向けている。ヘーゲルが『モーニング・クロニクル』をどう活用していたかは、彼が「論文の第三章で扱う素材のほとんどを議会ニュースから得ていた」[21]というペトリの指摘から窺えよう。一八二四年に「結社法」が廃止されて団結の自由が認められると、この第一次選挙法改正に向かって、中産階級あるいは労働者の動きが加速した。イギリス協同組合知識増進協会（オウエンの流れをくむ。二九年五月）、バーミンガム政治同盟（三〇年一月）、首都政治同盟（同年三月）などが結成されて、政治情勢の緊張が高まっていった。この中には選挙権における財産資格を撤廃した普通選挙の要求も出てきていた[22]。

（二）一八三〇／三一年「世界史の哲学」講義とイギリス

このようなベンサムの功利主義に立つ『モーニング・クロニクル』の紙面から、ヘーゲルはさまざまなイギリス情報を得ていた。それはイギリス社会の先進性を指摘するものではなく、むしろ「最大多数の最大幸福」の立場から病巣を指摘するものであった。「世界史の哲学」講義は[23]、こう言う。「イギリスの国制は全体として封建的支配以来のままにとどまっていて、ほぼ古い特権の上に成り立っているにすぎない。……封建法にもとづいて、利害関心の特殊性がまったく固定している。もろもろの制度や私的権利に関して、イギリスは、ほかの文明的な国々よりもはるかに立ち遅れている」（PG. 232、参考、三七〇）。さらに世界史の哲学講義は議会と選挙制度について、次のように語る。「イギリス人自身はそうとは認めたくないとしても、議会が統治している」（PG. 232, 参考、三七〇）。議員の選挙にあたっては、買収がおこなわれている。また「裁判では賄賂が幅を利かせている」（ibid., ズーアカンプ版にはない）と言う。イギリスは大きな改革を必要とする。この視点は『法（権利）の哲学』にも法哲学講義にもなかった。

では、ヘーゲルはかつてのイギリス評価を捨てたのであろうか。世界史の哲学講義は、改革を求められるイギリスの姿とともに、その体制の強みに言及する。「あらゆる国家の案件を論議するときの形式的自由がきわめてよく存在している。フランスの諸原理はイギリスではさらなる影響を生み出さなかったのである」(PG. 232, 参考、三六九)。次いで、参考にズーアカンプ版から引用すると、イギリスには議会の公開、全身分に公的集会を開く習慣、出版の自由があった。だから、そこにフランス革命の「国民全階級における自由と平等」を受け入れる可能性があったにもかかわらず、イギリスの国制は揺るがなかった。「イギリスほど自由について反省や公開の議論が行なわれたところはない。……イギリス国民はフランスの解放に賛同したが、自国の体制と自由について誇りをもっていたのである」(HW. 12. 232、三六九)。そして、フランスの中央集権制は、内閣が行政権を一手に握り、他の人々をなすがままにしておくのに対して、イギリスでは「どの地方自治団体も、その下部のどの自治体や結社も自治を行なっている。このようにして公共的利害関心が具体的になり、特殊な利害関心もこの公共的利害関心の中で知られ主張される。……だから、抽象的な普遍的原理はイギリス人にとっては何も語っていないに等しい」(ibid., 三七〇)。短いカール版ではここまでの言及はない。またヘーゲルはこうも言う。「イギリスは、交易にもとづいて、この交易を通じて粗野な諸国民の文明化を成就するという大きな使命をもっている」(PG. 232、参考、HW. 12. 538, 三七二)。

ヘーゲルにとって、イギリスにはこのように先進性がある。しかし『モーニング・クロニクル』の情報は、イギリスの選挙法改正問題が、政治的に安定していたイギリスを大きく揺るがしているというものであった。選挙法改正がイギリス社会にどのような影響を及ぼすか。ヘーゲルの関心は高まる。

三 「実在的自由の実現」と時代の趨勢――イギリス選挙法改正法案

(一) イギリスに求められるもの――公と私の脱構築

『アレテイア』通信2（二〇〇六年十一月）

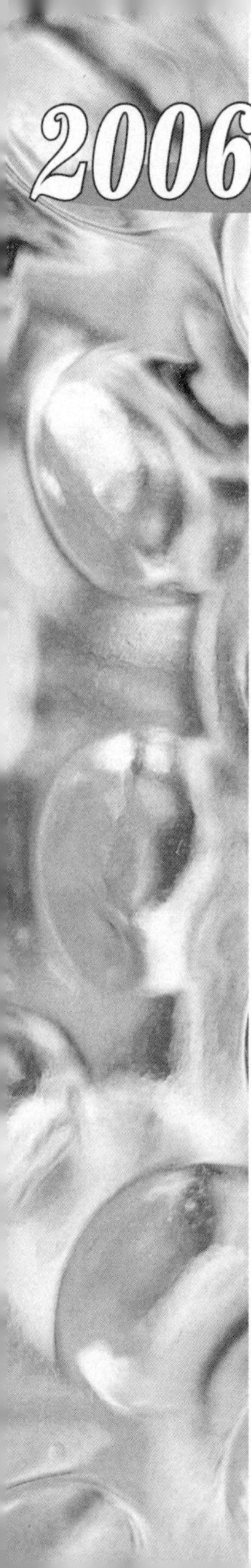

2006~2007

●創刊！《叢書アレテイア》（第一巻～第七巻案内）

隠れなきものとしての真理を追究

仲正　昌樹編

好評発売中

御茶の水書房
〒113-0033　東京都文京区本郷５丁目30番20号
電話　03(5684)0751　FAX　03(5684)0753
http://www.ochanomizushobo.co.jp/
[価格は2006年10月現在。いずれも税別] 全国の書店で注文することができま

〔1〕

脱構築のポリティクス

A5変型／二三〇頁／二二〇〇円

ISBN4-275-01975-X

第一章　「無限の正義」のアポリア――仲正昌樹／第二章　四つの差延と脱構築の正義――藤本一勇／第三章　世界化時代のプロフェッション――アーレントの人間とデリダの大学――小森謙一郎／第四章　危うくも断絶の痕跡を帯びた「我々―間」の方途――ジャン＝リュック・ナンシーによるヘーゲルの可塑的読解――西山雄二／第五章　もう一つの民主主義――J・ランシエールの政治哲学――澤里岳史／第六章　公共性論からみた責任倫理の可能性――ヴェーバーにおける〈愛の無差別主義〉の再解釈を通じて――内藤葉子／第七章　性暴力と売買春の狭間から――「慰安婦」問題をめぐる表象のポリティクス――菊地夏野／第八章　黒衣の女性たちのポリティクス――ドゥルシラ・コーネル／仲正昌樹訳

〔2〕

美のポリティクス

A5変型／三一〇頁／二八〇〇円

ISBN4-275-00305-5

第一章　「美」に内在する「政治」：複製技術時代における「疎外」と「解放」の弁証法――仲正昌樹／第二章　〈メディア論〉の季節：形式主義者たちの一九二〇―三〇年代・日本――北田暁大／第三章　牢獄世界の爆破：ベンヤミンの芸術作品論文におけるメディア美学、映画、グノーシス的政治――ウーヴェ・C・シュタイナー／仲正昌樹訳／第四章　表現における不在の契機――高安啓介／第五章　分裂病〈と〉時代――ヤスパース『ストリンドベリとヴァン・ゴッホ』をめぐってのメモランダ――古野拓／第六章　「迷妄の教え」：シュミット／ヴァーグナー／カント――竹峰義和／第七章　表面のメメント――ラカンによる『待女たち』――原　和之／第八章　崇高と美の交雑共同体――藤本一勇／第九章　ロマン主義の弁証法――ヨッヘン・ヘーリッシュ／仲正昌樹訳

〔3〕 法の他者

A5変型／三二〇頁／二八〇〇円

ISBN4-275-00327-6

第一章 法に取り憑く「他者」――仲正昌樹／**第二章** 正義と権力――反転可能性をめぐって――関 良徳／**第三章** 「魂」の系譜学――『監獄の誕生』と「隷属化」の権力――慎改康之／**第四章** 他者指向的自由主義と「社交」――菅富美枝／**第五章** リバタリアニズムと同性婚に向けての試論――私事化の戦略――橋本祐子／**第六章** 多元的社会の実現のために――レオ・シュトラウスの政治哲学――堅田研一／**第七章** 差異の時代における普遍性――澤里岳史／**第八章** 差延のポリティクス――「〈友愛＝信〉のポリティクス」論のための準備ノート――藤本一勇／**第九章** ルイ・アルチュセールの政治思想におけるマキァヴェリの契機――大中一彌／**第十章** 拒絶と権利――アルジェリア戦争期におけるモーリス・ブランショの抵抗をめぐって――西山雄二／**第十一章** 人種主義のポリティクス――ポール・ギルロイ／仲正昌樹訳

〔4〕 差異化する正義

A5変型／三〇〇頁／二八〇〇円

ISBN4-275-00339-X

第一章 共同体と「心」――仲正昌樹／**第二章** コモンの現前と間隔化――共同体におけるパロールの功罪――権 安理／**第三章** 父権制の脱構築――エンゲルス、デリダ、コーネル――小森謙一郎／**第四章** 抵抗する母性――子ども一時預かり施設「ばぁばサービスピノキオ」の実践から――村田泰子／**第五章** 森崎和江の言論の喚起するもの――詩的言語と媒介者――高原幸子／**第六章** 女同士の親密な関係と二つの〈同性愛〉――明治末から大正期における女性のセクシュアリティの問題化――赤枝香奈子／**第七章** 排除／抵抗のレトリック――〈差別事件〉に向き合う〈主体〉の問題をめぐって――堀江有里／**第八章** 沈黙と女性――G・C・スピヴァクの視座――菊地夏野／**第九章** ポストコロニアルな差異：文化的正当化における教訓――レイ・チョウ（周蕾）／仲正昌樹訳／**第十章** フランスにおける都市底辺層の生き抜き戦略――「対抗」―労働市場からの離脱――稲葉奈々子／**第十一章** カギとしての言語――ヨアヒム・ボルン、ビルギート・ハーゼ、ヴァルター・シュルツ／仲正昌樹訳

〔5〕共同体と正義

Ａ５変型／二九〇頁／三二〇〇円

ISBN4-275-00353-5

第一章 私的共同体と法——仲正昌樹／**第二章** 自由としての配分：配分原理の自由主義的基礎——橋本 努／**第三章** 他者指向的自由主義と「容易化」法——選択的な絆を可能とする法理論構築のための一考察——菅富美枝／**第四章** 〈政治的なるもの〉とポストモダニズム——正義論における平等／差異のアポリア——ギブソン松井佳子／**第五章** 「政治的ならざるもの」の場をめぐって——林田幸広／**第六章** 人間を再デザインする——サイボーグとキマイラとして生きること——高橋 透／**第七章** 規律社会の終焉と自殺予防の行方——永井順子／**第八章** ＲＡＷＡと黒衣の女性たちの政治的汚名——ドゥルシラ・コーネル／権安理・永井順子訳

〔6〕ポスト近代の公共空間

Ａ５変型／三三〇頁／三二〇〇円

ISBN4-275-00384-5

第一章 現代社会における「公共圏」——仲正昌樹／**第二章** アーレント『人間の条件』における公共性の条件——藤本一勇／**第三章** 権力と公共性——デリダ的公共性について——堅田研一／**第四章** 公共空間は、なぜ、いかなる空間なのか——ハンナ・アーレントにおける公共空間をめぐって——権 安理／**第五章** 公共空間と技術——新たな革命のキック・オフ——小森謙一郎／**第六章** 〈セックス・ワーク〉論と公共性——高原幸子／**第七章** 〈レズビアン・アイデンティティ〉という契機——その公共空間への介入可能性——堀江有里／**第八章** 〈親密圏〉と〈公共圏〉のあいだで——「シルバー世代による子育て」の伝統性と近代性をめぐる一考察——村田泰子／**第九章** 科学技術社会学による広用公共圏論——核エネルギーと遺伝子組み換え作物に関するコミュニケーション批判——小島 剛／**第十章** 人間は物化せねばならない——先端テクノロジー時代の「人間性」——高橋 透／**第十一章** 生き延び・供犠・死への権利——ヘーゲル哲学における死を介した個人と共同体の問題——西山雄二／**第十二章** 公共空間生成の端緒としての「住まうこと」——千葉・稔台オウム信者転入拒否騒動を素材とした試論的考察——吉岡剛彦

〔7〕**グローバル化する市民社会**

A5変型／三五〇頁／三二〇〇円

ISBN4-275-00441-8

第一章 グローバル化する世界における「自由と安全」——仲正昌樹／**第二章** グローバリゼーションにおける「対テロ戦争」と「戦争の民営化」——privatizeとcivilianizeによって構築される「世界」——橋 秀和／**第三章** NYCにおける移民コミュニティ——現代的実態の分析——川久保文紀／**第四章** 人権施策と〈性的少数者〉へのまなざし——日本におけるその非対称性を中心に——堀江有里／**第五章** 科学技術社会学による応用市民社会論——科学技術NGOのフィールドワークを交えて——小島 剛／**第六章** 球体と地球——グローバル時代におけるハンナ・アーレント論序説——権 安理／**第七章** テクノロジーとムネモシュネ——機械的な記憶について——小森謙一郎／**第八章** 多元性と敵対性のあいだ——澤里岳史／**第九章** 自由主義と公共性：公共彫刻広場モデルの提案——橋本 努／**第十章** カント『宗教論』における倫理的公共体の問題——人間の道徳的改善に対するその実践的意義の観点から——安井正寛／**第十一章** 人間の潜在能力を開発する——自由、普遍性、礼節＝文明性——ドゥルシラ・コーネル／永井順子訳

仲正昌樹著　社会哲学論考の五部作

モデルネの葛藤
——ドイツ・ロマン派の〈花粉〉からデリダの〈散種〉へ

菊判／三八〇頁／四八〇〇円／二〇〇一年

ノヴァーリスの『花粉』と、デリダの『散種』を繋いでいる〈美的モデルネ〉の隠れた糸を、哲学史と文学史の両面から解明していく。

ISBN4-275-01888-5

〈法〉と〈法外なもの〉
——ベンヤミン、アーレント、デリダをつなぐポスト・モダンの正義論へ

A5変判／二六四頁／二六〇〇円／二〇〇一年

臨界に立っている近代の法・政治思想の再検証。近代的法哲学は万人の同権という自己自身の存立条件によって脱構築へと追い込まれている。法と法外の境界線を明示する。

ISBN4-275-01858-3

法の共同体
——ポスト・カント主義的「自由」をめぐって

A5変判／二六〇頁／二六〇〇円／二〇〇二年

「法＝権利」主体の自律性はどう変貌していくのか。アーレント、リオタール、コーネルによる『判断力批判』読解を手がかりにポスト・カント主義的「自由」の可能性を探求する。

ISBN4-275-01948-2

歴史と正義
——史的構想力の回復に向けて

A5変判／二六〇頁／二六〇〇円／二〇〇四年

「正義」について語ることに意味はあるのか?ドイツ・ロマン派からベンヤミン、吉本隆明、フーコー、ネグリに至るまでの反歴史哲学の系譜を振り返りながら、史的構想力の回復を考察。

ISBN4-275-00307-1

自己再想像の〈法〉
——生権力と自己決定の狭間で

A5変判／二六〇頁／二六〇〇円／二〇〇五年

近年、医療・生命倫理・性の領域において強調される〈自己決定権〉の問題を中心に「自由の権利」と「生命管理」の間の根源的な矛盾について考察する。

ISBN4-275-00360-8

ドゥルシラ・コーネル著／仲正昌樹監訳
イマジナリーな領域
——中絶、ポルノグラフィ、セクシュアル・ハラスメント
菊判／三五八頁／三八〇〇円

ポストモダン系フェミニズム法哲学の旗手コーネルが、「イマジナリーな領域への権利」保護という視点から、ポスト・リベラルな正義論の可能性を模索。コーネル哲学理解のための最重要文献。

ISBN4-275-00411-6

ナンシー・フレイザー著／仲正昌樹監訳
中断された正義
——「ポスト社会主義的」条件をめぐる批判的省察
菊判／三六〇頁／三四〇〇円／二〇〇三年

再配分的正義論と、「女性」に固有な文化的表象を求める承認的正義論の連帯が〝中断〟され、統一的な「ジェンダー的正義」を掲げることが困難になっている。打開に向けての戦略を呈示。

ISBN4-275-00293-8

ドゥルシラ・コーネル著／仲正昌樹監訳
脱構築と法
——適応の彼方へ
菊判／四六四頁／四六〇〇円／二〇〇三年

フェミニズムが追求してきた男性原理への「適応の彼方へ」という目標を、現代思想における「自由」論とどう接合していけばいいのか。フェミニズムにとっての「倫理的理想」を呈示。

ISBN4-275-01953-9

ドゥルシラ・コーネル著／仲正昌樹監訳
正義の根源
菊判／三二八頁／三二〇〇円／二〇〇二年

様々なアイデンティティの狭間で漂流する「私」の足場はどこにあるのか？脱構築的フェミニズム法学の旗手ドゥルシラ・コーネルが、ポスト・リベラリズムの「正義」論を切り開く。

ISBN4-275-01931-8

アレックス・デミロヴィッチ著
仲正昌樹・中村隆一・古賀　暹訳
民主主義と支配
A5判／三八〇頁／三五〇〇円／二〇〇〇年

マルクス、ブルデュー、アドルノのテクストに接続しながら「民主主義社会の中に生きるとはどういうことか」を問う。民主主義の手段によって、支配の境界線がどのように引かれているかを描き出す。

ISBN4-275-01844-3

ナンシー・フレイザー＋エリ・ザレツキー著／仲正昌樹訳

九・一一とアメリカの知識人

四六判／一五〇頁／一二〇〇円／二〇〇二年

「無限の正義」の名の下に危険な道を歩み始めたアメリカ。米国主導のグローバリズム＝新自由主義経済に「批判」的姿勢を取り続けたアメリカ「左派」の立脚点はどこにあるか。

ISBN4-275-01941-5

ペーター・スローターダイク著／仲正昌樹訳

空　震

――テロの源泉にて

四六判／一六四頁／一六〇〇円／二〇〇三年

「九・一一」以降、身近な脅威として感じられるようになった「テロ」とは何なのか。第一次大戦での毒ガス使用にまで遡り、「空（気の）震（動）」としての「テロ」の本質を解明する。

ISBN4-275-01988-1

マフディ・エルマンジュラ著／仲正昌樹訳

文化的脱植民地化

――国際政治のコロニアルな構造をめぐって

A5変判／二〇四頁／二四〇〇円／二〇〇二年

『第一次文明戦争』の著者エルマンジュラが、非同盟諸国運動の歴史を振り返りながら、現在のポスト・コロニアリズム状況の中での、第三世界の「文化的脱植民地化」への突破口を模索。

ISBN4-275-01934-2

ペーター・スローターダイク著／仲正昌樹編訳

「人間園」の規則

――ハイデッガーの『ヒューマニズム書簡』に対する返書

四六判／一二八頁／一二〇〇円／二〇〇〇年

ドイツにおけるポスト・モダン論争。挑発的な本書をめぐってスローターダイクに代表されるドイツのポスト・モダン派とフランクフルト学派との間で、知的ヘゲモニーをめぐる論争が展開された。

ISBN4-275-01818-4

仲正昌樹編／ゲアラッハ、マイホーファー、姫岡とし子著

ヨーロッパ・ジェンダー研究の現在

――ドイツ統一後のパラダイム転換

四六判／一二〇頁／一二〇〇円／二〇〇一年

「資本主義／社会主義」の二項対立構造と結びついた伝統的な「性差」理解の変容過程の中で、英語圏の議論とは異なった視角から光が当てられている。

ISBN4-275-01894-X

イギリスでは、一八二〇年代を通して選挙法改正を求める声が高まってきたが、おもに貴族や地主階級からなるトーリー党内閣は改正に動かなかった。一八三〇年六月に改革の障害と見られていたジョージ四世が死去して、改革派も期待を寄せていたウィリアム四世が即位した。一一月一六日、改革を拒否してきたウェリントン内閣は議会内外から批判をあびて総辞職した。代わって改革派のグレイ内閣（ホイッグ党はこの年、自由党と改称する）は、三一年三月一日、選挙法改正法案を下院に提出したのであった。この法案は三月二三日、三〇二対三〇一で第二読会を通過した。ヘーゲルは、ここから下院が三月三〇日に閉会するまでを扱う。なお、下院は四月一二日に再開する。ただし、選挙法改正問題にアイルランド問題が絡んで審議は紛糾した。四月二三日、国王は下院の解散を命じた。総選挙でホイッグ党は一三六名の当選者を出し、九月に第二法案が下院を通過したものの、上院は一〇月八日それを否決した。さらに第三法案が一二月上院に提出され、翌年六月四日に上院の第三読会を通過して、法案は成立した。こうして、イギリスの選挙人は一六万から九三万に増えた。法案の骨子は、一二〇名を選出している人口二〇〇〇人以下のボロ（六〇）に選挙権を与えない、人口二〇〇〇人から四〇〇〇人までのボロは一名を選出する、これにより四六の議席がなくなり、新たに二七都市、ロンドンなどに九八の議席を新設する、そして選挙資格を一〇ポンド以上の納税とする、というものであった。

ヘーゲルはこのような改正案の背景に、さまざまな封建的遺制を見て厳しく批判する。それは、かつて故国ヴュルテンベルク王国の憲法制定問題をめぐり、古き善き法（実定法）、旧弊に固執する領邦議会を厳しく批判した『ヴュルテンベルク王国領邦議会における討論の批判』（『ハイデルベルク文芸年報』一八一七年一二月から翌年初頭にかけて掲載）を思わせる。選挙権はこれまで特権として、財産権と同一視されて、議席の大多数は上層階級の手にある。しかも議席は投票権をもつ人たちが賄賂を贈り、あるいは正式に金銭を払うことで、手に入れられている。「国民の政治的腐敗を物語る、これと同じような兆候を、ほかの国について指摘することは困難なことであろう」（GW16. 329、一八三）とまでヘーゲルは言う。ここには、ドイツ諸国を含むヨーロッパ各国に、法と権利の両面にわたる改定が進んでいるという認識がある。イギリスは大陸諸国に先んじていながら、この時代の趨勢に遅れをとっている。「イギリス憲法は、終始、国王や議会から特別の機会に授与されたり、買い入れられたり、贈与されたり、あるいは国王や議会より強奪されたところの特殊な権利、自由、特権にもとづいている」（GW16. 334、一八六）。ここには法の学問的改定、そして普遍的な基礎を具体的なものに適用して貫くという「進歩に関する契機」が欠けている(25)。

ヘーゲルは選挙法改正法案が「制度の変革」（GW16. 330、一八三）に向かっている点を「正しい道」と認める。ヘーゲルは社会生活に見られる教会の十分の一税、領主権、狩猟権、アイルランドを収奪する過酷な数々の条例を取り上げて、「大陸諸国では、このような権利の廃止が、福祉の向上と本質的自由の重要な基盤と見られている」（GW16. 343、一九三）と言う。イギリスは、公と私の両面にわたる立て直しが必要なのである。しかし、何がそれを阻んでいるのか。「統治権力が理性的国家法や真の立法に矛盾する多くの特権を所有している人々の手中に握られているという単純な理由にある」（GW16. 336、一八七）。それだけでない。「国民的自負」、「名声と富裕」（GW16. 360、二〇五）などが、すでに大陸諸国で進んでいる法制度の改革と進歩について学ぶことから遠ざけてしまった。この改正法案は、ある者には他の領域への波及を期待させ、またある者には現状を支えている法的基盤の転覆を嗅ぎとらせている。

そして「法の改定」には何が必要か。「まったく実定的な特権や、伝統的な私的利益や、大衆の蒙昧さに対抗して、国家の安寧、臣民の幸福、国民の全般的福祉という諸原理に実在性を与えるためには、立法活動と同時に君主に固有の権力が結びつかねばならない」（GW16. 336、一八七）。ここでヘーゲルは、プロイセンのフリードリヒ大王、オーストリアのヨゼフ二世、フランスのナポレオンなどを念頭においているが、この法の改定の促進という点で、イギリスの王権に多くは望めないというのである(26)。

(二) 普通選挙の弊害——政治的公共性の空洞化と政治的無関心

さて、選挙法改正案は選挙区の改廃を行ない、選挙資格を一〇ポンド以上の納税としていた。国民の重要な利益代表という議会の機能はどのような変化を受けるかという点に、ヘーゲルはスポットをあてる（論文第三章）。「さまざまな重要な国民の諸利益は、全体的な議会のうちに代表されなければならない、というのがイギリスに固有の視点である」（GW16. 363、二〇七）。この視点が古くからヨーロッパの国会や地方議会の選出の基礎にあった。イギリスではこの考えに支えられて、「金融、商業、貿易」（GW16. 362、二〇九）などが、腐敗に身を投じた賄賂、買収によって議会に代表を送ってきた。ヘーゲルはこれを必然的なものを偶然的なものにゆだねる「憲法の欠陥」と言う。しかし、ヘーゲルの視線はさらに先にある。「諸階層の間で有機的に異なるもろもろの利益は、多くの国家において、確かに現在の状況にもはや完全に適合しなくなっている。イギリスと同じく上述の他の利益が今や強力なものとなっているからである」（GW16. 364、二〇八）。ヘーゲルは、この国家生活の現実的基礎が「意識的にはっきりと取り上げられなければならない」（ibid.二〇九）と言う。新しい階層の動きをはっきりと視野に入れるという表明がここにある。

では、改正法案はどういう性格をもつのか。ヘーゲルの見立てによれば、なお「古い特権と、あらゆる市民が代表を選出するときに平等な選挙資格をもつべきであるという普遍的原理との混合物」（GW16. 368、二一一）にほかならない。この不整合が際立っている。この原理を徹底すれば「革命」となるであろう。しかし、「三つの王国（イングランド、スコットランド、アイルランド）の中流および下層階級の人々がこの法案に一般にきわめて満足しているように見える」（GW16. 368、二一一）ことから、そして「イギリス国民のいわゆる実利的気性」から、「抽象的平等という形式的原理」が人々を動かすことはないだろう。

ヘーゲルはむしろ投票権の普遍的配分を求める欲求と、それを実際に行使する際のアンバランスに注意を喚起する。原子論を原理として選挙権を量的にだけ拡大するならば、かえって一票は羽毛のように軽いものとなり、選挙人と代議士とのつながりが希薄となる。フランス人たちは国民主権の発動としてのこのような政治的参与が取るに足りないことに気づき、それを補うために「暴動やクラブ結社などの形で事柄に関与して、権利を調達しようとしている」(GW16. 381、二一九)。ヘーゲルはこのようなフランスの「経験」から、普通選挙そのものの難点を示そうとする。これは近代の選挙制度への原理的批判である。

(三) 改正から生じてくるもの

重要な問題はその先にある。ヘーゲルの関心は、選挙法改正からイギリスに生じてくるものは何かという問いに向かう(選挙法改正論文、第四章)。「イギリスにおいては巨大な富と救いようのない貧困との間の差異がきわめて大きいが、それと同じくらいに、いなそれ以上にイギリス貴族の特権、そして一般にイギリスの実定法制度と、他方大陸の文明化された国家で形づくられている権利関係と法律、そして原則との間に見られる差異は大きい」(GW16. 391、二二六)。これはすでに『官報』の公表部分で指摘されていた。選挙法改正で議会には「新しい人々」(ibid. 同前)が進出してくるだろう。それは、社会の旧弊に対して影響を及ぼさずにおかない「理念」に道を開くであろうと、ヘーゲルは言う。それは、フランスでは行き過ぎた抽象、暴動となって現れ、ドイツでは封建的関係の「現実的、平和的、漸進的、合法的な改革」(GW16. 390、二二五)を生み出した「理念」である。ヘーゲルの見るところ、イギリスはフランスの道は歩まないであろう。一八三〇/三一年の世界史の哲学講義ですでに語っていたイギリスの肯定的な面をヘーゲルはあらためて確認する。「これまでの制度の下で、イギリスの議員も、一般のイギリス人も、より実際的な国家感覚をもち、政府や統治がどのようなものであるかについて明確な観念をもっている。……市民生活の状態がきわめて自由で具体的であるために、自由の形式的原理は、下層階級——……一般に自由の形式主義を最も受け入れやすい——の上の階級においてはすぐに受け入れられることはないだろう」(GW16. 403、一二三二)。この点でヘーゲルのイギリス観はきわめて一貫している。

では危機はどのような地点に生まれるとヘーゲルは見るのか。法案を通して「原理」が人々の関心の的となり、議会の中で争点と化したときに、議会の経験が浅く、与党と互角に渡り合うにいたっていない野党は、「国民のうちにみずからの力を求め、改革の代わりに革命の導入に誘惑されるであろう」(GW16. 404、同前)。しかし、統治権力は実質的に議会にあり、「君主権の原理は、イギリスにおいてはもはや喪失すべき何ものも有していない」(GW16. 393、二二七)。とすれば、「このときには、実定的な特権の利益と実質的自由の要求との間に、両者を抑制し、これらを和解させる、より中間的にして、より高い権力が欠けているだけに、闘争はきわめて危険なものとなるであろう」(GW16. 404、一二三二)。本章冒頭であげておいた、君主権の弱体性の指摘とは、この仲裁的機能に関するものであった。このような仲裁の機能をもつ君主権は、かつてヘーゲルに思想的影響を与えたバンジャマン・コンスタンを思い起こさせる(26)。

結び

選挙法改正問題は、ヘーゲル法哲学にとって軽い問題ではない。政治的国家と市民社会からなる人倫的共同体が機能するためには、市民的自治にもとづく中間団体と、それを土台とする代表選出が重要であった。それが公的なものと私的なものを媒介する機能を果たし、政治的安定をもたらす。イギリスの選挙法改正問題は、この選出方法に関わる。立法権は生けるものと二四／二五年講義は述べて、注意を喚起していた。その線上にこの論文はある。ヘーゲルは選挙制度について団体主義的なスタイルを構想するが（『法（権利）の哲学』三〇八節）、『イギリス選挙法改正論文』は、それを復唱するのではなく、一八二四／二五年法哲学講義の発言にそって、実際に生じてくる事態を見極めようとしている。

『イギリス選挙法改正論文』は、本章の検討を通して「極めて思慮深い社会批判の一編」(27)であることが分かるであろう。イギリス社会がなぜ改革を求められているか、そして改革という時代の趨勢の中で、選挙法改正法案がいかなる意味をもち、将来どのような問題をもたらすかを冷静に見極めようとしている。「われわれは多くの君主制が設立されるのを経験してきたが、そこでは統治権力は行政権力として、純然たる立法および司法の権力から形式的に分離したものであることがはっきりとうたわれ、そのうえ前者はたんに装飾と栄誉をもつにすぎないものとして立てられている。しかし、このような場合に、内閣の任命がつねに議論と争いの中心になっている。そしていわゆる立法をもっぱらとする権力が勝利を得ている」（GW16. 384、二二二）。ヘーゲルはここでフランスのケースをあげているが、ベルギー憲法も視野に入れているであろう。最晩年のヘーゲルが変化の感覚で歴史に臨んでいるさまが浮かび上がる。近代社会はよりダイナミックな動きを見せ始めた。イギリスの選挙法改正はその端緒である。ヘーゲルはその動きに触れている。歴史が語るものを読み取るという開かれたスタンスの中に、ベルリン期そして最晩年のヘーゲルの法哲学的思索がある。

補　論　ヘーゲル法哲学の研究状況

――イルティング・テーゼをめぐって

はじめに

一九世紀、多様な解釈

『法（権利）の哲学』と補遺、このテーマはヘーゲル法哲学研究史のなかで比較的新しい。イルティングは、一九七四年に二二／二三年、二四／二五年講義筆記録を公刊して、この問題を明るみに出した。『法（権利）の哲学』（一八二〇年）が刊行されると、その評価はけっして一様なものではなかった。啓蒙主義や直接カントやフィヒテの自然法論に結びつく立場は、そこに体制迎合を見出すのに対して（J・F・ヘルバルト、H・E・G・パウルス）、シェリング哲学に立つ立場、たとえばシュタールはそこに合理主義の極致を見出し、それを革命と同じ立場だと断罪する。さらに保守派のシューバルトが批判を続ける。そしてヘーゲル没後、ベルリン版ヘーゲル全集で『法（権利）の哲学』に、二二／二三年講義筆記録（ホトー）、二四／二五年講義筆記録（グリースハイム）から「補遺」を付したE・ガンスは、シュタールに反論し、さらに『法（権利）の哲学』の思想的意義を強調してその擁護に努めた。またヘーゲル左派のA・ルーゲは、ヘーゲル法哲学の難点を論理的なものと歴史的なものの混同に見ながらも、ヘーゲル国家論を「人類がこれまでに到達したもっとも深遠な概念」と称える。このように『法（権利）の哲学』は多様な解釈を生みだした。

ハイムの呪縛と研究の新たな視角

一八四八年革命以降、思想の流れが大きく変わるなかでヘーゲル哲学は急速に影響力を失っていった。四八年革命後の反動化のなかで、R・ハイム『ヘーゲルとその時代』(一八五七年)は、『法(権利)の哲学』をこの反動プロイセンと重ねあわせて、その精神を定式化した国家哲学として描き出した。その後このイメージがヘーゲル法哲学をおおうことになった。二〇世紀のローゼンツヴァイク『ヘーゲルと国家』(一九二〇年)はこのイメージを問い返したものの、H・ヘラー『ヘーゲルとドイツにおける国民的権力国家思想』(一九二一年)はこのイメージを引き継ぎ、さらにK・ポパー『開かれた社会とその敵』(一九四五年)は、ヘーゲル法哲学を、個人の自由を否定するプラトン以来の全体主義の正統な嫡子であり、ヒトラーに行きつくプロイセン主義の体現とまで見た。このように反動プロイセンの国家哲学というイメージは、長く呪縛となってきた。英語圏ではT・M・ノックス「ヘーゲルとプロイセン主義」(一九四〇年)がこの呪縛を解こうとした。ほぼ同じころH・マルクーゼ『理性と革命』(一九四一年)は、ヘーゲルの哲学的核心を理性と自由に見て、ヘーゲルが近代社会の矛盾をとらえ、それを越えるべく国家論を構想していること、そこには官憲国家的な制約があるとしても、将来社会の見取り図となりうる要素があることを指摘した。ハイム以来の呪縛を離れた研究は、戦後になって相次ぐ。J・リッター『ヘーゲルとフランス革命』(一九五七年)あるいはM・リーデル『ヘーゲル法哲学研究』(一九六九年)は、近代社会における政治的解放の問題を、市民社会の問題に立ち返って、これら二つの面を包括する理論をめざすヘーゲル像を描きだした。S・アヴィネリ『ヘーゲルの近代国家論』(一九七二年)は、ヘーゲルが近代社会の肯定的評価の上に、個人‐中間の諸集団‐国家からなる多元主義的な国家像を構想するさまを描きだした。ヘーゲル法哲学の豊かな内容を、同時代を含む広い思想史的視野のなかで読み解くという姿勢が共有されるようになった。

テキストと講義

イルティングは、そうしたなかで『法(権利)の哲学』と補遺の違いという問題を明るみに出して、当時の政治状況を背景において、『法(権利)の哲学』を「政治的な立場転換」の産物とし、本来の思想を講義のなかに見た。ヘーゲル法哲学研究の座標軸を講義におき、さらにハイデルベルク大学での一七／一八年冬学期の法哲学講義(ヴァンネンマン筆記録)を刊行して、法哲学成立史という視界を開いた。ヘーゲル法哲学を構成する諸領域が、思想史的視野から、そして同時代的視野からスポットをあてられるようになった。ヘーゲルは法哲学講義を七回おこなった。今日、それら全部について筆記録が発見されて(二一／二二年講義筆記録については国家論の部分が欠けている)、そのすべてが公刊にいたっている。今後のヘーゲル法哲学研究は、刊行本と講義筆記録という両輪の上でおこなわれていくであろう。イルティングの提起が、ヘーゲル法哲学研究にどのような議論を引き起こしたか、その主なものを整理することによって、今日の研究状況の一面を描きだしておこう(1)。

一　『法(権利)の哲学』と講義筆記録――イルティングの提起

従来の研究の欠陥

イルティングは、これまでのヘーゲル法哲学研究が『法(権利)の哲学』と補遺の区別にあまりに無自覚であったと考えた。たとえば、このことは、R・ハイムの『ヘーゲルとその時代』に見ることができる。ハイムは、「最終の自己規定の意志」を扱う二八〇節(補遺を含む)を取り上げて、『法(権利)の哲学』は主体性の原理を基調にしながら、この着想を最後まで貫くことなく、普遍性・実体を過剰評価する立場に立ち返ってしまうと批判する。そしてF・ローゼンツヴァイクの場合は、体系的には「国家の活動の源泉」であるとともに、同時に実践的には「ほとんど内容をもたない『形式的意志』」という「深い思想的矛盾」を見て取った（『ヘーゲルと国家』）。イルティングによれば、このような理解はヘーゲルのテキストと補遺をしかるべく区別しないところから出ている。この無自覚こそがこれまでの研究を支配してきたものだという。

テキストと講義の差異

『法（権利）の哲学』は二七九節本文で君主を「全体の絶対的に決定を下す契機」と言い、注解では「一切の特殊性を単一の自己のうちで止揚し、……我意志スによって決定を下し、すべての行動と現実的なものに着手する」ものと言う。それに対して、二二／二三年講義は、君主の機能を「然り」と言い、「最後のピリオドをうつ」点に見る（二八〇節補遺）。二四／二五年講義も同様の言及をおこなった。「立憲体制が確固としていれば、署名以外にすることがないが、この名前こそが重要なのである」（二七九節補遺）[2]。イギリスであれば、政府が議会に拒否されたときには退陣して、君主が議会の多数派に支持される新内閣を任命することになろう。そこでは署名が重要な君主の機能になるだろう。この流れのなかで「この名前こそが重要なのである」が出ている。一八／一九年筆記録も「空虚な決定行為が君主権をかたちづくる」（I. 332）[3]と言う。イルティングは、この二義性をローゼンツヴァイクのように「深い思想的な矛盾」に求めるのではなく、『法（権利）の哲学』の君主権論がこの当時の困難な政治状況に由来していると見る。イルティングは言う。「ヘーゲルはこの点で『法（権利）の哲学』という一八二〇年に刊行されたテキストとは違ったとらえ方を、この公刊の前後で表明していた。このことに疑う余地はない」（I. 32）。ハイデルベルク時代のヘーゲルは『領邦議会論文』で理性法の立場から古くからの実定法を批判していた。それを高く評価していたターデンは（一八二一年八月八日づけ書簡）それと『法（権利）の哲学』との不一致を見てとっていた。イルティングは、この政治的状況による立場転換を、歴史における自由の実現の面からも指摘する。一八／一九年講義序文は、「一八一八年の歴史的現実がまだヨーロッパ諸国における自由の実現を示していない」（I. 36）と見ていたのに対して、二〇年の『法（権利）の哲学』序文は「歴史的発展の目標が達成されているかのような印象を呼び起こそうとしている」（I. 38）。それは理性 - 現実性テーゼに現れていて、「現実との平穏を維持し」「現実との和解」を教える。

こうして、自然法理論についても『法（権利）の哲学』と講義では、食い違いがある。一八／一九年講義（ホーマイヤー）で、「ヘーゲルは実質的な自然法と実質的な実定法との間には矛盾がありうることを教えている」。『法（権利）の哲学』では、「このテーゼは、『内容上（自然法は）一国民の特殊な国民的特性、その歴史的発展段階そして自然必然性に属するすべての関係の連関によって実定的要素を含む』（三節）によって補完される。テキストでは、……現在における理性法に対する実定法のありうべき対立が間接的に推論されるにすぎない」（I. 80）。

政治状況の悪化とヘーゲル

イルティングは、とくに一八一九年になってからの政治状況の悪化をこの背景においた。メッテルニヒが主導するウィーン体制が成立して、復古的な動きが台頭してきた。とくに一八一九年三月のイエナ大学学生でブルシェンシャフト（学生組合）員カール・ザントによるコツェブー刺殺事件など世情不安定にのぞんで、内務・警察に影響力をもつ保守派は「デマゴーグ狩り」を推し進めた。ヘーゲルの復習教師であるヘニングも逮捕されるなど、ヘーゲルの教え子もこの迫害をこうむった。彼は逮捕された学生の保釈のために奔走した。九月二〇日に連邦議会で発効したカールスバート決議がこれに拍車をかけることになった。ザントの母に同情的な手紙を送ったベルリン大学神学部教授デ・ヴェッテは解任された（九月末）。ヘーゲルはブルシェンシャフトのなかでもテロに批判的な部分とつながりがあり、五月二日、ブルシェンシャフトがベルリン郊外で開いたピッヒェルスベルク祭に招かれて、シュライエルマッハー、ヴェッテとともに参加していた。しかし、ヘーゲル自身にデマゴーグ狩りの危険が迫るなかで、ヘーゲルはブルシェンシャフト、そしてシュライエルマッハーやヴェッテから距離をとり始めて、政治的状況に迫られて立場転換をおこなった。このようにイルティングはとらえた。

カールスバート決議は、大学法で、学生の秘密結社を禁止し、大学教官の厳重な監督をドイツ連邦各国に義務づけ、出版法では五年間の期限つきで二〇ボーゲン（三二〇頁）以下の書物について事前検閲を義務づけた。審問法ではデマゴーグ取締りのための中央捜査員会の設置を定めた。『プロイセン一般国家新聞』は一〇月二日にこの連邦決議の骨組みを伝えた。その後、検閲の実施規定を全出版物に拡大したプロイセン国王告示が一〇月一八日にあり、同月二六日に法令集で公表となった。ヴェッテの解任はそうしたなかでおこった。一一月一三日、ヘーゲルはある昼食の席でヴェッテに対する政府の解任措置を認める発言をおこない、シュライエルマッハーと口論になったという。「このいざこざは、明らかに自己防衛から意識的におこなわれた立場の転換の表現であった」（I. 65）。シュライエルマッハーが、政府から大学に送り込まれた政府全権委任者F・シュルツと激しく対立したときに、ヘーゲルはシュルツの立場に理解を示した。また学生による対ナポレオン戦勝利の祝祭（一八二〇年二月九日）をシュルツが阻止しようとしたときに、大学評議委員会は挙行を決めたが、ヘーゲルはこの祝祭の招待状を受けとりながら、「政府全権委任者に譲歩して、手短に断りの返事をした」（I. 66）。

カールスバート決議と原稿の書き換え

イルティングはこのような背景を置いて、『法（権利）の哲学』の成立事情について述べる。そこで、ハイデルベルク大学での同僚クロイツァーにあてた、一八一九年一〇月三〇日づけ書簡を取りあげる。

「私ももう五〇歳になります。そのうちの三〇年を、果てしない恐怖と希望の入り混じったまったく落ち着かない時代のなかですごしてきました。そしていつかは恐怖や希望が終わることを期待していました。今私は未だに続いていて、人が暗い気持ちのときに思うように、ますます悪化しているさまを見ざるをえません。……あなたからの贈り物を拝見しました。大変貧弱なものですが、『法（権利）の哲学』に関する二、三ボーゲンのパラグラフでお応えしようと思い、返事を先延ばししておりました。あなたほど仕事を進める上で勤勉かつ生き生きとしている人はいないでしょう。私は連邦決議がやってきたときに、ちょうど印刷を始めさせようとしていました。私たちが検閲からの自由に関してどんなふうであるかを今では知っていますので、私は今ではまもなくそれを印刷するでしょう」（Br. II. 220）(4)。

イルティングはこの手紙から、次のように推測した。「一八一九年の夏遅く原稿はとうとう仕上げられていた。なぜなら、三月二六日の知らせのあと、『法（権利）の哲学』はすでにライプチヒの見本市のために刊行されるはずだったから。そして原稿は印刷されるはずだった。そうしたときに、カールスバート決議がまず公刊を不可能にした。二〇ボーゲン以下の印刷物の場合、カールスバート決議以降、事前検閲がおこなわれるはずであった。……一〇月末、プロイセンの検閲令はこれまでのあいまいさを取り除き、カールスバート決議をさらに超えるものとなった。そうしたときにヘーゲルは即座に印刷する決心がつかなかった」（I. 65）。「三月二六日の知らせ」は、一八／一九年の法哲学講義が終わった翌日の、ニートハンマーあて書簡にある。

「私は教授としてただ駆け出しにすぎません。しかし、私においても仕事においてもなおなすべき多くのことが残されています。昨日私は決心しました。このことをあなたに最初にお知らせします。ライプチヒの見本市までに私は一冊の本（パラグラフの形をとった私の自然法――ヘーゲル）を書かねばなりません」（Br. II. 213）。

ヘーゲルはヴェッテの解任という刺激もあって、この完成していた原稿を手もとにおき手を入れた。しかしこの作業が思いのほか長くかかったというのである。「ヘーゲルには、順応もせず、あるいはしかし自分の著作の刊行をまったく回避するという選択もなかった」。すでにヘーゲルは一八一九年八月に出された講義予告で「近いうちに出版される手引書を導きとして」「自然法と国家学」の講義をおこなうと伝えていたからである（一〇月二五日開始）。「ヘーゲルが著作を出版しなければ、政治的嫌疑者のいっそう狭い範囲に入り込むという結果になったことだろう」（I. 83）。これは、プロイセン改革派の多くの指導者たちが置かれた状況でもあった。「フンボルトのように職を辞して断念するか、あるいはハルデンベルクやアルテンシュタインのように順応し、救われるべきものを救うために無原則という非難を甘受せざるをえないかであった」（I. 101）。

こうしてイルティングは、『法（権利）の哲学』の根本構想をリベラルなものとして、この構想が政治的順応によって曇らされていると見た。そして「五月二日から一一月一三日の間に政治的に方向転換し、すでに印刷の用意のできた『法（権利）の哲学』を一八一九年一〇月と一八二〇年六月の間に書き換えに従事したが、この書き換えは反動政治への非本質的とはいえない順応という結果になった」（I. 102）と結論する。

二　原稿の書き換えはあったのか――ルーカス／ラマイル

ルーカス／ラマイルは、一九年三月二六日づけニートハンマーあて書簡、一九年一〇月三〇日づけクロイツァーあて書簡、二〇年六月九日づけニコライ書店（ないしウンガー印刷所）あて書簡を取りあげて、さまざまな検証を通して、イルティングの原稿書き換え説を根拠のないものとし、政治的順応テーゼを退けようとした。

ニートハンマーあて書簡（三月二六日づけ）

ヘーゲルは「ライプチヒの見本市」までに著作を出版する予定だと言う。当時のライプチヒの見本市には『実用大百科』（一八二四年）によれば、「新年見本市」、「喜び呼ばれの日見本市」（復活祭見本市、復活祭後の第三日曜日）、「ミカエル祭見本市」（九月二九日のあとの日曜日）があった。どれも三週間続く。このうち重要なのはあとの二つで、一九年度の復活祭見本市は五月二日に始まる。ルーカス／ラマイルは言う。「ヘーゲルがライプチヒの復活祭見本市を自分の本を出版する計画上の期限と考えていたとすれば、……見本市が始まるまでに原稿を仕上げ、組版、印刷、校正そして使用できるように引き渡すためにまだちょうど五週間あることになろう。素材がヘーゲルの講義を通してすでに大幅に仕上げられていると想定する場合でも、これは守れるべくもない期限である」（F. 68f.）(5)。なお権佐武志氏はこの点についてこう指摘する。「書かねばなりません」の表現から、イルティングのように、この期限を出版期限と見るより（ルーカス／ラマイルは「見本市」をミカエル祭見本市とした）、「原稿締め切りと解することができる。この場合、リーデルのように『見本市』を復活祭見本市と考える方が自然である」(6)。

クロイツァーあて書簡（一〇月三〇日づけ）

さて、ヘーゲルが夏遅く原稿を仕上げたというイルティングの想定には理由がある。ヘーゲルは九月初頭、家族とリューゲン島に旅行をおこなった。春学期終了（八月一二日）後から九月初頭まで時間があった。また八月の冬学期講義予告で「近いうちに出版される手引書を導きとして」と述べていた。「明らかにヘーゲルは、冬学期の始まりには少なくとも自分の著作の最初の見本刷りが刊行できるものと期待している。……しかし『法（権利）の哲学』はちょうどそのときには出版されなかった」（F. 73）。

では、なぜ出版されなかったのか。「イルティングは、これを、ヘーゲルが完成して印刷に回せる原稿を用意していたが、政治的慎重さあるいは検閲に対する恐れから手もとにおいたと見た」（74）。このイルティング説に対して、ルーカス／ラマイルは、この文面には「検閲に関して予期される困難に対していだくヘーゲルの躊躇を表現するものは何もない」（75）と言う。印刷開始の示唆は、「もっぱら原稿の、印刷用に仕上げられた最初の部分に関係している。ヘーゲルは引き続き全体にわたって仕上げる作業をせざるをえない。……ヘーゲルはクロイツァーの贈り物に対して（したがって完全な印刷テキストの刊行以前）新しい本の最初の刷り本（Druckbogen）で応えようとしたのである」（ibid.）。手紙の文面「どんな人もあなたのように勤勉ではつらつという具合にはできません」には、ヘーゲルは完成原稿をもっていなかったことが対応している。ルーカス／ラマイルは、ヘーゲルが『精神現象学』や『論理学』を出版する際に、「最初のボーゲンがすでに印刷されているか、あるいはすでに印刷されて手もとにあるかしている間に、いつも原稿のあとの部分にとりかかっている」（ibid.）ことを引き合いに出す。しかし、「ヘーゲルが計画した印刷開始にどの期日があてられねばならないかという問題は未解決のままである」（ibid.）。

また、「連邦決議がやってきた」についてはどうか。イルティングは、これをプロイセンにおける連邦決議の国王告示（一〇月一八日）と関係づけた。それに対して、ルーカス／ラマイルは、九月二〇日の連邦決議との関連を見る。連邦決議について、『プロイセン一般国家新聞』は一〇月二日にその骨組みを知らせ、一二日に出版法の詳細を伝えた。連邦法はそれぞれの国のラント法によってより詳しい規定を受けることになっていた。このことから「ヘーゲルは（あるいは出版社も）、予告された具体的なプロイセンの実施規定を待つために、まずは印刷開始を延期する。これが理解しやすい」（F. 80）。

さらに、「私たちが検閲からの自由に関してどんなふうであるかを今では知っていますので、私は今ではまもなくそれを印刷するでしょう」についてはどうか。プロイセンの検閲条例をともなった国王告示は一八日にあり、その公表は二六日の法令集だった。新しい検閲条例は今後五年間にわたり学問アカデミーと大学における検閲の自由を停止するというものであった。ヘーゲルは「検閲からの自由」がどうなったかを一〇月末に知った。ルーカス／ラマイルはこう結論する。ヘーゲルは「新しい検閲条例が来るのを待とうとした。今やプロイセンの特別措置について明らかになり、『今ではまもなく印刷』しようとする」。ここには原稿に手を入れることを示唆するものはない。「反対に、ヘーゲルは、今や印刷にとって基本的にじゃまになるものは何もないということを言おうとしていると、想定できよう」（F. 82）。

プロイセンの新たな検閲条例では、著作を刊行するには、すべて検閲を受けなければならない。では、なぜヘーゲルは「今まもなく」印刷するという決断をおこなわなかったのか。新しい規定（第一〇条）では、検閲に二つの方法があった。はっきりした写しの形で全体として提出する方法と、部分的に印刷された試し刷りを提出する方法である。後者を選んだ場合、印刷済みボーゲンの検閲は、出版社ないし印刷業者にそれが無用になるというリスクを負わせる。新しい実施規定についてまったく経験がなく、しかも仕事上の損失というリスクがあるなかで、「出版者は（ヘーゲルとの申し合わせで――ルーカス／ラマイル）全原稿を検閲に提出するという決定をするにいたった。こう想定せざるをえない。しかし、全原稿はまだ手もとにない。したがって印刷の開始は新たに延期されなければならない」（F. 85）。

ヘーゲルは、一二月一五日、ニコライ書店の社主から「自然法に関する出版されるはずの本」の報酬を分割払いで

（六〇ターラー）受け取った（受領書、Br. IV 1. 228）。ルーカス／ラマイルによれば、この前提に「出版者が一八二〇年の復活祭見本市のための『法（権利）の哲学』の刊行を見込んでいたということがありうる。なぜなら、この見本市のためのカタログには、ヘーゲルの本が『出来あがった著作』の分類にあげられているからである」（F. 85）。

書店ないし印刷所あて書簡（一八二〇年六月九日づけ）

『法（権利）の哲学』成立史に関する第三の重要文書は、一八二〇年六月九日のものであり、ニコライ書店あるいはウンガー印刷所があて先として考えられる。「私は手紙とともに一包みの原稿を――半分（あるいは幾分それ以上かもしれません――ヘーゲル）――検閲のためにお送りします。しかし、あとですぐお送りする残りも検閲からもどってくるまでは、印刷を始めませんようお願いします」(7)。ここからは出版者が原稿を急いで送るよう要求していること、そして全原稿ではなく、半分程度が送られたにすぎないことが分かる。ルーカス／ラマイルは、この原稿が検閲のためのものであって、印刷のためのものではないこと、あとで送る原稿も検閲からもどってから印刷を開始することに留意して、検閲に関する懸念について「このメモはいかなる情報も与えていない」（F. 89）と言う。むしろ、ここには、部分原稿は順次印刷してから検閲を受けるという検閲規定をヘーゲルが忘れていた可能性があると言う。

このようにルーカス／ラマイルは、カールスバート決議に発した新たな検閲条例の問題について、ヘーゲルが「特別の努力をし、気を遣い、時間を費やした」（F. 93）とは言えず、イルティング・テーゼは根拠をもたないと見た。しかし、一〇月三〇日づけ書簡の「私は今ではまもなくそれを印刷するでしょう」が、なぜ大幅な遅れとなったのか。ルーカス／ラマイルの詳しい検討は、この疑問に答えていない。当時の政治状況を考慮に入れるという問題は依然として残っている。

法哲学と歴史哲学

なお、ルーカスはこの論文のあと「ヘーゲル法哲学における新しいものと旧いもの」(『ヘーゲル研究』第二〇巻、一九八五年所収)、「憲法体制は誰が作るべきか」(『ヨーロッパ国制史との関連におけるヘーゲル法哲学』一九八六年所収)を執筆している(8)。前者は、ヘンリッヒ版一八一九／二〇年講義筆記録そのものの信頼性に疑念を表明して、ヘニングの復習授業とのつながりを指摘する。ヘンリッヒは「理性的であるところのものは現実的になる」という筆記録の表現に「歴史理論的な意味」を見出すが、ルーカスはこの同じ表現について「哲学はその時代を飛び越えるべきではありません。哲学はその時代のなかにあり、現在を認識します」があることをあげて、むしろ「存在論的テーゼ」を見いだしている(A. 298f.)。またヘンリッヒが「危急権」を抵抗権の意味で理解するのに対して、ルーカスは権利行使の制限として理解する。後の論文は、ヘーゲルがプロイセンに立憲君主制を実現する精神が欠けていることを認識した上で、「ミネルヴァのふくろう」や理性‐現実性テーゼを語っていること、また「政治的な現実感覚」(W. 218)がはたらいていること、「革命的性格をもつ内戦に対する恐怖が、ヘーゲルに、国家内の正統性原理の身元確認を考えるよう仕向けている」(ibid.)ことなどを指摘する。ルーカスはここに、ヘーゲルがこうした努力を重ねながら「自分の歴史理論を進んで仕上げていく」きっかけを見てとる。しかし、ヘーゲル法哲学について積極的な解釈を示すわけではない。

三　講義とテキストに本質的な差異はあるか——R・P・ホルストマン

叙述上のアクセントの違い

次に講義とテキストとの関係についての批評を見てみよう(9)。ホルストマンは、イルティングのヘーゲル「政治哲学のリベラルな根本構想」というテーゼを、ヴェイユ、リッター、アヴィネリなどのリベラリズム・テーゼを修正したものと受けとめる。ホルストマンはイルティングのテーゼが実りあるものとなるには、①『法(権利)の哲学』が講義筆記録と本質的な点で異なることを示す、②政治的な立場転換の意味を明らかにする、③ヘーゲル法哲学のリベラル性の意味を明らかにすることが必要だと考える。①について、たとえば君主権に関して、講義筆記録の「君主の性格の特殊性」は「形式的決定の頂点」としての機能にとって偶然的であり、また君主も憲法体制の拘束を受けるという論点は、『法(権利)の哲学』の二七七、二八五節にも見える。このことは、根本的な差異というより、むしろ「『深い思想的矛盾』(ローゼンツヴァイク)というイルティングがすげなく断ったヴァージョンを暗示している」(Is. 244)。「君主に関して見解の見かけ上の違いは、むしろ同じ根本的立場の、叙述上のアクセントの違いの産物としてとらえなければならない」(ibid.)。またイルティングは、一八/一九年講義序文と『法(権利)の哲学』序文とに歴史的現在のとらえ方の違いを見たが、後者の序文が「疑いなくより広い解釈の可能性を含んでいる」(Is. 245)。それは、ヘーゲルが現にある政治的諸制度について明言を避けるためとも考えられよう。「一五〇年来この序文についてまわる議論は、ヘーゲルにとっては一義性の非難を首尾よくはねつけていることの証左である」(ibid.)。

「政治的な立場転換」の意味を問う

そして②について。「政治的な立場転換」には、（i）政治哲学の「体系的構想における変化」という面、（ii）「具体的な政治的見解を変えた」という面、（iii）『法（権利）の哲学』で「ヘーゲルは……（リベラルな）自分の諸見解を覆い隠そうとしている」（イルティング）という面がある。（i）は論証されていない。また（ii）のように見解を変えたのならば、変化した立場の『法（権利）の哲学』で自分の見解を「覆い隠す」というのはおかしい。次に③について。「君主制原理の度外視は可能なのか」（Is. 248）に対してイルティングはどう答えるだろうか。すでに『イェーナ体系構想Ⅲ』は、国家体制に君主制と世襲制を取り入れていた。とすれば、「根本的リベラル性テーゼを、根本的制限をもつリベラル性テーゼとしなければならないだろう」（Is. 249）。またリベラル性は近世自然法と結びつく概念である。しかし、ヘーゲルの政治哲学の「自然法」で「近代の個人主義的な自然法を考えることはできない」（ibid.）。ホルストマンはこの「リベラル性」の意味も問い返す。

四　一七／一八年、一九／二〇年講義筆記録とイルティング

テーゼに変更はない

イルティングは一七／一八年講義筆記録を（一九八三年）、またヘンリッヒは一九／二〇年講義筆記録を公刊した（一九八三年）。これはイルティングのテーゼにとってどのような意義をもつのか。イルティングは一九八三年の論文で次のように整理する(10)。

「講義Ⅰ（ハイデルベルク大学講義）そのものは、のちのすべての完成稿（『法（権利）の哲学』用の原原稿、手を入れた原稿）より著しく大きな体系的完結性と統一性を示している」。この痕跡は『ハイデルベルク・エンツュクロペディー』四〇〇―四五二節につけたメモにある。ベルリンに移って「ヘーゲルはすぐに自分の講義の基礎テキストを講義

Ⅱ（一八一八／一九年）のかたちにまとめて、少なくとも部分的に要約をおこなった。一八一九年夏に計画した印刷用原稿の仕事は、直接的なかたちでは講義Ⅲ（一八一九／二〇年）には反映されなかった。この講義はメモにしたがって多かれ少なかれ形にとらわれずにおこなわれたように思われる。それにもかかわらず、ヘーゲルは一八一九年秋から一八二〇年夏まで、手もとにある原稿に手を加えて、『要綱』の最終的な印刷用原稿を書きとめたにちがいない」（Z. 172）。ヘーゲルは「本質的な点で一八一七年から一八二〇年までの自分の哲学的・政治的構想の拒否を含むような立場」（Z. 192）に立った。講義ⅠからⅢは比較的統一性をもっていて、「ヘーゲルの政治的な立場転換のテーゼはこの比較によって確信に高められる」（Z. 173）、また「『要綱』と講義筆記録とのこの不一致こそ、七〇年代初頭に私を講義筆記録の刊行に突き動かしたものなのである」（Z. 189）とイルティングは言う。一八一九年秋に『要綱』の「印刷用原稿」に――それが「完成稿」かどうかは決めがたいとして――手を入れたというテーゼに変更はない。一〇月三〇日の印刷予告が延びたことは、依然として「自分の原稿を検閲に付して通せるようにする必要から説明される」（Z. 168）。

フランス立憲主義とのつながり

なお、講義Ⅰは「比類なく理路整然とした叙述」であり、「これまでの筆記録のうちで哲学的に最も内容豊かであり、……最も信頼できる筆記録である」。それに対して一九／二〇年講義は第一部で筆記者の未熟さが目立つが、この講義の特色は「ヘーゲルがメモだけにもとづいておこなった講義にのぞんでふるまった自由さ」（Z. 167）にある。またこの時期にいたっても「反動政治へのいかなる譲歩も含んでいないし、他の法哲学講義とリベラルという点でひけをとらない」（Z. 174）。一七／一八年講義筆記録を公刊したイルティングは、国家体制についてこう述べる。ヘーゲルは「バンジャマン・コンスタンとシャトーブリアンとの間に位置づけられるべき構想を展開したのであって、それは大臣にいっそう政治的自立性を保障し、君主に対しては思弁的聖別を、国家統一の権化を留保したのである」(Z. 191)。同時代のフランス立憲思想とヘーゲル法哲学とのつながりという問題は、新たな研究課題になるであろう。

さて、一九/二〇年講義筆記録を公刊したヘンリッヒは、イルティング・テーゼを好意的に見る。しかし、講義とテキストの差異は、理性‐現実性テーゼや君主権の「二義性」内部での重心移動と理解する点で、イルティングと分かれる。そしてこの時期に「ヘーゲルは講義室においてさえ歴史理論的パースペクティブを隠蔽し、君主の行動の自由を強調するほど臆病ではなかった」。しかし、ヘンリッヒはそこにイルティングと同じように「自分を身動きのとれないようにしてしまうかもしれないようなテキストをけっして作らないという用心」、「検閲への配慮」を見て取る(11)。

五　ヘーゲル法哲学の根本思想に変化はない――L・ジープ

「リベラル」の限界

ジープは、講義筆記録が一通り公刊された段階で、それらを検討して、根本思想に変化はないという見方を示している(12)。一七/一八年講義について、「ヘーゲルは一八二〇年よりも一八一七年に議会主義的君主制の『リベラルな』西ヨーロッパ的前段階に事実上かなり近づいていた。このことが目を引く」(H. 287)。君主は大臣の副署を必要とし、政府は議会の多数の支持を受ける必要がある。「しかしヘーゲルはブリテンの君主が議会に依存するさまを行き過ぎとしてしりぞける。また国民議会のための普通選挙の『フランス的抽象』に反論を加える」(ibid.)。この講義以降、有機的構成にもとづく君主権、統治権、立法権のなかで重心の移動があったにしても、ヘーゲルは「君主が最終的決定の権限をもつ」という頂点の優位のもとで諸権力を統合するという構想を、イェーナ時代以来「自分の法哲学的発展のあらゆる時期に固執してきた」(ibid.)。この点で、もっともリベラルな一七／一八年講義も限界をもっていると言う。「ヘーゲルの国家ならびに権力分割構想の諸根本特性」と、「時代上の憲法体制の展開にこの理論を『巧みに適用すること』」⒀を区別することが必要である。こうして、イルティングの言う講義筆記録のリベラル性は、その範囲内にあることになる。

ところで、一七／一八年講義筆記録一三四節に「理性的なものは生じなければならない」とある。一九／二〇年講義筆記録序文には「理性的であるものは現実的になり、現実的なものは理性的になる」とある。理性 - 現実性をめぐるさまざまなヴァージョンは、自然と歴史、存在、思考の秩序と発展は「客観的 - 思想的な自己原因(論理的理念――ジープ)によって規定される」(H. 288)という「同じ存在論的な根本思想」を表現している。規範学としての法哲学は、たんなる理想的な諸観念による構成、批判をめざすものではない。むしろ文化、制度、行為と思考の様式を含む『習俗』のうちに自由を発見しなければならない」(ibid.)。こうして、「現実的なものの理性性の定式は、哲学的法学が現行法をたんに実定的に肯定できることを意味しない」(ibid.)。ジープは、この点でテキストと講義との間の差異を本質的なものと見ない。

結び

諸講義筆記録の特性

最後にそれぞれの講義筆記録の特性に触れておこう。最も信頼性あるものは、ヴァンネンマンによる一七／一八年講義筆記録であり、カロヴェによるテキスト断片との一致から確認されている。一八／一九年筆記録について、ローマンによれば、「少ない分量、ならびにこの年度の注解の断片的スタイルは、ヘーゲルの講義のせいというよりも、筆記者の勤勉と関心のせいである」(R. 65)(14)。

一九／二〇年筆記録については、ヘンリッヒの公刊以来、信頼性に疑問が向けられてきたが、一九九七年にリンギーアによる筆記録が発見されて、信頼性が高まった。同じ年度内で比較できる唯一のものである。ベルリン時代の講義では、ホトーの筆記録は「見出しの欠陥、欄外テキストに対して(口述筆記部分の)きわめてすばやい筆跡、ならびに個々の節のつながりは、ここにあるのはヘーゲルからの直接的なドキュメントであるという印象が正しいものと認める」(R. 70)。グリースハイム筆記録は、テキストの節を「完全に過ちなく再現している」(ibid.)が、これはヘーゲルがゆっくりと節を読み上げた印象を与える。しかし、ここには、グリースハイム自身の手書き資料もなく、「あとになって仕上げている」ことが問題になる。全体として、文献学上「ヘーゲルの口述、講義中の直接的筆記、家での仕上げ、そして編集」(R. 60)をどのように分別するかという問題が残る。

さて、『法(権利)の哲学』は何よりもまず講義の「手引書」として作成されたものであり、そのままでは読者の理解に不便をきたすという印象を生み出した。実際、ヘーゲルは白紙を入れた『法(権利)の哲学』の自家用本に、講義のためにメモを数多く書き込んでいる。ガンスが「補遺」をつけた理由がここにある。『法(権利)の哲学』は講義筆記録も含めて検討するときに、十分な理解を得ることができよう。今日では、資料がほぼ出そろい、発展史的研究も可能になった。また当時の政治状況が『法(権利)の哲学』執筆にどのような影響を与えたかという問題とともに、ヘーゲル法哲学の理解には現代史、同時代史という背景理解が必要であることも明らかになっている。ここではイルティング・テーゼをめぐる争点を整理した。次のステップへの一つの確認としておきたい(15)。

注

第一部

第一章

（1）たとえば、「国家という機械の管理は少数の市民に信託されている。……」（HW2. 206. 久野昭・水野建雄訳『キリスト教の実定性』、『ヘーゲル初期神学論集Ⅰ』以文社、一九七三年、所収、二四四頁）、あるいは、「ひとつの行為の全体で各々の行為者に属するのは一断片だけであり、全体は多くの部分に分散している。……ほとんどのものはただ機械の歯車として現れるにすぎない」（HW2. 446.「歴史研究断片」原崎道彦・滝口清栄訳、『ヘーゲル研究』（編集者、上妻精・加藤尚武）第五号、所収、一九八八年五月、八三頁）。

（2）Vgl., Rosenkranz: *Hegels Leben*, 1844, Nachdr., Darmstadt, 1965, S. 86.『ヘーゲル伝』、中埜肇訳、みすず書房、一九八三年、九六頁。〈欲求と労働の領域〉と人倫の関係について、このステュアートの影響を重視する論者にP・シャムレーがいる(P. Chamley, Les origines de la pensée economique de Hegel, in: *Hegel-Studien*, Bd. 3, 1965, SS/235-161 (bes., 252-255)。邦訳として（未完）、『ヘーゲル経済思想の源泉⑴、⑵』原田哲史訳（『四日市大学論集』第三巻第二号、一九九一年三月、第五巻第一号、一九九二年九月、所収）がある。

（3）ヘーゲルは、アリストテレスの「自然には（本性上）、国は家や個人より先にある」（『政治学』山本光雄訳、『アリストテレス全集』岩波書店、第一五巻、所収、七頁）を、「自然には（本性上）、国民（Volk）は個別者よりも先にある」（GW5. 467）と訳している。ヘーゲルは「ポリース」を「国民」と訳している。なおアリストテレスによれば、奴隷であることは「自然」に根ざしている。オイコス（家経済）でのポイエシス（制作）は奴隷の職分である。『自然法論文』の

「占有の体系」、『人倫の体系』の「欲求の体系」の労働の担い手は奴隷ではなく、自由な個人である。

（4）この問題については、以下の文献の参照を請う。栗原隆「犠牲と承認――ヘーゲルの人倫的共同体論とその破綻」（東北大学哲学研究会刊『思索』第一六号、一九八三年、山崎純「人倫的なものにおける悲劇の上演――ヘーゲル哲学の基本タームとしての Aufopferung」『倫理学年報』第三〇号、日本倫理学会編、一九八一年、佐山圭司「勇敢さの犠牲――ヘーゲル『人倫における悲劇』論の一解釈」、『倫理学年報』第五五号、日本倫理学会編、二〇〇六年。

（5）この「自然」の含意について、M・リーデルは、こう指摘する。「自然」は「二重の見地から用いられている。つまり第一に、スピノザの「神すなわち自然」という意味での、全体として。第二に、アリストテレス理論の、ポリースは個人に対し「本性上より先なるもの」という意味での、「本性」として」（M. Riedel, Hegelskritik des Naturrechts, in: *Hegel-Studien*, Bd. 4, S. 183.『ヘーゲル法哲学』清水正徳・山本道雄訳、福村出版、一九七六年、五五頁）。

（6）なお、リーデルやK・H・イルティングは、これをアリストテレスに引きつけて捉える。イルティングによれば「『人倫の体系』はアリストテレスのポリース論を雛形として構想された。……自然的人倫はアリストテレスの『政治学』の第一巻に対応している」（K. H. Ilting, Hegels Auseinandersetzung mit der Aristotelischen Politik, in: *G. W. F. Hegel Frühe politische Systeme*, hrsg. von G. Göhler, Ullstein Verlag, Frankfurt a. M., 1974, S. 771）

（7）J・ハーバーマスは、形式的・抽象法に対するヘーゲルの態度を、フランス革命に対するヘーゲルのアンビヴァレントな態度と関連づける。「抽象法は、近代社会の自己解放の形式という相をもつだけでなく、ギリシャのポリスの実体的世界が崩壊していった形式という相ももっている」（J. Habermas, *Theorien und Praxis*, Frankfurt a. M. Suhrkamp Verlag, Frankfurt a. M., 1963, S. 137.『理論と実践』細谷貞雄訳、未来社、一九七五年、一四二頁）。

（8）H. S, Harris, Hegels System of ethical life: An interpretation, in: *Hegel, System of Ethical Life and First Philosophy of Spirit*, translated by H. S. Harris and T. M. Knox, State University of New York Press Albany, New York, 1967, p. 55.

（9）ヘーゲルは青年期以来、財産共同体（Gütergemeinshaft）について言及している（『国民宗教とキリスト教』HW1. 62, 『キリスト教の実定性』HW1. 126, 断片「愛」HW1. 250）。それはつかのまの小さな宗派に成り立つにすぎない。あるいは財の共有は分配を必然的にともなうために、排他的権利の思想が入ってこざるをえない。総じて、ヘーゲルは財産共同体が現実には成り立たないとみるが、共有というモチーフは、家族論になごりをとどめているように見える。

（10）この章が近世自然法との関連で扱われていることを、リーデルは次のように述べる。「近世自然法が社会と国家を導きだす出発点とした個人の存在は『否定的なもの、あるいは自由あるいは犯罪』という表題のもとに現れる」（N. Riedel, ibid., S. 189, 六二頁）。またボンジーペンもこの章を近代の法（権利）関係との関連で捉える。この章の進行は「近代社会の法的関係を否定的に評価するところから必然的に生じる。犯罪は形式的法（ないし権利）が実効性をもたないことを明らかにしている」（W. Bonsiepen, *Der Begriff der Negativität in den Jenaer Schriften Hegels, Hegel-Studien Beiheft*, 16, Bouvier Verlag Herbert Grundmann, Bonn, 1977, S. 86f.）。イルティングによれば、スピノザは存在を活動として、その統一を力として規定し、そのたびにそれを、「自然ないし神」の無限の力を限定的に表現するものとした。このことによってスピノザがホッブズ自然法論に形而上学的基礎を与えたことを受けて、ヘーゲルは近代自然法を体系の一部として取り入れているという。「ヘーゲルが人倫の体系で自然的人倫と絶対的人倫との間に『否定的なものあるいは自由あるいは犯罪』を導入したときに、ヘーゲルは自分の体系構想のなかにこのような射程の長い諸前提をはめ込んでいる。こうして近代自然法理論に由来する思想が、アリストテレスの政治学を雛形にして構想された体系の一部となっている」（ibid., S. 778）。

（11）L. Siep, *Anerkennung als Prinzip der praktischen Philosophie*, Karl Alber Verlag, Freiburg, 1979, S. 163.

（12）G・ルカーチは『若きヘーゲル』（一九四八年）で、ヘーゲルのアダム・スミスへの傾倒をことさら強調する。「ヘーゲルは、経済学においてはアダム・スミスの傾倒者である。……ここで明るみに出る資本主義経済の基本的カテゴリーにひそむ諸矛盾は、ヘーゲルにとっては未知のままにとどまる。だが、その代わりにかれは、スミス経済学のカテゴリーのうちに客観的に含まれている諸矛盾を、スミスの地平をはるかに超えるような弁証法的意識の高みにまで駆り立てることになる」(G. Lukács, *Der junge Hegel*, Über die Beziehungen von Dialektik und Ökonomie, Bd. 2, Suhrkamp Taschenbuch Wissenschaft 33, 1973, S. 501f.『ルカーチ著作集』第一一巻、生松敬三他訳、白水社、一九七二年、一四九―五〇頁)。ヘーゲルの経済学がドイツの立ち遅れた現状に固執していない点を評価しながらも、近代の経済的発展の到達点を商人資本とする点に、ドイツ的後進性の反映を見て取る。ルカーチはマルクスの見地から、ヘーゲルの経済学的カテゴリーの動揺や不明確さを指摘する。なお、加藤尚武氏はヘーゲルにとっての衝撃を次のように指摘される。「スミスの思想がヘーゲルにとって衝撃的といってよいほどの重要性を持ったのは、直接的にはスミスが分業生産・市場交換という経済システムが存在するという事実を告げていたからである。これは、それまでのヘーゲルの思索の枠組みで言うと、社会的なものの内にある「普遍性」のカテゴリーに新しい形態が見いだされたという事を意味する。今ヘーゲルが見ているものは市場経済という形での新しい普遍化の運動である」(加藤尚武『哲学の使命』未来社、一九九二年、第二章「市民社会観の転回――スミスとヘーゲル」、六八頁、初出、『展望』筑摩書房、一九七八年六月号)。本論文は、『法(権利)の哲学』でのカテゴリー分化の根を『人倫の体系』に探り、示唆に富む。また壽福眞美「相互承認と物象化(二)――初期ヘーゲルの社会理論」(法政大学社会学部紀要『社会労働研究』第二九巻、第一・二号所収、一九八二年九月)は、『自然法論文』と『ドイツ国制論』の位相差を、後者の草稿執筆時期の差に応じた歴史研究の深まりから鮮やかに指摘している。なお、『人倫の体系』の方法上の問題については、多田茂「直観と概念の相互包摂――『人倫の体系』の方法的原理とその論理的基礎」(『倫理学年報』第四九号、二〇〇〇年)が詳しく論じている。

(13) W. Bonsiepen, *Der Begriff der Negativität inden Jenaer Schriften Hegels*, *Hegel-Studien*, *Beiheft* 16, 1977, S. 94. 指摘はこう続く。「一八〇三/〇四年の体系構想から、ヘーゲルがこの欠陥を意識したことが知られる。意識そのものに対応する意識理論を出発点として、人倫的行為にいたる道筋が示される」(ibid.) からである。

（14）金子武蔵『ヘーゲルの国家観』岩波書店、一九七二年（第五刷）、二五〇頁。高柳良治「ヘーゲルにおける国家と経済」（加藤尚武・滝口清栄編『ヘーゲルの国家論』理想社、二〇〇六年所収、一〇〇頁）。なお、B・P・プリッダートは、イェーナ期におけるヘーゲルの古典経済学受容について整理して語っているわけではないが、ステュアートとの関係で、次のような指摘をしている。コルポラツィオーンは市民の共通の利益に配慮するというヘーゲルの観点が、ステュアートの「公共の福祉（public good）」の定義と同じであること、またステュアートの「賢明な為政者」とヘーゲルの官僚という「普遍的身分」との対応などである（Birger P. Priddat, *Hegel als Ökonom*, Dunker & Humblot, Berlin, 1990, S. 28-35,『経済学者ヘーゲル』（高柳良治・滝口清栄・早瀬明・神山伸弘訳）、御茶の水書房、一九九九年、二七―三二頁）。また、ヘーゲルのスミス受容については、「相互に媒介しあう交換社会という抽象的原理」は受容したものの、「スミス的な動態的な均衡的成長に内在する雇用効果を見ない」（ibid., S. 26, 同書、二四頁）と指摘する。

第二章

フィヒテからの引用は、FW: *J. G. Fichtes Werke*, hrsg. von I. H. Fichte, 11 Bde., Leibzig. で示す。FW のあとに巻数と頁数を記す。『自然法の基礎（Grundlage des Naturrechts）』（一七九六年）は FW. Bd. 3 に、また邦訳『フィヒテ全集』第六巻に収められている。『フィヒテ全集』（晢書房）に原頁が付されているので、邦訳頁数は省略した。

（1）F. W. J. Schelling, Vorlesungen über die Methode des akademischen Studiums, in: *Schellings Sämmtliche Werke*, hrsg. von M. Schröter, I. 5, 1859, S. 316.『学問論』勝田守一訳、岩波文庫、一四二頁。本書はシェリングのイェーナ大学での講義（一八〇二年）からなる。

（2）この時期のヘーゲルとフィヒテの差異を、山内廣隆氏は立論の差異として次のように指摘する。「フィヒテもヘーゲルも、ヘーゲルの用語を借用すれば、『個別性の破棄』を同じように主張しているように見える。しかし、そこには大きな差異がある。フィヒテにおいては『個別性の破棄』が外から強制される自由の喪失であるのに対して、ヘーゲルにあっては『個別性の破棄』が自由の実現となる。この違いは、反立を定立と異なる絶対的活動と考えるフィヒテと、単純な有機体論に浸かっているイエナ期のヘーゲルとの差異から生じていると言えるであろう」(『ヘーゲル哲学体系への胎動――フィヒテからヘーゲルへ』ナカニシヤ出版、二〇〇三年、八七頁)。

(3) フィヒテは「ルソーの一般意志と全体意志の区別はけっして不可解なものではない」(FW3. 106) として前者に gemeinsamer Wille (共同意志) を、後者に allgemeiner Wille (普遍意志) をあてている。ヘーゲルは『イェーナ体系構想Ⅲ』で、この訳語を逆転させて用いている。なお、フィヒテの自然法は、本節で検討するように内的緊張を孕んでいる。したがって、全体主義的性格の指摘 (たとえば、B・ヴィルムス『全体的自由』青山・田村訳、木鐸社、一九七六年)、個的主体の根源的権利に即した理解 (たとえば、三島淑臣「自由と革命」(『法政研究』九州大学法学部、第三八巻、一九七一年、所収) など分岐した解釈が成り立つ。

(4) 第一章の注(10)で、すでにK・H・イルティングの見方を取り上げておいたが、それは、この第二部で「近代的な自然法論に由来する諸思想が、アリストテレスの政治学を雛形として構想された体系の一部となり、新しい意義を得た」というものであった (Ilting: Hegels Auseinandersetzung mit der Aristotelischen Politik, in: *Hegels frühe politische Systems*, hrsg. von G. Göhler, GmbH Ullstein Verlag, Frnkufurt a. M., 1974, S. 778.)。L・ジープは、古典的実践哲学を近世自然法によって革新する、人倫を近代的主体性によって充実するという線で解釈して、ヘーゲルにおける相互承認論の萌芽を見てとる (L. Siep, Anerkennung als Prinzip der praktischen Philosophie, Karl Alber Verlag, Freiburg/München, 1979, S. 162f.)。

(5)『人倫の体系』では「抑制作用 (Bezwingen)」は GW5. 287, 二六頁に、「抑制 (Bezwingung)」は GW5. 317, 319, 八二、八四頁に現れる。そこで上妻精氏はこれを「圧服」と訳している。

(6)『イェーナ体系構想Ⅰ』について、ジープは承認論の視点から次のような評価を与える。「一八〇三/〇四年の体系構想は、『自然的人倫』も、犯罪における否定的止揚も扱わない。法や経済の領域は、ここでは人倫のより高い段階にいたって初めて、国民精神の諸形態として見出される。ここにヘーゲルの自然法に対する態度の最初の重要な転換が示されている。……闘争と承認の関係が逆になる。闘争は承認を否定するのではなく、むしろ承認を目的とするのである」(L. Siep, Der Kampf um Anerkennung, Zu Hegels Auseinandersetzung mit Hobbes in den Jenaer Schriften, in: *Hegel-Studien*, Bd. 9, 1974, S. 175. 山内廣隆他訳「承認をめぐる闘争(上)――イエナ期におけるヘーゲルのホッブズとの対決」、政治哲学研究会編『政治哲学』第四号、二〇〇六年三月所収、四六―七頁)。古典的ポリース論からの離脱という評価は論者に共通する。たとえばボンジーペンによれば、「名誉をめぐる闘争は明らかに承認をめぐる闘争として現れる。……それは家族財をめぐって起こる。ヘーゲルは人倫における悲劇の構想をもはや自分の政治理論の出発点としなくなった。そして古典的ポリース的人倫の理想を新たに評価することにもとづいて、承認をめぐる闘争の理論が自立化し始めた。こう推測できよう」(W. Bonsiepen, *Der Begriff der Negativität in den Jenaer Schriften Hegels, Hegel-Studien Beiheft* 16, Bouvier Verlag Herbert Grundmann, Bonn, 1977, S. 88)。この体系構想の過渡的性格について、ホルストマンはこう指摘する。「ヘーゲルは、自然の領域に対立する意識の概念によって、実在性と観念性の最高の同一性が表現される領域を、構造的に示す可能性を手にしたのである。……『イェーナ実在哲学I』で、精神はまだ人倫を特徴づける規定として理解されている。ヘーゲルは今なお人倫の『絶対的有機的構成(absolute Organization)』を問題にしている。人倫としての絶対的なものの実現という要請によって規定されるプログラムの内部では、意識の概念もしくは精神の概念はけっして固有の体系的機能をもつことはない」(R. P. Horstman, Probleme der Wandlung in Hegels Jenaer *Systemkonzeption*, in: *Philosophische Rundschau*, Nr. 19, J. C. B. Mohr (Paul Siebeck), Tubingen, 1972, S. 112))。なお、イェーナ期の体系構想の進展について、日本語文献では寄川条路『体系への道――初期ヘーゲル研究』(創土社、二〇〇〇年)第二部が手際よくまとめている。

(7) ジープは、ここにホッブズにおける「万人の万人に対する闘争」と同じような体系的機能を見てとるとともに、承認をめぐる闘争のホッブズとヘーゲルにおける差異を指摘する。ホッブズでは個人の自己保存に主眼があり、ヘーゲルは自己目的としての個人の止揚を主眼とする。そこでは相互承認論が闘争を契機として、意識論と連動し、「個別性の徹底化と自己止揚の叙述」になりえていると言う（L. Siep, Der Kampf um Anerkennung, in: *Hegel-Studien*, Bd. 9, 1974, S. 205.）。

（8）ヘーゲルが〈相互承認‐承認をめぐる闘争〉の出発点にすえる「対自存在」の性格に注目する必要がある。本節で指摘するように、それはフィヒテの根源的権利を有する個的存在者のあり方にぴったり重なり（FW3. 118）、ホッブズなどの近世自然法思想の前提となる、欲望の主体としての個的存在者というあり方からは隔たっている。『体系構想Ⅰ』の承認をめぐる闘争は「名誉」をめぐるものとなるが、しかしこの「名誉」が個的存在者の「個別的全体性」、「自己完結性」あっての「名誉」であることに留意する必要がある。〈相互承認‐承認をめぐる闘争〉の意味を検討する上で、以上の点に留意することが必要である。

（9）GW6. 323 欄外に「スミス、八頁」とある。アカデミー版全集第六巻の編者注によると、『諸国民の富』第一巻（バーゼル、一七九一年）と関係しているという。「この版がヘーゲルの蔵書にあった」（GW6. 384）。ガルベによるドイツ語訳は一七九六年であった。

（10）『自然法の基礎』で遺言の効力について、「共通意志（一般意志 volonté générale）としての国家は、この場合、契約における一方の当事者であり、全般意志（全体意志 volontè de tous）は他方の当事者である」（FW3. 258）とある。「共通意志」は gemeinsamer Wille、「全般意志」は allgemeiner Wille であり、ヘーゲルは、フィヒテの用法を逆転させている。

（11）J.-J. Rousseau, *Du Contrat Social*, Editions Sociales, Paris, 1955, p. 83. ルソー『社会契約論』桑原武夫・前川貞次郎訳、岩波文庫、四七頁。

（12）リーデルは、フィヒテならびにルソーの問題について、次のように述べている。「ようやく一八〇五／〇六年の講義のなかで、あらためてフィヒテならびに——まずまちがいないと考えてよい——ルソーの研究にたずさわったのち、ヘーゲルは近代理論の『否定的』自然概念を基礎とした自然法概念の理解に到達する。この自然法の構成は、ばくぜんとした『人倫的自然』の法の構成ではなく、そこにおいて個別性の存立、『法』が算出されるところの、承認の運動の構成である」(Hegels Kritik des Naturrechts, in: M. Riedel, *Zwischen Tradition und Revoltion*, Klett-Cotta, Stuttgart, 1982, S. 104,『ヘーゲル法哲学』清水正徳・山本道雄訳、福村出版、一九七六年、六九頁)。本章は、このフィヒテとの思想的格闘がイェーナ前期から一貫してあったという視点で、ヘーゲルの人倫構想の変転を読み解いている。ルソーについては、第一部第四章が扱う。なお、『体系構想Ⅲ』以前には、「普遍意志」が体系的機能をもつことはなかった。

(13) 伝統的労働観を革新した意義を、M・リーデルは強調する(M. Riedel, *Zwischen Tradition und Revolution*, Klett-Cotta, Stuttgart, 1982, S. 28ff. 前掲書、三二―三三頁)。また意識概念の進展について、ホルストマンは、『イェーナ体系構想Ⅰ』の意識概念が、人倫の「絶対的な有機的構成」という枠内にあって、体系的機能を果たせなかったのに対して、『イェーナ体系構想Ⅲ』の意識概念が、『論理学・形而上学』(一八〇四/〇五年)の、個別と普遍の統一としての「自己」(Selbst)の立場にもとづいて、意識の諸相を体系的に展開することを可能にしていると、指摘する(R. P. Horstmann, Probleme der Wandlung in Hegels Jenaer Systemkozeption, in: *Philosophische Rundschau*, Nr. 19, 1972, S. 114ff.)。

第三章

(1) キンマーレはイェーナ期の体系構想の展開を「有機体論に、もしくは生命概念に定位した哲学モデルから、自己意識の構造を貫く試みへの移行」と特徴づける。『体系構想Ⅲ』は「自然中心主義」から離脱して「精神の哲学」の立場にいたったことを告げる。そしてそこに労働と意識概念の転換があったことを指摘する。「一八〇三/〇四年のもしくは一八〇五/〇六年の体系構想の精神哲学における、そして『精神現象学』における労働概念は、根本的な人間学的カテゴリーである。ここで取り上げた草稿のなかで、ヘーゲルは、労働を動物のふるまいに対して、意識的人間的な行為として特徴づける。……自然を越えて人間が高まるものこそ、この自然に対する意識的行為なのである」(H. Kimmerle, *Das Problem der Abgeschlossenheit des Denkens, Hegel-Studien Beiheft* 8, H. Bouvier u. CO. Verlag, Bonn, 1970, S. 219)。ただし、キンマーレは『体系構想Ⅲ』の労働概念をおもに対自然関係において捉えており、そこに諸個人の関係を形成する機能、さらに社会形成機能を見ているわけではない。

(2) リーデルは『体系構想Ⅲ』の労働論の意義について次のように指摘する。「労働の社会的性格は、古典政治学にしたがえば、人倫的行為の制作活動に対する優位の影に隠れたままであったし、近代自然法にしたがえば、意志関係と契約関係への定位の影に隠れたままであったが、ヘーゲルは労働を、個人が法的人格の自由にまで形成される近代社会の解放形式として理解したのである」(Die Rezeption der Naturalökonomie, in: M. Riedel, *Zwischen Tradition und Revolution*, Studien zu Hegels Rechtsphilosophie, Klett-Cotta, Stuttgart, 1982, S. 132,『ヘーゲル法哲学』清水正徳・山本道雄訳、福村出版、一九七六年、一三二頁)。『体系構想Ⅲ』の労働論が新たな内容をもつにいたったという指摘は重要である。本章は、〈此岸的な自己を物となすこと〉としての労働の意義を確かめて、その体系的機能を検討している。

(3) 家族論の内容は基本的に『法(権利)の哲学』と同じものである。

(4) ジープは『体系構想Ⅲ』の自由論についてこう指摘する。「ヘーゲルは今や自由の制限の思想を積極的に抱いている。これは、『自然法論文』から一八〇五/〇六年の実在哲学が隔たったことを示している。……ここには確かに自然法の立場への接近がある」。しかし、この接近は過大評価されてはならない。「そのような過大評価の危険は、われわれには、リーデルもまったく免れてはいないように見える」(L. Siep, Der Kampf um Anerkennung, Zu Hegels Auseinandersetzung mit Hobbes in den Jenaer Schriften, in: *Hegel-Studien*, Bd. 9, 1974, S. 188)。この問題は、ジープの指摘する相互承認の非対称性という問題に絡むであろう(後述)。ともあれ、筆者は、第一部第二章で、自由を相互に制限するという論点を近代自然法との関連ではなく、フィヒテとの思想的対決というコンテクストのなかで見ておいた。この点で、「一八〇五/〇六年の実在哲学は全体的な自由な諸個人相互の関係を論究するときに、明らかに自然状態論と間接的にホッブズにもとづいている」(ibid., S. 203) というジープの指摘に与することはできない。

(5) 承認をめぐる闘争の役割が『体系構想I』とくらべて変化したという指摘はよくなされる。ボンジーペンを引くならば、「実在哲学は生死をかけた闘争を知の観点から考察する。……知をより強調することによって、死の意味に関して重点移動が生じる。生死をめぐる闘争は、自分の自己の対自存在を知るための手段となる。……実在哲学に特徴的なのは、法における承認された状態をより強力に取り上げることである。この法が、承認をめぐる闘争から国家の人倫への移行を媒介する」(W. Bonsiepen, *Der Begriff der Negativität in den Jenaer Schriften Hegels, Hegel-Studien Beiheft* 16, Bouvier Verlag Herbert Grundmann, Bonn, 1977, S. 89)。この「知」の運動を、本章は「労働」の場面から捉えなおしている。なお、「実在哲学でヘーゲルは近代自然法に対して積極的な態度をとったのである」(ibid., S. 90) という指摘には留保が必要である。フィヒテ、ルソーの批判と継承にわたる問題がメインを占めているというのが適切である。

(6) GW8. 226、欄外にこうある。「私は私を、他の自我の意志によってのみ他の自我のものに関係づけるのである。これがすなわち承認されたものとしての両者の相等性——つまり価値、物の意味である」。このかぎりでは、主観的価値論ということになろうが、『法(権利)の哲学』一九六節には、「労働は自然によって直接に提供された材料を、……きわめて多種多様な過程を通して種別化する。だからこの形成は、手段に価値と合目的性を与える」とあり、労働価値論的な側面も見られる。

(7) ホルストマンは、市民社会の領域と国家——市民社会概念の登場はハイデルベルク期(一八一六—一八年)になるが——の関係づけという視点からイェーナ期ヘーゲルの思想的展開を扱うなかで、『体系構想III』について次のような評価を下している。つまり、欲求と労働の体系をどう扱うかというヘーゲルの法哲学全体を導く問題は、イェーナ初期に十分に展開されている。そして「ヘーゲルはこの問題を解決するヘーゲルなりの特色ある手段に、……遅くとも一八〇五/〇六年以来、確信をもっていた」。そして「自分の理論を表明するにあたってのちに見られる変化は、ヘーゲルの体系的構想の『教授法の上での変容』と見なされるべきである」(R. P. Horstman, Über die Rolle der bürgerlichen Gesellschaft in Hegels Politischer Philosophie, in: *Hegel-Studien*, Bd. 9, S. 212.)。ここには過大な評価がある。『体系構想Ⅲ』は「自己意識の構造」にもとづいて、人倫的全体を「個体性と普遍的なものとの統一」として捉えることができるようになり、この全体のさまざまな具体的形態を、「このような統一をさまざまに提示するもの」として理解できるようになった(ibid., S. 225.)。ホルストマンは、ここに新しい立場を見てとる。なお、『体系構想Ⅲ』はのちの法哲学の基本骨格を示しているという理解が妥当であろう。「立憲君主制」、「市民社会」という概念が始めて登場するのはハイデルベルク大学での法哲学講義であるが、ヘーゲルが人倫についての基本的着想を手にしてから、体系的な構想を提示できるまでの一〇年あまりの年月は、「教授法の上での変容」を越えるものがある。

(8)『自然法論文』以来の、非有機的自然を人倫によって有機化するという構図に代わって、この『イェーナ体系構想Ⅲ』では、二つの領域を原理的に区別した上で、「統治の狡知(List)」概念(GW8. 264)が現れる。「狡知」は、まず対自然関係で用いられていた(GW8. 206)。さらに、個別者をなすにまかせながら普遍者へとつれもどす「狡知」(GW8. 276)が、二つの領域の関係を表わす概念として使われる。欲求と労働の領域は、「狡知」においていわば放任されている。

(9) L・ジープは、『体系構想Ⅲ』を相互承認論という視角から読み解いて、「ヘーゲル承認理論の非対称性(Asymmetrie)」(L. Siep, *Anerkennung als Prinzip der praktischen Philosophie*, Verlag Karl Alber, Freiburg/München, 1979, S. 278)という難点を引き出す。『体系構想Ⅲ』では、要するに個体の自己犠牲はあっても普遍意志の自己犠牲はまれであるという難点である。「ヘーゲルは承認を、個別的意識と普遍的意識との相互的な教養形成(Bildung)の過程として捉える。間人格的な関係の段階で、個別者の自己意識は、個別性と普遍性の統一として他者のうちに自己を認識するさまざまな形態を通して形成される。……他者のうちに自己を見ることによって、自己が自由に生成するようになり、それとともに自己を自己と『推理的に結びつける』ようになる」(ibid.)。そして、「このような関係は今や、承認の理念にしたがうならば、個人と共同の意識もしくは意志との間のさまざまな承認関係の段階でもまた妥当するはずである。個人は普遍意志と、諸習俗と、諸法律と、諸制度と一体のものとして知る。こうして個人は自分自身から自由であることを知り、公共体のために自己を犠牲とするにいたる。しかし同時に、自分が、歴史的に規定された諸制度や意志行為として発現するような共同意志のこのような諸形態から自由であることも知る」(ibid., S. 279)。ところが、「少なくとも、実践的精神に関するヘーゲル哲学の最高の段階で、『われ』と『われわれ』の相互的な自己否定の意味での承認を実現するものと捉えられる諸制度を探そうとしても無駄である。存在する国民精神に対して、国家に対して個々の自己が自立的であることは、個人に対する法の威力が承認されるのと同じようには承認されない。ヘーゲルは、国家に生じる危急権を、制限をつけることなく是認するが、そこでは抵抗権に関するいかなる思想も欠けているばかりでなく、……自然権、憲法の保証、あるいは国家の恣意に対する保護の保証に関するいかなる思想も欠けている」(ibid., S. 126)。本邦では『承認と自由――ヘーゲル実践哲学の再構成』(未来社、一九九四年)を著した高田純氏も「国家による個人の承認よりも個人による国家の承認が優先されている」(同書、一一四頁)として、非対称性を難点として取り上げている。

ジープの指摘はある面では妥当性をもつであろう。しかし、いくつかの問題を視野に入れるとどうであろうか。イェーナ初期以来の〈欲求と労働の体系〉を視野に入れるならば、この市民社会的領域と政治的国家という原理的区別と関係づけという問題が浮かび上がらざるをえない。また近代的世界を視野に入れるならば、権利と法という問題も浮かび上がらざるをえない。これらの領域がそれぞれ独自のレゾンデートルをもつことは否定できないであろう。ヘーゲルは意志論によって、この権利と法という二つの領域を、個別意志と普遍意志に重ねて、自己意識の知的必然性において結びつけ、法あっての権利、権利の意識あっての法という〈知〉の媒介構造を示している。これをバックボーンとして、ヘーゲルは、二つの領域の原理的区別の上で、未整理の問題を抱え込みながら、二つの領域を可能にする内部構造を描き出し、二つの領域が生きたつながりをもつ理にかなった共同社会を示そうとする。ヘーゲルの力点は、この存立構造を描き出す点にある。人倫の存立構造を考察するときに、あらかじめ「抵抗権」を描きこむ必然性はあるだろうか。あるいはジープのいう具体的問題点をヘーゲルは看過したのか。

たとえば、体制の変化の問題はどうか。のちにベルリン大学での法哲学講義（一八二四／二五年）は次のように言う。「作るということは、偶然性の形態をもつが、つねに個々の規定が時代の必要によって展開される。こうしたことはどのようにして生じるか、君主の自由な意志によって生じるか、あるいは君主に強要されるのか、あるいはコルポラツィオーン（職業団体）を通じてか、闘いを通じてかまたは平穏な異議申し立てを通じてか。このことは歴史の事柄である」（G. *W. F. Hegel Vorlesungen über Rechtsphilosophie 1818-1831*, Edition und Kommentar in sechs Bänden von Karl-Heinz Ilting, frommann-holzboog, Stuttgart, Band. 4, 1973, S. 696f.,『ヘーゲル法哲学講義』長谷川宏訳、作品社、二〇〇〇年、五五七頁）。ヘーゲルは理論の枠外に体制の変化の問題を見すえている。またハイデルベルク大学での法哲学講義（一八一七／一八年）は、「生活権は人間における絶対的に本質的なもの」（*G. W. F. Hegel, Vorlesungen über Naturrecht und Staatswissenschft. Heidelberg 1817/18.* hrsg. von C. Becker ... Mit e. Einl. von O. Pöggeler, Felix Meiner Verlag, Hamburg, 1983, S. 163）と見て、個人の生存にかかわるときには、個人の危急権を認める。ヘーゲルは、いわゆる自然権的なものを看過しているわけではない。国家の恣意についてはどうか。ヘーゲルは国家の領域が公的空間として構成されるためにさまざまな工夫を凝らし、さらにコルポラツィオーンに政治権力の恣意的行使に対するチェック機能ももたせてもいる（第三部の各章を参照されたい）。ヘーゲルの立論を目配りよく見回し、検討する姿勢が必要であろう。

（10）『ドイツ現代政治思想史』安世舟訳、御茶の水書房、一九八一年、一五七頁。なおこのような理解の線上にE・トーピッチュなどがいるが、『ドイツ国制論』にかぎっても評価の分岐は著しい。ここでの国家概念に関して、高柳良治『ヘーゲル社会理論の射程』（御茶の水書房、二〇〇〇年）第一章「ヘーゲルにおける近代国家のイメージ――「ドイツ国制論」

の国家概念をめぐって」が入念な検討を施している。

（11）『領邦議会論文』に関する研究論文は少ないが、『エンツュクロペディー』（初版、一八一七年）、一八一七／一八年の法哲学講義を視野に入れて、憲法論、身分論を検討したものに次のものがある。E. W.- Lohmann, „DIVIDE ET IMPERA" Zu Hegels Heidelberger Stände- und Verfassungslehre, in: *Hegel-Studien*, Bd. 28, Bonn, 1993.（多田茂・滝口清栄訳「分割して統治せよ——ハイデルベルク期ヘーゲルにおける身分論 - 憲法論のために」、加藤尚武・座小田豊編訳『続ヘーゲル読本』、法政大学出版局、一九九七年、所収）

（12）「立憲君主制」概念はハイデルベルク期に初めて現れる。この意味は同時代のフランス立憲思想と関係がある。「立憲君主制」概念については、第八章で検討する。

（13）ヘーゲルの人倫の構想とりわけその国家像に対しては、個人がそこへとはめ込まれていく「強力な制度主義」（ヘンリッヒ）、「強力な国家という制度主義」（ハーバーマス）という批判が向けられることがある。ヘーゲルの構想は、人倫という共同社会を、自己意識の知によって媒介し、そして存立させる回路の形成に腐心していた。本章はこの面を検討してきた。この地点からするなら、以上の批判は一面的と言えよう。なお、竹村喜一郎氏は諸説を検討した上で、「理性国家が国家成員の……教養と発展の場であるという側面」（『ヘーゲル哲学の方位』（五月書房、一九九五年）第一一章「市民社会観の旋回と理性国家の位相」、四〇二頁）を指摘して、以上の批判に対して「疑問を禁じえない」としている。

第四章

（1）R. Haym, *Hegel und seine Zeit*, Georg Olms Verlag, Hildesheim, 1962, S. 365ff.

（2）解釈史については、竹村喜一郎「『法哲学』」（『現代思想——ヘーゲルの思想』二一巻第八号、一九九三年七月、所収）を参照されたい。

(3) *Marx Engels Werke*, Bd. 1, Dietz Verlag, Berlin, 1956, S. 331f.

(4)『法（権利）の哲学』に即して、両者の関係を手際よく論じたものに、高柳良治「ヘーゲルとルソー――国家意志の問題を中心とする素描」（一、二）（『一橋論叢』六四巻第三、四号、一九七〇年、一〇月、所収）がある。のちに『ヘーゲル社会理論の射程』（御茶の水書房、二〇〇〇年）第三章として収録。

(5) GW. 4. 54.『理性の復権』山口祐弘・星野勉・山田忠彰訳、アンヴィエル社、一九八二年、八五頁。

(6) HW1. 204f. 細谷貞雄『若きヘーゲルの研究』（未来社、一九七一年）第三章第二節に、この個所について、示唆に富む解釈と訳文がある。

(7) HW. 20. 307,『哲学史講義（下）』、長谷川宏訳、河出書房新社、一九九三年、三七〇頁。

(8) HW. 20. 311. 同訳書、三七五頁。

(9)「二つの自由概念」、『自由論』小川晃一他訳、みすず書房、所収。

(10) J.-J. Rousseau, *Du Contrat Social*, Editions Sociales, Paris, 1955, p. 67.『社会契約論』桑原武夫・前川貞次郎訳、岩波文庫、三〇―三一頁。以下、CS の略号のあとに、原頁と邦訳頁をあげる。

(11)「一般意志」に対するヘーゲルの批判を失当とする指摘は、たとえば、F・ミュラー『疎外と国家――ルソー、ヘーゲル、マルクス』清水正徳・山本道雄訳、福村書店、一九七四年、六九頁。ただし筆者としては、疎外論を軸にしたルソー‐ヘーゲル関係には与しない。「ルソーの個人主義者、集団主義者」をめぐる論争史的整理は、杉之原寿一「ルソーの社会思想」（桑原武夫編『ルソー研究』第二版、岩波書店、一九六八年、所収）が参考になった。

(12) J. Hoffmeister, Anmerukungen, in: ders. (hrsg.), *Dokumente zu Hegels Entwicklung*, 2. Auflage, F. Fromman Verlag, Stuttgart, 1974, S. 430.

(13) H. F. Fulda, Rousseausche Probleme in Hegels Entwicklung, in: ders. (hrsg.) *Rousseau, die Revolution und der junge Hegel*, Klett-Kotta,

Stuttgart, 1991, S. 62. フルダによれば、ヘーゲルは、教会を国家内国家として、またキリスト教の実定性を批判するさいに、ルソーの「自律」の思想を用いる。そして、『歴史研究の諸断片』(一九九五―九八年頃)、『ステュアートの経済学のドイツ語訳への批判的注解』、『ドイツ国制論』などで「近代の国家に固有のもの」が視野に入ったとき――フルダはスピノザの国家を考慮する――、ヘーゲルは『社会契約論』が示した国家概念や古代共和国モデルに核心的なものを見いだしながらも、ルソーよりも精確に国家の本質を把握せざるをえなくなった。ヘーゲルは後に社会契約の概念を放棄するようになり、「さらに歩みを進めるために、それ自身、自由である、実体的に普遍的な意志の概念を心にとめおかざるをえなくなった」(ibid., S. 62-72)。

(14) HW1. S. 104-190.『ヘーゲル初期神学論集Ⅰ』久野昭・水野建雄訳、以文社、一九七三年、所収、一四四頁。以下、引用略号と頁数で示す。

(15) ロマン主義の国家論を収めたものとして、『ドイツ・ロマン主義全集、第二〇巻、太古の夢、革命の夢』(薗田宗人編、国書刊行会、一九九二年)がある。フィヒテは、「われわれは矛盾を解くであろう。われわれはルソーを、彼自身が自分を理解したよりももっとよく理解するだろう。そしてわれわれは彼自身との、かつわれわれとの、より完全な一致のなかで出会うであろう」(『学者の使命』、I・H・フィヒテ版全集、Bd. 6, S. 337)と述べる。『社会契約論』をめぐるルソー - フィヒテ関係については、M・ブール『革命と哲学――フランス革命とフィヒテの本源的哲学』(藤野渉他訳、法政大学出版局、一九七六年)が扱っている。

(16) この経緯・展開の精緻な分析は、久保陽一『初期ヘーゲル研究――合一哲学の成立と展開』(東京大学出版会、一九九三年)第二、第三章を参照されたい。

(17) こうした共和主義運動の動向は、浜本隆志『ドイツ・ジャコバン派――消された革命史』(平凡社、一九九二年)、H・G・ハーシス『共和主義の地下水脈――ドイツ・ジャコバン派、一七八九―一八四九年』(寿福真美訳、新評論、一九九〇年）から窺える。

（18）K. H. Ilting, Hegels Auseinandersetzung mit der aristotelischen Politk, in: *G. W. F. Hegel Frühe politische Systeme*, hrsg., und kommentiert von G. Göhler, Verlag Ulstein GmbH, Frankfurt a. M., 1974. ただし、イルティングは、『人倫の体系』を先、『自然法論文』を後とする古い文献考証に依拠しているため、そこに留保すべき論点もある。

（19）F. W. J. Schelling, Vorlesungen über die Methode des akademischen Studiums, in: *Schellings Sämmtliche Werke*, hrsg. von M. Schröter, I. 5, 1859, S. 316.『学問論』勝田守一訳、岩波文庫、一四二頁。本書はシェリングのイェーナ大学での講義（一八〇二年）からなるが、この時期、シェリングとヘーゲルは『哲学批判雑誌』の共同編集者であり、学問的に近い立場にあった。ジープは、両者がこの時期、国家概念をめぐっても近い立場にあったこと、しかしヘーゲルが市民的自由の領域を許容しつつ古典的ポリース論の革新をめざすのに対して、シェリングは近代に「隷属と自由の最も濁った混合」（ibid. 同前）だけを見ると言う（Zur praktischen Philosophie Schellinngs und Hegels in Jena (1803), in: L. Siep, *Praktische Philosophie in Deutschen Idealismus*, Suhrkamp Verlag, Frankfurt a, M., 1992)。

（20）ジープは、この『体系構想I』に「ヘーゲルの、自然法に対する態度の最初の重要な転換」（L. Siep, Der Kampf um Anerkennung, Zur Hegels Auseinandersetzung mit Hobbes und den Jenaer Schriften, in: *Hegel-Studien*, Bd. 9, S. 74）を見て、ホッブズの問題設定との異同を指摘する。筆者としては、ヘーゲルは、フィヒテ的問題設定に沿いつつ、その克服をはかったと見る（第一部第二章）。

（21）R. P. Horstmann, Über die Rolle der bürgerlichen Gesellschaft in Hegels politischer Philosophie, in: *Hegel-Studien*, Bd. 9, S. 326.

（22）近代の分裂を分裂として、それを高く評価するという観点は、この『イェーナ体系構想III』で初めて生まれた。人倫と非有機的人倫の関係について、それ以前は、人倫による非有機的自然（欲求と労働の領域）を有機的に編成するというスタンスがとられていた。『自然法論文』は、「絶対的な人倫的なものは、自己を形態として完全に有機化しなければならない。なぜなら、関係はこの形態の側面の抽象だからである」(GW4. 453f.) と言い、『人倫の体系』も「人倫は絶対的な教養形成である。なぜなら永遠なもののなかに存在するのは、あらゆる規定態の実在的で経験的な無化だからである」(GW5. 328, 一〇二) と、そして『イェーナ体系構想Ⅰ』は、「精神の全体性は、その差異化された関係から解放されて、絶対的に肯定的な精神にならなければならない」(GW6. . 317) と言う。それに対して、『イェーナ体系構想Ⅲ』では、以前のスタンスに代わって、「統治の狡知」(GW8. 276) 概念が登場する。分裂を前提とした概念である。

(23) HW. 19. 129.『哲学史講義 (中)』、長谷川宏訳、河出書房新社、一九九二年、一〇五頁。

(24)『イェーナ体系構想Ⅲ』と時期的にきわめて近い『精神現象学』も「精神」の概念を「独立的に存在する相異なる自己意識の完全な自由と自立性における両者の統一」(GW9. 108, 上一八二) と規定する。

(25) キンマーレは、イェーナ期に、「自然の哲学」から「精神の哲学」への思想的転換を見てとり、意識ならびに労働の概念に大きな役割を見る。しかし、その労働は人間 - 自然関係で捉えられたものであり、「此岸的な、自己を物となすこと」としての労働の、社会形成的機能は視野に入らない (vgl., H. Kimmerle, *Das Problem der Abgeschlossenheit des Denkens, Hegel-Studien Beiheft* 8, Bouvier Verlag, Bonn, 1970, S. 219-226.)。

(26) これは、のちの『法(権利)の哲学』の論点、つまり「普遍的なものは諸個人の特殊な利害関心、知や意志のはたらきを抜きにしては妥当通用しない、また諸個人はただたんにそうしたもののために私的人格として生きるのではなく、普遍的なもののうちでそのために意志する」(二六〇節) に通じている。

(27) ジープは、前掲論文で、「普遍意志概念において、それとなくルソーに立ち返っているからといって、このことは過大に評価されてはならない。普遍意志の最初の現存は、ヘーゲルにとっては労働と営業の体系であるが、ルソーにとって営業の領域は、一般意志の非和解的対立物である虚栄心に支配されている」(ibid., S. 183) と述べて、『イェーナ体系構想Ⅲ』をルソーよりも、ホッブズに近づける。むしろ、ヘーゲルは、意志論による問題設定をルソー (そしてフィヒテ) から引継ぎ、個別意志 - 普遍意志論の新たな土俵の上で、この領域を体系内に捉えることができるようになったとする方がよい。リーデルを援用するならば、「ルソーから継承した、個別者の意志から構成される普遍（一般）意志に関する理論を、アリストテレスの思想（全体は本性上、部分に先立つ――筆者）をより所として解釈する」（M. Riedel, Hegels Kritik des Naturrechts, in: *Hegel-Studien*, Bd. 4, S. 196.『ヘーゲル法哲学――その成立と構造』清水正徳・山本道雄訳、福村書店、一九七六年、七一頁）。

第二部

第五章

（1）こうした本格的な論議が開始されるきっかけとなったのは、新たな資料、発展史的な研究方法にもとづいて、解釈の問題提起をおこなった、Otto Pöggeler, Zur Deutung der Phänomenologie des Geistes, in: *Hegel-Studien*, Bd. 1, Bonn.（オットー・ペゲラー「『精神現象学』の解釈によせて」奥谷浩一訳、『論集』第三一号、一九八二年、第三三号、一九八三年、所収、札幌商科大学学会）であった。

（2）*Hegel Gesammelte Werke* (hrsg. von Reinisch-Westfälischen Akademie der Wissenschaften) Bd. 8 (Jenaer Systementwürfe III), S. 264.

（3）J. Ritter, Moralität und Sittlichkeit. Zur Hegels Auseinandersetzung mit der Kantischen Ethik, in: *Metaphysik und Politik*, Suhrkamp Verlag, Frankfurt a. M. 1969. で詳しい指摘がなされている。

（4）ヘーゲル『精神の現象学』（上巻）金子武蔵訳、訳者総註、岩波書店、一九七一年。

（5）J. Hyppolite, *Genèse et Strudture de la Phénoménologie de l'Esprit de Hegel.* イポリット『ヘーゲル精神現象学の生成と構造』（上巻）市倉宏祐訳、岩波書店、一九七五年。

（6）*Hegel, Phenomenology of Spirit*, tr. by A. V. Miller, Oxford, 1977. にフィンドレイ（Findlay）の「分析」（Analysis）が付されて

いる。

(7) フィンクは「理性」章の範囲で、道徳性の生成と人倫的実体の生成に言及する。「理性的自己意識の現実化の問題を二重の、反対方向の運動において叙述することは、ヘーゲルの微妙かつ弁証法的な思考様式に特徴的である。そして歴史的アクセントが、さりげなく響く前置きによって投げ込まれる。すなわち、ある国民の実在的人倫の喪失状態から出発したほうが『われわれの時代にとって』より手近にあると。……」(E. Fink, *Hegel*, Vittorio Klostermann, Frankfurt, a. M. 1977, S. 314. フィンク『ヘーゲル』加藤精司訳、国文社、一九八七年、四四六―七頁)

(8) R. Norman, *Hegels Phenomenologie, a philosophical introduction*, Sussex University Press, Sussex, 1976. ノーマン『ヘーゲル「精神現象学」入門』宮坂真喜弘訳、御茶の水書房、一九八二年。

(9)「事そのもの」の用例数は、最後に執筆された「序論」を除いて、五八例ある。検索には、千葉大学文学部加藤尚武研究室(一九九三年当時)が開発したヘーゲル・データベースを使用した。検索にあたっては、石川伊織氏(一九九三年当時、法政大講師、現新潟県立女子短大助教授)にお世話になった。なお、五桁の数字の前半三つの数字は、ページ数を、後半二つの数字は、行数を表す。テキストは、ズーアカンプ社版ヘーゲル著作集第三巻である。

緒論 (06803)　1

A 意識(「Ⅲ 悟性」のみ)　(11734, 12510, 12513, 12517, 12607, 12630, 12724) ……………… 7

B 自己意識 ……………… 0

C (AA) 理性 ……………… 41

　A 観察する理性 (19331, 22103, 23614, 24312) ……………… 4

　C 即かつ対自的に実在的であることを自覚している個体性 ……………… 37

　　a 精神的な動物の国と欺瞞、あるいは事そのもの ……………… 32

（29404, 30407, 30412, 30421, 30433, 30505, 30510, 30515, 30516, 30522, 30526, 30535, 30603, 30611, 30613, 30617, 30628, 30629, 30635, 30707, 30718, 30727, 30732, 30812, 30833, 30836, 30904, 31013, 31017, 31027, 31031, 31103）

b　立法理性　（31119, 31230, 31525）……………… 3

c　査法理性　（31623, 31932）……………… 2

（BB）精神 ……………… 9

Ⅵ　精神　（32423）……………… 1

A　真の精神、人倫　（34001）……………… 1

B　自己から離反する精神、教養　（36801, 39087）……………… 2

C　自己確信的精神、道徳性（「c　良心」のみ）　（46821, 47105, 47106, 47111, 47116）……………… 5

（CC）宗教 ……………… 0

（DD）絶対知 ……………… 0

（10）「事そのもの」を、ルカーチのように資本主義的商品と解するには無理があろう。むしろ、「事そのもの」は、近代市民社会を基盤とした市民的公共性の無自覚的そして自覚的経験であろう。vgl., G. Lukacs, *Der junge Hegel*, Bd. 2, Suhrkamp Taschenbuch, 1973, 745ff.『若きヘーゲル』（下）生松・元浜・木田訳、白水社、一九七二年、四一六—七頁。

（11）「事そのもの」がなお形式的普遍にすぎないので、個体性の側から事そのものが語られる。「事そのもの」の契機が主語となっていて、なお自立している。これが「理性」章の道徳性の限界をかたちづくることになる。

（12）カント『道徳形而上学の基礎づけ』の条りが念頭にあるのであろう。vgl., I. Kant, *Grundlegung zur Metapysik der Sitten*, Akademie-Ausgabe, Bd. IV, 403f. 篠田英雄訳、岩波文庫、四六頁。

（13）ヘーゲルは『法（権利）の哲学』の「道徳性」で「良心」の形式性を批判し、その極致を良心の悪への転化に見る。しかしこの形式的な良心に対して、「即かつ対自的に善であるところのものを意志する志操」として「真の良心」（一三七節）をあげている。『精神現象学』の「良心」は、この「真の良心」に通じていよう。

第六章

フィヒテからの引用は、FW: *J. G. Fichtes Werke*, hrsg. von I. H. Fichte, 11Bde., Leibzig. で表わし、そのあとに巻数、頁数を記す。なおフィヒテの翻訳として、『フィヒテ全集』（晢書房）があり、『思想の自由の回復要求』（井戸慶治訳、第二巻所収、一九九七年。FW. Bd. 6 所収）、『道徳論の体系』（藤沢賢一郎・高田純訳、第九巻所収、二〇〇〇年。FW. Bd. 4 所収）、『自然法の基礎』（藤沢賢一郎訳、第六巻所収、一九九五年）を参照した。邦訳全集には原典頁が付されているので、邦訳頁はあげなかった。なお『フランス革命論』は桝田啓三郎訳（法政大学出版局、一九八七年。FW. Bd. 1 所収）を参照し、邦訳頁数をあげる。

（1）vgl., J. Ritter, Moralität und Sittlichkeit. Zur Hegels Auseinandersetzung mit der Kantischen Ethik, in: *Metaphysik und Pollitik*, Frankfurt a. M. 1969.（「道徳性と人倫――カント倫理学と対決するヘーゲル」（座小田豊・栗原隆訳）、加藤尚武・座小田豊編訳『続・ヘーゲル読本』法政大学出版局、一九九七年、所収）。この問題について、リッターを引けば、「ヘーゲルの法哲学は、カント実践哲学の根底にある適法性と道徳性との区別を出発点としている」（S. 283、二二九頁）。「道徳性」は、「抽象法」と「人倫」の間の一章であるにとどまらず、道徳性にもとづく「自己意識的自由」が、法哲学全体を貫いている。しかし、カントのこうした二元性は、倫理学を、法‐国家理論から引き離すことになり、偉大さの反面、「主観性の存在は、内面性へと制限され」、外的現実との二元性を越えることができなかった。ヘーゲルは、政治学を包括するアリストテレス的エートスの倫理学に立ち返り、それを、道徳性の内面性との関連において「自由の原理にもとづく諸制度において現実化する、行為の理論として革新する」(S. 307、二五一頁)という。なお、『精神現象学』の「良心」の思想史的意味を浮かび上がらせる上で、ヘーゲル『イェーナ体系構想Ⅲ』の「個別性が〈自分自身を絶対的に知ること〉」、「自分自身を知る個体性」(Gw8. 263f.)の立場と『精神現象学』の「良心」とのつながりを、そしてそこを通底するフィヒテの自我論という問題を視野に入れることが必要になるであろう。このような問題の所在を、座小田豊氏からご指摘いただいた。

(2)フィヒテの二著は、フランス革命から強いインパクトを受けている。出版は、プロイセンの検閲体制を意識して匿名であった。二つの文献の検討に際しては、M. Buhl, *Revolution und Philosophie*, Berlin 1965(『革命と哲学——フィヒテ本源の哲学とフランス革命』藤野他訳、法政大学出版局、一九七六)、B. Willms, *Die totale Freiheit*, Köln und Opladen 1966(『全体的自由』青山他訳、木鐸社、一九七六)、福吉勝男『自由の要求と実践哲学』(世界書院、一九八八)「第二章、フランス革命と知識学」が参考になった。

(3)カント『単なる理性の限界内の宗教』の「良心」が念頭にある。vgl., FW. 4. 173.

(4)この箇所は、『精神現象学』における「良心」論の実践哲学的位置価を見定める上で重要であるが、筆者は、この視角からの十分な検討を、寡聞にして見ていない。

(5)良心による宗教の彼岸性の克服という構図が孕む問題性については、加藤尚武『ヘーゲル哲学の形成と原理』(未来社)第六章「人倫の理念の崩壊と回復」を参照されたい。

(6)この経緯については拙論「ヘーゲル社会哲学の視野」(加藤尚武他編『講座ドイツ観念論第五巻』所収、弘文堂、一九九〇年)第三章「世界の自己化の論理——労働・外化論」で概観しておいた。

(7)「良心」論とロマンティカーとの関連については、金子武蔵訳『精神の現象学、下巻』(岩波書店)「訳者総註」(一五七三—七六頁)の参照を求めたい。欧語文献として、R. Haym, *Die romantische Schule*, Hildesheim, 1870 (1961)、E. Hirsch, *Die*

Beisetzung der Romantiker in Hegels Phänomenologie (1924), in: *Materialen zu Hegels Phänomenologie des Geistes*, Frankfurt a. M. 1973 が挙げられている。ヒルシュを引けば、「道徳性」章は、カントに端を発する「フランス革命と同時代のドイツにおける諸精神の運動」を描き出し、「ヘーゲルは、ここでみずからの哲学の生成を語っている」(S. 246)。ヒルシュは、「良心の倫理学」として、ヤコービとフィヒテを、そして、後者との関連では『道徳論の体系』を挙げている(S. 253ff.)。筆者としては、先の二つの著作も視野に入れて、良心論におけるフィヒテ‐ヘーゲルの問題史的連関を問う必要があると考える。ヘーゲルは、フィヒテの良心が暗黙のうちに包み込んでいた問題を全面的に展開して、あらためて良心の実践哲学的位置を確定しようとしたとも言えよう。

(8) ヘーゲルが主観性の原理に重きをおいている点については、ソクラテスを「無限の主観性、自己意識の自由」をもって精神史に転換を画した「世界的個人」(*HW*, 18. 441,『哲学史講義(上)』長谷川宏訳、河出書房新社、一九九二年、三七一頁)と讃えていることからも窺えよう。

第七章

(1) ヘーゲル左派の疎外論について、拙論として以下のものがある。「ヘーゲル批判の思想圏――シェリング、バウアー、フォイエルバッハと疎外論」(石塚正英編『ヘーゲル左派――思想・運動・歴史』法政大学出版局、一九九二年、所収)。なお、ヘーゲル以前の概念史については簡単に触れておこう。ドイツ語の疎外 Entfremdung は外化 Entäusserung とともに、その語源を、他人のものとするという意味のラテン語 alienatio、ギリシア語 αλλοτριωσις などにもつ。すでに中世ドイツ語に用例がある(ルター訳聖書では「entfrembden されてはならない財」)。日常語として、古くから不和や疎遠、断念や譲渡などの意味で用いられた。alienatio は神学的術語としてではないが、神から離反し疎遠になるという意味で、また地上的なものから離反して神の恩寵に与る経験の開示という意味で使用されることもあった。近代では alienation, alienation

が、英仏の経済学において商品の譲渡を、また社会契約論の場面で自然状態から成立した社会に対する自然権の譲渡を表すようになり、外化も術語性をもつようになった。ルソーの場合、社会契約による各人の諸権利の「全面譲渡」は共同体成立の核となる。疎外は、一八世紀末頃から文献上散見されるようになる。W・v・フンボルトは遺稿（一七九三年）で「自分自身から出て外なる対象に移行する」ことを人間の本性として「この疎外の内で自己を喪失しないことが課題」と述べ、ゲーテはディドロ『ラモーの甥』独訳（一八〇五年）で aliénation d'esprit（正気の喪失）に Entfremdung des Geistes をあてた。フィヒテ『あらゆる啓示の批判の試み』（一七九二年）に、カントの道徳哲学に依拠し、神の命ずるものは道徳法則であり、宗教が意志の規定に関わる限りで「神の理念とは我々の内なる道徳法則による立法者であり、我々自身のものの外化に基づく」という外化の用例がある（*Historishes Wörterbuch der Philosophie*, hrsg. von J. Ritter, Basel, 1972. による）。

（2）K・フィッシャー『ヘーゲルの精神現象学』（玉井茂・宮本十蔵訳、勁草書房、一九九一年）の訳者注に「ここでのヘーゲルの叙述は紆余曲折してまことに理解困難である」（二一七頁）とある。一般に「精神」章Bの印象はこのようなものであろう。ヘーゲル左派的な、あるいはマルクス的な疎外概念が、「精神」章Bの読解を妨げる要因の一つと思われる。

（3）ルカーチが「外化」概念の重要性を指摘した点は評価されるであろう（G. Lukács, *Der junge Hegel*, Bd. 2, Suhrkamp Taschenbuch Wissenschaft 33, 1973,『ルカーチ著作集一一　若きヘーゲル』（下）生松敬三・元浜清海・木田元訳、白水社、一九七二年）。ただし、ルカーチは『精神現象学』の展開に即してその用法を検討するというよりは、K・マルクスの視点で「外化」概念を取り上げている。ルカーチは「外化」概念が「人間のあらゆる労働、つまり人間のあらゆる経済的、社会的活動と結びついた、複雑な主観＝客観関係」（S. 830, 五〇三頁）にかかわっていることを指摘して、「ヘーゲルは『外化』と『物性』ないし対象性とを誤って同一化する」（S. 834, 五〇八頁）と批評する。なお、ヘーゲルの外化概念は、『イェーナ体系構想Ⅲ』で成立した「此岸的な、自己を物となすこと」としての労働論と結びついている。この事情については第三章で取り上げておいた。

（4）ヘーゲルは〈自分を自分から離反させる sich sich entfremden〉をベースにして〈自分から離反する sich entfremdet〉を引き出していると見ることができよう。表題の訳には、次のようなものがある。「自分から疎遠になる精神」（金子武蔵訳、『精神の現象学』下巻、岩波書店、一九七九年）、「自己疎外的精神」（樫山欽四郎訳、『世界の大思想一二　精神現象学』、河出書房新社、一九六九年）、「疎外された精神」（長谷川宏訳、『精神現象学』、作品社、一九九八年）。なお、『精神現象学』における Entfremdung の用法について、すでに加藤尚武氏はこう指摘している。「疎外 Entfremdung の日常語としての意味は「離反」である。哲学用語として用いられても、ほとんど常に「離反」という意味が残っている。……『精神現象学』における「疎外」の実際の用例は、ほとんど常に、「転倒、倒錯」という意味を含んでいる」（『ヘーゲル哲学の形成と原理』未来社、一九八〇年、一四九頁）。

（5）fremd はよく「よそよそしい」と訳される。その背景にはいわゆる疎外論的な理解があるように思われる。とくに「精神」章Bの用法としては、〈自分と異なる他的な〉という意味でよい。

（6）思想史的に見るならば、「私悪すなわち公益」をかかげるマンディヴィル『蜂の寓話』（一七一四年）が引き起こした反発などを思い起こすとよい。

（7）「ヘーゲルは、富とか国家権力などを人間的本質にとって疎外された存在としてとらえる……」、したがって、この「対象的世界を人間のために返還請求する……」（*Marx-Engels Werke*, Ergänzungsband. 1, Diez Verlag, Berlin, 1977, S. 572.『経済学・哲学草稿』城塚登・田中吉六訳、岩波文庫、一九六―七頁）というマルクスの読み方は、本章での読み方を踏まえるならば、独特の読み込みによって成立していることが分かるであろう。マルクスの疎外論はもちろんマルクスに即して理解される必要がある。

（8）ここで『精神現象学』の疎外論についての言及を二つほどあげておこう。

（i）Rudolf Ružička, *Selbstentfremdung und Ideologie*, Zum Ideologieproblem und den Junghegelianern, Bouvier Verlag, Bonn, 1977.

Ružička によれば、「自己疎外は、ヘーゲルにとって次の意味をもつ。みずからの活動が意識にとって活動との連関のうちにあると意識されていないがゆえに、みずからの活動が意識にとって疎遠になる。この自己疎外から引き続いて生じる、みずからの所産の疎遠性もまた考えられている。それだけでなく、自己疎外は、自己と対象に分離するという、精神的自己の分裂態を本質的に考えている」（S. 26）。そして、結局のところ「疎外の主体」は「意識の自己」ではなく、「実体と主体の統一である精神の自己」となっていると言う。これは主に「序論」を念頭においている。ただし、ヘーゲルに「自己疎外」概念はない。「序論」に次のような個所がある。神的生命が「にごりなき自己との統一にあるかぎり、他的存在（Anderssein）も疎外も重要な問題とはならない」（GW9. 18, 上一八）。「精神とは、みずから他のもの、つまり自分の自己の対象となり、そしてこの他的あり方を止揚する運動である。……経験を経ていないもの、つまり抽象的なものは、（自分を）自己から離反させて（sich entfremden）、それからこの疎外から自己に還る」（GW9. 29, 上三四）。この「疎外」に、本質諸力が主体から失われて対象自身の諸力と化すというヘーゲル左派的な含意はない。「対立的な二重化」（GW9. 18, 上一八）、あるいは概念の自己区別 - 分離と言いかえられもしよう。そこにヘーゲル左派的な疎外論が投影されているように見える。

（ii）Charles Taylor, *Hegel*, Cambridge University Press, Cambridge, 1975.「疎外は以下の点で成り立っている。……つまり、人はこの社会的現実を他なるものとして経験し、その現実のうちで〈自己のもとに（bei sich）〉いるとは感じない。〈自分が自分であること（identification）〉が疎外されて、それは、社会と明確な一体性のうちでそれを表現することがない。……人は個人の特殊性を断念して、より広い大義に奉仕するなかで自分たちの生活の本質的実体に近づかなければならない」（p. 178）。自己の外部に実体があるということが「疎外」の本質とされる。この克服として「精神」Bが理解される。

（9）ここで扱われるのが、思想としてはルソーの『社会契約論』、歴史的出来事としてはフランス革命という見方はほぼ一致したものとなっている。たとえば、イポリット（J. Hyppolite, *Genèse et Structure de la Phénoménologie de l'Esprit de Hegel*, Paris,

Aubier, 1946, p. 422.『ヘーゲル精神現象学の生成と構造』(下巻) 市倉宏祐訳、岩波書店、一九七五年、一九六頁)、金子武蔵(『精神の現象学』(下巻) 金子武蔵訳、岩波書店、一九七八年、「訳者註 その一」一二六九頁)、チャールズ・テーラー (Charles Taylor, *Hegel*, Cambridge University Press, Cambridge, 1975, p. 185)。ただし、新全集版『精神現象学』の編者は、注で、共同的意志がすべての個別者の意志の総和であることが求められるという論点に絡んで、シェーエスの名前をあげる (*Hegel Gesamelte Werke* (hrsg. von Reinisch-Westfälischen Akademie der Wissenschaft), Bd. 9, S. 515.)。

(10)「財産共同体 (Gütergemeinschaft)」について「理性」章C「c 査法理性」で原理的な検討を加えている。そこでは、二つの可能性が考えられる。まず、各人に自分が必要とするだけのものが行きわたる場合、ここに生じる不平等と、諸個人の平等とが矛盾する。つまり、欲求に応じて分配すれば、諸個人の平等と矛盾する。また、諸個人の平等の原理にしたがって分配される場合、その持ち分は欲求との関係をもたなくなる。形式平等に即すると、分配が欲求との関連をもたなくなる。財産共同体は、こうして個別性と普遍性という相矛盾する契機をかかえているというのである (GW9. 233, 上四三二―四三五)。財産共同体の現実性について、ヘーゲルはこのように指摘して退ける。

(11) この区別を、後年の『法(権利)の哲学』(一八二〇年) 二五八節注解は、ルソーが意志を国家の原理として立てたことに高い評価を与えたあとで、ルソーが意志を個別意志という形式で捉えたために、普遍意志を「個別意志から出てくる共同的なものとして捉えたにすぎない」(二六〇節)、と批判する。そのとき、ヘーゲルは、個別意志に含まれている「自由の主体性」は、「理性的意志の一方の、それゆえ一面的な契機」である点を、また二つの位相の端的な区別を強調する。意志は、個別的意志と客観的意志の両面をそなえてこそ理性的意志だというのである。

トライチュケ、フーバーからの引用は次の略号と頁数で示す。

Tr.　Treitschke, *Deutsche Geschichte im neunzehnten Jahrhundert*, Bd. 2, 3, Leibzig, 1927

HD.　E. R. Huber, *Deutsche Verfassungsgeschichte*, Bd. 1, Stuttgart, 1975.

（憲法制定をめぐる状況については、トライチュケ、フーバーの書にあたった）

（1）『法（権利）の哲学』と講義録の「根本的な差異」については一般に疑問視されている。問題点は、*Hegel-Studien*, Bd. 10 (1975), 11 (1976) のホルストマンの書評がよくまとめている。また権左武志「ヘーゲル法哲学講義をめぐる近年の論争（一）（二・完）」（『北大法学論集』四〇巻・五／六号、四一巻一号）は、イルティングと他の研究者との争点をよく整理している。

（2）ヴァンネンマンの筆記録は、カロヴェの筆記の断片とその該当部分に関し一致するため、文献学的に信頼度が高い。一九／二〇年の筆記録（筆記者名、不詳）については、文献上の信憑性に疑問が投げかけられた。二つの筆記録の文献学的検討は、E. W. Lohmann, Hegels Rechtsphilosophische Vorlesungen, Zeignis, Manuskripte und Nachschriften, in: *Hegel-Studien*, Bd. 26, 1991. に詳しい。ただし、ヘンリッヒが公刊した一九・二〇年講義筆記録の信頼性問題は、同講義についてのリンギーア筆記録（*G. W. F. Hegel, Vorlesungen über die Philosophie des Rechts Berlin 1819/20*, nachgeschrieben von J. R. Ringier, hrsg. von E. Angehrn, M. Bondeli und H. N. Seelmann, Felix Meiner Verlag, Hamburg, 2000.）の公刊によってひとまず棚上げされたものと見て、扱わなかった。

なお二一／二二年の講義録は、一九八四年、キール教育大学で発見され、シュレスヴィヒ・ホルシュタイン州立図書館に保管されているが、公刊されていない（「国家」の章の大部分が欠落している）。

（3）一七／一八年講義の公刊以前に、ニコーリンは、先に挙げた立憲君主制論に関わるカロヴェの筆記断片と『法（権利）

の哲学』の論点を対照させて、立憲君主制論のモチーフを探る上で、一七／一八年講義の刊行の必要を述べていた（F. Nicolin, Hegel über Konstitutionelle Monarchie, Ein Splitter aus der ersten Rechtsphilosophie-Vorlesung, in: *Hegel-Studien*, Bd. 10. 1975.）。この講義の刊行前に、セガは立憲君主制論の成立と展開を論じ、その成立とフランス立憲主義のつながりを、また執行権と君主権を区別するコンスタンの間接的な影響を指摘している（C. Cega, Entscheidung und Schicksal: fürstliche Gewalt, in: *Hegels Philosohie des Rechts*, hrsg. von D. Henrich u. R.- P. Horstmann, Stuttgart, 1982.）。

（4）フーバーによれば、議会は「近代的な民主的・立憲的な論議を要求したのではなく、旧身分制的体制への追憶を要求し、それを支持したのである」（HD. 332）。

（5）フランス立憲主義とヘーゲルとの関連は、すでにガンスが、ベルリン大学での一八三二／三三年冬学期の法哲学講義で示唆している。ガンスは、近代の法哲学の発展を三区分する。ルソー、カント、フィヒテなどの当為の立場を第二期として、フランス革命以降の第三期は、一、過去の現実への回帰（ド・メーストル、ハラー、A・ミュラー、シュレーゲル）、二、革命の経験をともなう現実的なものへの回帰（コンスタン、シャトーブリアン、ロワイエ・コラール）、三、法と国家の概念把握に立つ現実的なものへの回帰（ヘーゲル）に分けられる（E. Gans, *Naturrecht und Universalrechtsgeschihte*, hrsg., v. M. Riedel, Stuttgart, 1981, S. 49ff.）。ガンスは二の立場をもって「立憲君主制の形態を発展させ、打ち立てた」（ibid., S. 51）と言う。彼はパリ旅行の際、コンスタンを訪問してもいる（ジャック・ドント『ベルリンのヘーゲル』花田圭介監訳、法政大学出版局、一九八三年、二一一頁）。なおヘーゲルはコラールの弟子筋のクーザンと親交があった（同前、一三四頁）。

（6）佐藤功『比較政治制度』東大出版会、一九六七年、七九頁。『憲法草案』よりの引用文。なおコンスタンは一八一五年により明確に、「われわれの憲法は、大臣責任制を確立するにあたり、大臣権を明確に王権から分離する」（Benjamin Constant, Principes de politique, 1815, in: *Cours de politique constitutionnelle*, reprint of the 1872 ed. published by Guillaumin, vol. 1, Arno Press Inc., p. 18）と述べる。コンスタンとシャトーブリアンに関して、深瀬忠一「バンジャマン・コンスタンの中立権の理論」（北大『法学会論集』第一〇巻合併号、一九六〇年）、宮沢俊義「シャトブリアンの議院制の理論」（『憲法と政治制度』岩波書店、一九六八年、所収）、田中治男『フランス自由主義の生成と展開』（東大出版会、一九七〇年）、小野紀明『フランス・ロマン主義の政治思想』（木鐸社、一九八六年）、レーベンシュタイン『君主制』（秋元律郎他訳、みすず書房、一九五七年）などを参照した。レーベンシュタインを引くならば、「従来の三権分立を拡大したこの独創性は、政府あるいは大臣に属する執行権を、国王に与えられる王権から区別するところに特色を持っている」（同書、九一頁）。なお、シャトーブリアン『シャルトによる君主制』（一八一六年）について、宮沢俊義論文に詳しい解説がある。

（7）L. Siep, *Praktische Philosophie im Deutschen Idealismus*, Frankfurt am Main, 1992, S. 254.「ヘーゲルの権力分立の理論」小川清次訳（『ドイツ観念論における実践哲学』上妻精監訳、哲書房、一九九五年、所収）三八九頁。なお、ジープもこの講義の重要性を認めるが、承認論の視野から読解することから、個別意志に対する普遍意志の優位という面をクローズアップすることになり、結局新たな読解の方向が出てくるわけではない。ハイデルベルク講義（C・ベッカー他編）への書評でも、ヘーゲル国家理論の「自然哲学的背景」、つまり有機体論的な構えへの違和感が示される（Hegels Heidelberger Rechtsphilosophie, in: *Hegel-Studien*, Bd. 20, 1985, S. 283-291.）。

（8）邦語文献では、水崎節文「一九世紀初期におけるプロイセン議会制構想」（名古屋大学『法政論集』一五、一九六〇年所収）が参考になる。

（9）マックス・フォン・ベーン『ビーダーマイヤー時代――ドイツ一九世紀前半の文化と社会』、飯塚信雄他訳、三修社、一九九三年、二一九頁。

（10）ヘーゲルの人倫的共同体の基本骨格については、第三部第九章で扱う。

第九章

（1） *Materialien zu Hegels Rechtsphilosophie*, Band 1, hrsg. von Manfred Riedel, Suhrkamp Verlag, Frankfurt am Mein, 1975, S. 212.

（2） ヘーゲルが法哲学形成史のなかで、この問題を通してどのような視点を手にしたかについては、『精神現象学』の「絶対自由と恐怖」を検討した第二部第七章を参照されたい。

（3） 意志論という問題の立て方について、これまで十分な検討がなされてきたとは言えない。ヘーゲル法哲学の基本性格は意志論という問題設定を検討することによって明らかになるであろう。第一部第四章を参照されたい。なお、『法（権利）の哲学』の出発点となる「意志」は「主観的精神」論を前提としている。その到達点は、自然性を脱却した自由な知性としての意志、つまり自己を自由なものとして知るにいたった精神であるが、なお抽象的な理念にとどまる。この理念の現存在の側面として個別的意志が姿を現す。この意志が、「自由」の理念に現実的な明確な姿を与える。「客観的精神」論のテーマはこの点にある。自由意志はたんに自由な選択的意志ではなく、自由な共同体構想というコンテクストのなかに登場する。ここにヘーゲル意志論の特徴がある。

（4） なお、ヘーゲルが描き出す諸制度は、当然のことながら当時のプロイセンにはないものが多かった。ローゼンクランツは、ハイムのヘーゲル批判に応えて、『法（権利）の哲学』にあって、プロイセンにないものとして、「憲法、議会、法の前での全市民の平等、裁判の公開、世論の自由」（vgl., K. Rosenkranz, Apologie Hegels gegen Dr. Haym (1858), in: *Materialien zu Hegels Rechtsphilosophie*, Bd. 1, Suhrkamp Verlag, Frankfurt a. M., S. 401.）をあげている。なお、国王による憲法公約は、一八一五年であったが、国王による憲法草案の提示は、一八四〇年代の立憲制要求請願運動の高まりを受けた、一八四四年であった。

なお、ハイデルベルク大学時代の同僚パウルス（神学者、一七六一―一八五一）は、すでにヴュルテンベルク領邦議会問題をめぐってヘーゲルと見解を異にして、議会側に立っていたが、『法（権利）の哲学』が出版されるとただちに匿名の書評を『ハイデルベルク文芸年報』(一八二一年春)に発表した。そこで、序文の理性＝現実性テーゼとヘーゲルのフリース批判に反論を加えている。ヘーゲルは「国家の真の本質を概念把握することが哲学的法学の課題である」と言う。そして「哲学は国家がいかにあるべきかを探求するよう努めなければならない」という見解を厳しく批判する。パウルスはヘーゲルのフリース批判を念頭においている。そして高い次元において当為を語ることを擁護する。そして「ヘーゲル氏は、国家が現実にどのようにあるかを述べていない。そうではなく、自分の見解にしたがって、国家がいかにあるべきかを述べている。……まだ現実には共和制的な形態は現存しないし、また君主制そのものが純粋に立憲的に仕上げられているところはどこにもない。……このように見るならば、われわれはヘーゲル氏にいったいどこにロドス島があるのかと尋ねてみてもよかろう」(*G. W. F. Hegel: Vorlesungen über Rechtsphilosophie 1818-1831*, Ed. v. K.- H. Ilting, Stuttgart-Bad Cannstatt, 1973. Bd. 1, S. 372)。パウルスは、序文のテーゼに対して自己矛盾を犯していると批判し、あわせてフリースを擁護している。ヘーゲルが描き出す国家像が現存する国家とは異なるという指摘は、保守派の論客、F・J・シュタールやK・E・シューバルトからも出されている。ハイム以降、ヘーゲル国家論を解釈する枠が狭まっていく感がある。一九世紀における『法(権利)の哲学』の多様な読解については、拙論「『法(権利)の哲学』の反響——一九世紀を中心に」(加藤尚武・滝口清栄編『ヘーゲルの国家論』、理想社、二〇〇六年、所収)を参照されたい。

(5) 六二節注解に、「キリスト教によって人格の自由が開花しはじめ、人類の小部分の間にせよ普遍的な原理となって以来、たしかに一五〇〇年になる。だが、所有の自由は昨今やっと、ここかしこで原理として認められ始めたにすぎない」とあるが、権左武志氏は、この意味を「帝国の崩壊、ライン同盟改革と国家主権の問題——ヘーゲル主権理論の形成とその歴史的背景」(『思想』九九一号、岩波書店、二〇〇六年一一月号所収)で明快に解き明かしている。それによれば、この背景に、ヘーゲルがライン同盟諸国の改革を、改革期プロイセンに先立って身近に感じ取るなかで、分割地所有という封建的、旧ヨーロッパ的所有概念の批判者となっていたことがあった。そしてこの旧所有概念と断絶した人格と所有の自由を土台として、近代性をもつ市民社会の諸制度が、また、所有権を徹底して私法化することにより、統一的な公権力の創出が構想可能になったという。

（6）Philosophie des Rechts の英訳は、Philosophy of Right（T. M. Knox）であるが、邦訳としては『法哲学』あるいは『法の哲学』などの訳があてられてきた。Recht が法と権利の両面を含むこと、そして権利の哲学であることは、これまで十分に踏まえられてこなかった向きがある。加藤尚武『ヘーゲルの「法」哲学』（青土社、一九九九年、増補新版）は、この意味を十分に踏まえて「抽象的法（権利）」の章を、心身問題も含めて読み解き（氏は、マルクス疎外論の出生地をこのテキストにもとめてもいる）、権利の発生基盤として市民社会を読み解いてみせる。ヘーゲルは「現存する社会習慣を平板な事実として、正当性の根拠にすえるという悪しき現実主義は採らなかった。現存する社会から、たえず立ち昇ってくる権利の流れを制度の血管に流し込むことによって、事実的であるとともに、理論的であるような、正当化の体系を描き出した」（二六三頁）。

（7）「道徳性」章は、「抽象的法（権利）」の章と「人倫」の章にはさまれた一章にすぎないのではない。J・リッターを引くならば、「われわれは普通ぼんやりと、国家は『権力を通して』連関していると考えるが、『しかし、その連関を保持しているのは、万人がもっている秩序についての基礎感情だけだ』（二六八節補遺。これはホトーの講義筆記録から採られている——筆者）というのである。……自由の上に基礎づけられた、法律としての権利と、法律の上に基礎づけられた国家とが、結局のところ、〈個人は、自由で人倫的な自らの存在を、制度のうちに見いだすことができる〉ということを唯一保証するものなのである」（J. Ritter, Moralität und Sittlichkeit. Zur Hegels Auseinandersetzung mit der Kantischen Ethik, in: *Metaphysik und Pollitik*, Frankfurt a. M. 1969, S. 308,「道徳性と人倫——カント倫理学と対決するヘーゲル」（座小田豊・栗原隆訳）、加藤尚武・座小田豊編訳『続・ヘーゲル読本』法政大学出版局、一九九七年、所収、二五二頁）。「道徳性」は、人倫のありよう全体にかかわる。また、この問題と関連して、第二部第五章、第六章を参照されたい。人倫と道徳性の問題を、客観的自由と主観的自由の問題として捉えて、人倫における主観的自由の構成的意味を論じたものとして、幸津國生「人倫と道徳性――主観的自由の意味をめぐって」（『叢書ドイツ観念論との対話　4』門脇卓上爾編、ミネルヴァ書房、一九九三年、所収）がある。

（8）Birger P. Priddat, *Hegel als Ökonom*, Dunker & Humbldt, Berlin, 1990, S. 17,『経済学者ヘーゲル』（高柳良治・滝口清栄・早瀬明・神山伸弘訳）、御茶の水書房、一九九九年、一一頁）

（9）ガンスは、一八三二／三三年冬学期の法哲学講義でこう言う。「賤民は存続せざるをえないか。賤民は不可避な存在なのか。この点では、私はサン・シモン主義者の見解に従う。われわれの場合、そのような賤民はまだ組織されていないが、ロンドンでは組織されている。それゆえ、ポリツァイはいかなる賤民も存在しなくなるように作動できなければならない。……この事態の根底に立ち返って、それを止揚しなければならない」（Eduard Gans, *Naturrecht und Universalrechtsgeschichte*, hrsg. von M. Riedel, Klett-Kotta, Stuttgart, 1981, S. 93）。ヘーゲル学派には、ガンスが法哲学の分野で師ヘーゲルをさらに進めたという評価もあった。ガンスは講義や著書（『人物ならびに状態の回顧』一八三六年）のなかでサン・シモン主義を取り上げ、社会問題に注意を喚起し、ヘーゲルのコルポラツィオーン（職業団体）を初期社会主義のアソシアシオーン論に結びつける。「三月前期」における思想的影響という点も見落とせない。

コルポラツィオーンについて、プリッダートの指摘は示唆に富む。「ヘーゲルは、市民社会のうちに傾向的に孕まれている危機を解決するのは、人倫的な制度を形成することだと考える。市民社会は、そのコルポラツィオーンのなかに自主管理権限（Selbstverwaltungskompetenz）をそなえている。これは、制度論的には、スミス的な市場配分の『偶然性』と、国家経済的（ドイツ官房学的な――筆者）な干渉によるいわば絶対主義的な後見との中庸を保つものである。コルポラツィオーンはこれらの両極端を止揚する」（Birger P. Priddat, *Hegel als Ökonom*, Dunker & Humblodt, Berlin, 1990, S. 208,『経済学者ヘーゲル』（高柳良治・滝口清栄・早瀬明・神山伸弘訳）、御茶の水書房、一九九九年、二八〇頁）。ヘーゲルは万人の生計の維持を理念として、「コルポラツィオーン的経済体制」という第三の道を提示したという。この先見性のゆえに、「一九世紀後半に提起された『社会問題』の方向性や意味内容を先取りする一種の人倫的な配分をめざすものとなる」(ibid., S. 201, 同書、二七二頁)。ラサール、シュモラー、シェフレ等々が検討したことは、すでにこのヘーゲルのうちに含まれていたという。

なお、高柳良治氏はコルポラツィオーンが立法への関与について難点をもつとしても、ヘーゲルの多元主義的社会理論を成り立たせる「根幹」をなしていること、また「多極共存型デモクラシー」の志向をもっていることを、中間団体の思想史的検討も踏まえて浮かび上がらせる(『ヘーゲル社会理論の射程』御茶の水書房、二〇〇〇年、第五章、第六章)。早瀬明氏は、コルポラツィオーンの政治的意味にスポットをあて、こう指摘している。「ブルジョワの経済活動は、それが有機体論的・団体的に組織されるならば、それ自体が、既に同時に、シトワイアンの養成という政治教育的意義を有しうる。……此れこそ、ヘーゲルのコルポラツィオーン論を貫く最も根本的なモチーフなのであった」(「ヘーゲルのコルポラツィオーン論」、『近世哲学研究』第二号、一九九五年、三五頁)。また、原田哲史氏は、コルポラツィオーン論が当時、ヘーゲルだけのものではないことを指摘して、A・ミュラーの中間団体論の検討を踏まえて、ヘーゲル社会理論の特質を浮かび上がらせようとしている(「ミュラーとヘーゲル――職業団体と統治権に着目して」、『社会思想史研究』第一八号、一九九四年)。

(10)『法(権利)の哲学』は当時のウィーン体制下という時代状況を背景にして執筆されている。ヘーゲルのテキストのなかでもとくに『法(権利)の哲学』国家論については、〈読みの水準〉が問われる。たとえば、今挙げた二五八節に次の一文がある。「国家は実体的意志の現実態としては、即自かつ対自的に理性的なものである。この実体的一体性は絶対不動の自己目的であって、この目的において自由はその最高の権利を得るが、他方、この究極目的も個々人に対して最高の権利をもつから、個々人の最高の義務は国家の成員であることである」。座小田豊氏は、精神、自由の概念をめぐるヘーゲルの思索の諸相を検討した上で、この「実体的意志の現実態としては」という限定から、扱われている国家を「理念としての国家」（二六〇節補遺）として読み解き、「この究極目的」からも同じことを読み解く。また補遺を援用したうえで、「国家も個々人も『究極目的』を目指すことによって、より理念に近い義務と権利の一体化を追求しているのである」と言う（座小田豊「精神と国家――主観性と自由の哲学」、『講座ドイツ観念論第五巻　ヘーゲル』加藤尚武編、弘文堂、一九九〇年、三一九頁）『法（権利）の哲学』はこのようなスタンスを求める。

（11）ヘーゲルは政治的公的領域をいかに構成するか腐心する。神山伸弘氏はこの事情を「ヘーゲル『法哲学』における『国家の論理』」（加藤尚武・滝口清栄編『ヘーゲルの国家論』理想社、二〇〇六年、所収）で「権力分化の〈論理〉――政治的決定における〈恣意〉の除去」という観点から検討している。参照されたい。

（12）「ヘーゲルの体系構成は閉じているように見えるが、本当のところは未解決の問題に対して開かれている。またヘーゲルが変転する周りの世界に配慮しなければならなかったことも見過ごすことはできない」と、ペゲラーは指摘する。これはヘーゲル法哲学を読み解く上で重要な視点である。しかし、「世襲君主制を通じて統治と立法はiの上の必要な点を入手するのであるが、ヘーゲルはこの世襲君主制を、そしてそれだけを制度として際立たせる困難な企てに取り組むなかで、骨董品に巻き込まれる。ヘーゲル法哲学本来のアクチュアリティを見誤ろうとしないのなら、人は今日これら骨董品をそっとしておかざるをえない」（Otto Pöggeler, Einleitung, in: *G. W. F. Hegel, Vorlesungen über Naturrecht und Staatswissenschft.* Heidelberg 1 817/18. hrsg. von C. Becker ... Mit e. Einl. von O. Pöggeler, Hamburg, 1983, XLVII.）とペゲラーが言うとき、公的圏の確立というヘーゲルの企てのなかで君主権が問題になる事情は視野に入っていないであろう。

（13）ヘーゲルは、イギリスの政治そして社会の腐蝕を取り上げる最晩年の『イギリス選挙法改正論文』でも、このような面での評価を変えていない。またイギリスでは中間的団体における自治と、そこで公共的利害関心が討議される伝統がある点を合わせて評価している。第三部第一一章を参照されたい。

（14）現代的な観点からヘーゲル法哲学を読み解いたものとして、近年、佐藤康邦「ヘーゲルの法哲学を擁護して——システム論の観点から」（『理想』一九八七年冬、第六三七号）、福吉勝男『使えるヘーゲル』（平凡社新書、二〇〇六年）などがある。法哲学的問題を含むヘーゲル哲学を、現代思想を視野に入れて読み解いたものとして熊野純彦『ヘーゲル　〈他なるもの〉の思考』（筑摩書房、二〇〇二年）がある。

第一〇章

Materialien zu Hegels Rechtsphilosophie, Band 1, hrsg. von M. Riedel, Suhrkamp Verlag, Frankfurt a. M., 1975. 所収の文献の引用に際しては、（M.）で示す。

G. W. F. Hegel, Vorlesungen über Rechtsphilosophie 1818-1831, Band 1, hrsg. von Karl-Heinz Ilting, Friedrich Frommann Verlag, Stuttgart-Bad Cannstatt, 1973. 所収の文献の引用に際しては（Ilt.）で示す。

（1）Rolf Peter Horstmann, Ist Hegels Rechtsphilosophie das Produkt der politischen Anpassung eines Liberaren? in: *Hegel-Studien* Band 9, 1974.

（2）Karl-Heinz Ilting, Zur Genese der Hegelschen »Rechtsphilosophie«, in: *Philosophische Rundscau* 30. Jahrgang Heft 3・4, 1983, S. 174.

（3）R. P. Horstmann, Ist Hegels Rechtsphilosophie das Produkt der politischen Anpassung eines Liberaren? *Hegel-Studien* Band 9, 1974, S. 244.

（4）Hans-Christian Lucas, „Wer hat die Verfassung zu machen, das Volk oder wer anders?" in: *Hegels Rechtsphilosophie im Zusammenhang der europäischen Verfassungsgeschichte*, hrsg. von Hans-Christian Lucas und Otto Pöggeler, frommann-holzboog, Stuttgart, 1986, S. 218.

（5）Vgl. *G. W. F. Hegel, Die Philosophie des Rechts, Die Mitschriften Wannenmann (Heidelberg1817/18) und Homeyer (Berlin1818/19)*, hrsg., eingeleitet und erläutert von K.- H. Ilting, Klett-Cotta, Stuttgart, S. 23f.

（6）*Hegel, Philosophie des Rechts, Die Vorlesung von 1819/20 in einer Nachschrift*, hrsg. von D. Henrich, Suhrkamp Verlag, Frankfurt a. M, 1983, S. 234. D・ヘンリッヒ編『ヘーゲル法哲学講義　一八一九／二〇』中村浩爾他訳、法律文化社、二〇〇二年、一七五頁。

（7）ヘーゲルが歴史の動向にどれほど冷静な目を向けていたかは、一八三〇年のフランス七月革命とその波紋をめぐる次のような言明からよく分かるであろう。「われわれは多くの君主制が設立されるのを経験してきたが、そこでは統治権力は行政権力として、純然たる立法および司法の権力から形式的に分離したものであることがはっきりとうたわれ、そのうえ前者はたんに装飾と栄誉をもつにすぎないものとして立てられている。しかし、このような場合に、内閣の任命がつねに議論と争いの中心になっている。そしていわゆる立法をもっぱらとする権力が勝利を得ている」（『イギリス選挙法改正論文』GW16. 384、一二二頁）。

（8）Manfred Riedel, Bürgerliche Gesellschaft, in: *Geschichtliche Grundbegriffe*, hrsg. von O. Brunner, W. Conze, R. Koselleck, Bd. 2, Ernst Klett Verlag, Stuttgart, S. 747. M・リーデル『市民社会の概念史』河上倫逸・常俊宗三郎編訳、以文社、一九九〇年、「第一章　市民社会」、四六頁。ヘーゲル法哲学における「共和主義」的側面については、原田哲史「ヘーゲルの国家・経済論における共和主義的側面について――初期から後期へと結ぶモンテスキューの理念――」（田中秀夫・山脇直司編『共和主義の思想空間』名古屋大学出版会、二〇〇六年、所収）が、ヘーゲルのモンテスキューへの言及に十分な目配りを施しつつ、明らかにしている。講義筆記録のヘーゲルの発言はけっして唐突なものではない。

第一一章

（1）ローゼンクランツは、晩年のヘーゲルの政治的見解は保守化して、近代的な選挙制度も没理性的なものに映ってきた、「この論文にはすでに病的な違和が感じられる」（『ヘーゲル伝』中埜肇訳、みすず書房、一九八三年、三五五頁）とまで言う。またK・フィッシャーも同じように保守的ヘーゲル像を描き出した（『ヘーゲルの生涯』玉井・礒江訳、勁草書房、一九七一年、二五四頁）。なお、『イギリス選挙法改正論文』についての近年の成果に、山崎純『神と国家　ヘーゲル宗教哲学』（創文社、一九九五年）第四章第二節「七月革命の衝撃と宗教・国家論の最後の検証」、金谷佳一「イギリス選挙法とヘーゲル」（加藤尚武・滝口清栄編『ヘーゲルの国家論』所収、理想社、二〇〇六年）がある。参照を請う。また邦訳（『ヘーゲル政治論文集』（下）の訳者注（上妻精）、解説（金子武蔵）とも詳細で有益である。

（2）*G. F. W. Hegel: Vorlesungen über Rechtsphilosophie 1818-1831*, Ed. v. K-H. Ilting, Stuttgart-Bad Cannstatt, 1973-74. Bd. 4, S. 697. 『ヘーゲル法哲学講義』長谷川宏訳、作品社、二〇〇〇年、五五八頁。

（3）H. Schneider, Dokumente zu Hegels politischen Denken 1830/31, 1. Ein Brief Hegels an v. Beyme, in: *Hegel-Studien*, Bd. 11, 1976, S. 81.

（4）M. J. Petry, Propaganda and analysis: background to Hegel's article on the English Reform Bill, in: *The State and Civil Society*, Ed. by Z. A. Pelcznski. Cambridge 1984, pp. 137-159.

（5）Howard Williams, Political Philosophy and the Philosophy of History in Hegel's Essay on the English Reform Bill, in: *Hegel-Studien Beiheft*, 35, 1995, Bouvier Verlag, Bonn, S. 239, 247.

（6）Ernst Rudolf Huber, *Deutsche Verfassungsgeschichte Seit 1789*, Band. II, Nachdruck der zweiten, verbesserten Auflage, W. Kohlhammer Verlag, Stuttgart Berlin, Köln, Mainz, S. 31-32.

（7）M. Petry, ibid., S. 86.

（8）Elisabeth Weisser-Lohmann, Englische Reformbill und Preussische Städteordnung, in: *Hegel-Studien Beiheft*, 35, 1995, Bouvier Verlag, Bonn, S. 281.

（9）*G. F. W. Hegel: Vorlesungen über Rechtsphilosophie 1818-1831*, Ed. v. K-H. Ilting, Stuttgart-Bad Cannstatt, 1973-74, Bd. 4, S. 692.

『ヘーゲル法哲学講義』長谷川宏訳、作品社、二〇〇〇年、五五三頁（ガンス、『法（権利）の哲学』二九〇節「補遺」として採録）。

（10）Reinhard Koselleck, *Preussen zwischen Reform und Revolution*, 2. Aufl. Stuttgart, Klett-Cotta, 1972, S. 565.

（11）Eduard Gans, Über die Preussische Städteordnungen Rezension, in: *Beiträge zur Revision der Preussischen Gesetzgebung*, hrsg. von Dr. E. Gans, Berlin 1830-32, S. 260-292.

（12）*Vorlesungen über Rechtsphilosophie 1818-1831*. Ed. v. K-Ilting, Stuttgart-Bad Cannstatt, 1973-74, Bd. 4, S. 697. 五五八頁。

（13）『ヘーゲル政治論文集』（下）、岩波文庫、金子武蔵「解説」、三二四頁。

（14）同前、三四八—三五四頁。

（15）*Vorlesungen über Naturrecht und Staatswissenschaft (1817/18)*, Nachschrift P. Wannenmann, hrsg. von C. Becker et al., 1983, 129, S. 180.

（16）ibid., 154, S. 237.

（17）*Vorlesungen über Rechtsphilosophie 1818-1831*, Ed. v. K-Ilting, Stuttgart-Bad Cannstatt, 1973-74, Bd. 4, S. 482. 三七三頁。

（18）ペトリは『モーニング・クロニクル』に関連する一八二一年から二〇年代後半のノート、メモを『ヘーゲル研究』誌にまとめている。M. J. Petry, Hegel and the Morning Chronicle, in: *Hegel-Studien*, Bd. 11, 1976, S. 11-80.

（19）J・S・ミル『ミル自伝』（一八七三年）、朱牟田夏雄訳、岩波文庫、八四頁。

（20）M. Petry, ibid., S. 72.

（21）M. Petry, ibid., S. 76. またペルチンスキーは「ヘーゲルが読んでいたラディカルな新聞（複数——筆者）は差し迫った革命の危機という脅しを助長していた」と言う（Z. A. Pelczynski, Hegel and Britisch Parliamentarism, in: *Hegels Rechtsphilosophie im Zesammenhang der europäischen Verfassungsgeschichte*, hrsg. von H. -Ch. Lucas und O. Pöeggeler, Stuttgart- Bad Cannstatt, frommann-holzboog, 1986, S. 107.)。ヘーゲルは一八三二年の選挙法改正とその後のイギリスを見ることはなかった。しかし、「ヘーゲルが長生きして、改革法がイギリスのもろもろの法律や制度に与えた有意義な成果を見たならば、晩年の批判をいくぶん改めたかもしれない」(ibid., S. 109)。

(22) 古賀秀雄『チャーチスト運動の研究』、ミネルヴァ書房、一九七五年、「第一章 チャーチズムの成立」による。

(23) 凡例にあげた、ハイマンの講義筆記録による歴史哲学講義(フィーヴェック版)は、一八三一年三月二八日から四月一日までが欠けている。フィーヴェックはそれをカール・ヘーゲルとアーカスダイク(Ackersdijck)の筆記録で補っている。現行のズーアカンプ版はカール・ヘーゲル版に拠っているが、この期間の分量は、カールの筆記録の三倍近くあり、アーカスダイクの筆記録はカールの半分ほどである。この両者の筆記内容に特に相違点は見当たらない。まずここでは、カールの筆記録を用いておく。

(24) なお、ドイツ各国の動きについて、個人が封建的関係から解放されて「権利の法律」(シュタインの改革など)が、そして「国家の法」ができたこと、統治が官僚機構の中で安定していること、制度や法律が整うにつれて、「最終決定」の契機である君主は、さほど重要でなくなることなどが語られている(PG. 232, HW538f. 三七二―三)。ここには格別にドイツを飾り立てる内容はない。

(25) ペトリは、この点について「ヘーゲルは論文の最初の部分でまったくベンサム的手法で、法の合理的側面と実定的側面とに鋭い区別を行なう」(Petry, ibid., S. 76) と、ベンサムとの関連を示唆する。

(26) ヘーゲルの法哲学的構想の中での君主権の問題については、第三部第八章を参照されたい。

(27) アヴィネリ『ヘーゲルの近代国家論』高柳良治訳、未来社、一九七八年、三三二頁。

（1）イルティング・テーゼならびに研究史に関して、水野建雄「ヘーゲル『法哲学』をめぐる一八一九年——イルティング問題について——」（『倫理学』筑波大学倫理学原論研究会、第四号、一九八六年）、同「ヘーゲル『法哲学』の生成と理念（序）——イルティング・テーゼとその批判」（『哲学・思想論集』筑波大学哲学思想学系、第一二号、一九八六年）、権左武志「ヘーゲル法哲学をめぐる近年の論争」（一、二）（『北大法学論集』第四〇巻第五・六合併号、第四一巻第一号、一九九〇年）が詳しく論じている。本稿では、ヘンリッヒが公刊した一九／二〇年講義筆記録の信頼性問題は、同講義についてのリンギーア筆記録（G. W. F. Hegel, *Vorlesungen über die Philosophie des Rechts Berlin 1819/20*, nachgeschrieben von J. R. Ringier, hrsg. von E. Angehrn, M. Bondeli und H. N. Seelmann, Felix Meiner Verlag, Hamburg, 2000.）によってひとまず棚上げされたものと見て、扱わなかった。

（2）本章でのイルティングからの引用は、G. W. F. *Hegel Vorlesungen über Rechtsphilosophie 1818-1831*, Edition und Kommentar in sechs Bänden von Karl-Heinz Ilting, frommann-holzboog, Stuttgart, Band 1, 1973, S. 1-125. からおこない、頁数を（I.）で示す。

（3）ibid., 1974, Bd. 4, S. 674.（『ヘーゲル法哲学講義』長谷川宏訳、作品社、二〇〇〇年、五三七頁）訳文はそのままではない。

（4）以下、ヘーゲルの書簡は、*Briefe von und an Hegel*, hrsg. von J. Hoffmeister, Vier Bände, Felix Meiner Verlag, Hamburg, Dritte, durchgesehene Auflage, 1969. から（Br.）で巻数、頁数を示す。

（5）第二節の引用は、H. C. Lucas & U. Rameil, Furcht vor der Zensur? Zur Entstehungs- und Druckgeschichte von Hegels Grundlinien der Philosophie des Rechts, in: *Hegel- Studien*, Bd. 15, 1980, S. 63-93から、（F.）で示す。

（6）権左武志、前掲書、（一）一五〇頁。

（7）In: *Hegel-Studien*, Bd. 7, 1972. S. 97.「ニコライ書店あてヘーゲル書簡」石川伊織訳、『ヘーゲル研究』（編集者　上妻精・加藤尚武）第九号所収、一九八九年五月刊。

（8）Hans-Christian Lucas, Altes und Neues zu Hegels Rechtsphilosophie, in: *Hegel- Studien*, Band 20, 1985 ; Hans-Christian Lucas, "Wer hat die Verfassung zu machen, das Volk oder wer anders?" in: *Hegels Rechtsphilosophie im Zusammenhang der europäischen Verfassungsgeschichte*, hrsg. von Hans-Christian Lucas und Otto Pöggeler, frommann-holzboog, 1986. 前者、後者の引用頁数を、それぞれ（A.）、（W.）で示す。

（9）Rolf Peter Horstmann, Ist Hegels Rechtsphilosophie das Produkt der politischen Anpassung eines Liberaren? in: *Hegel-Studien*, Band 9, 1974. 本節での引用略号は、（Is.）で示す。

（10）K.- H. Ilting, Zur Genese der Hegelschen »Rechtsphilosophie«, in: *Philosophische Rundschau*, 30, Jahrgang, Heft 3・4, 1983, S. 161-209. 引用は、（Z.）で示す。

（11）*Hegel, Philosophie des Rechts, Die Vorlesung von 1819/20 in einer Nachschrift*, hrsg. von Dieter Henrich, Suhrkamp Verlag, Frankfurt a. M, 1983, S. 29.　D・ヘンリッヒ編『ヘーゲル法哲学講義　一八一九／二〇』中村浩爾他訳、法律文化社、二〇〇二年、二七七頁。

（12）Ludwig Siep, Hegels Heidelberger Rechtsphilosophie, in: *Hegel-Studien*, Band 20, 1985. 引用略号は、（H.）とする。

（13）L. Siep, Hegels Theorie der Gewaltenteilung, 1986, in : *Praktische Philosophie im Deutschen Idealismus*, Suhrkamp Verlag, Frankfurt a. M., 1992, S. 269. 小川清次訳「ヘーゲルの権力分立の理論」、上妻精監訳『ドイツ観念論における実践哲学』哲書房、一九九五年、四〇八頁。

（14）Elisabeth Weisser-Lohmann, Hegels rechtsphilosophische Vorlesungen. Zeugnisse, Manuskripte und Nachschriften, in: *Hegel-Studien*, Band 26, 1991. 引用略号を、（R.）とする。

（15）近年の邦語研究文献については、加藤尚武・滝口清栄編『ヘーゲルの国家論』（理想社、二〇〇六年）所収、「ヘーゲル関連著作目録」（二七二―二八三頁）にまとめておいた。参照を請う。

あとがき

ヘーゲル『法(権利)の哲学』について、その思想像を自分なりに納得できるかたちで示したい。このような思いをもって書き綴ってきたものをまとめて、今回、『ヘーゲル「法(権利)の哲学」――形成と展開』として上梓する。『法(権利)の哲学』を読むと、もどかしさが残る。読者はこのような気持ちを抱くことが多いのではなかろうか。公刊以来、この書物は実にさまざまな毀誉褒貶にさらされてきたし、時代状況のなかで読解の力点も変化してきた。私はかつてこの書を卒業論文で取り上げて、市民社会と国家の関係を扱ったことがある。それは読書感想文にすぎないものであったが、そこで残ったもどかしさを払拭するのに、ずいぶん長い時間を要してしまった(修士論文はM・シュティルナー論であり、ヘーゲル左派の思想の検討も手がけてきた)。九〇年代の半ばごろ、ようやく私は『法(権利)の哲学』を正面から扱うことができるようになった。ともかくイェーナ期のテキストにさかのぼり、ヘーゲルの法哲学上の思索をたどりなおすことにしたものの、確たる見通しがあるわけではなかった。そのなかで次第に、『法(権利)の哲学』の思想像をあらためて描きなおすには、ヘーゲル法哲学の発展史的アプローチを自覚的におこなう必要があると思うようになった。幸い、最晩年の『イギリス選挙法改正論文』まで扱って、今回ようやく区切りをつけることができた。

それぞれの章の初出は以下の通りである。ただし、それぞれに加筆修正をおこなった。

第一章　「人倫論の展開と市民社会――ヘーゲル『人倫の体系』をめぐって」（『哲学年誌』第一五号、法政大学大学院哲学専攻、八五―一〇二頁、一九八三年）

第二章　「イエナ期ヘーゲルの人倫構想――フィヒテ自然法批判を視軸として」（『倫理学年報』第三七号、日本倫理学会、七五―九一頁、一九八八年）

第三章　次の論文を下敷きに、大幅に書き直し。「自然・労働・社会――精神の生成と存立」（加藤尚武編『ヘーゲル読本』、法政大学出版局、二五四―二六四頁、一九八七年）

第四章　「社会思想史の中のヘーゲル――自由、共同そしてルソー」（上妻精他編『ヘーゲル、時代を先駆ける弁証法』、情況出版、一二五―一四三頁、一九九四年）

第五章　「『人倫的実体の生成』と『道徳性の生成』――ヘーゲル『精神現象学』「理性」章Bを中心に」（『法政大学教養部紀要』（人文科学編）第八六号、九三―一一五頁、一九九〇年）

第六章　「ヘーゲル良心論の位相――フィヒテを視野に収めて」（濱田義文・牧野英二編『近世ドイツ哲学論考』、法政大学出版局、二九一―三一三頁、一九九三年）

第七章　次の論文を下敷きに、大幅に書き直し。「ヘーゲル疎外論の構図――『精神現象学』「精神」章Bを中心に」（『現代思想』二一巻第八号、青土社、一九〇―一九八頁、一九九三年）

第八章　「憲法闘争と『法（権利）の哲学』――ハイデルベルクからベルリンへ」（加藤尚武編『ヘーゲル哲学への新視角』、創文社、一五三―一七八頁、一九九九年）

第九章　「精神の教養形成と制度の体系――ヘーゲル『法哲学』」（加藤尚武編『ヘーゲルを学ぶ人のために』、世界思想社、一八七―二〇四頁、二〇〇一年）

第一〇章　「ヘーゲル国家論とホトー、グリースハイム講義筆記録――現代史の総括、歴史的生成の視点」(加藤尚武・滝口清栄編『ヘーゲルの国家論』、理想社、一三七―一五五頁、二〇〇六年)
第一一章　「ヘーゲル最晩年の法哲学――ヘーゲル『イギリス選挙法改正論文』をめぐって」(『言語と文化』第三号、法政大学　言語・文化センター、四七―六五頁、二〇〇六年)
補　論　「ヘーゲル法哲学の研究状況――『法(権利)の哲学』と講義筆記録をめぐって」(加藤尚武・滝口清栄編『ヘーゲルの国家論』、理想社、二四九―二六八頁、二〇〇六年)

ところで、学部学生になって、山形大学からこられて程ない、加藤尚武先生の、イェーナ期ヘーゲルの講義に接したとき、その世界は私にとって大変難しいものだった。また演習で『イェーナ実在哲学Ｉ』に接したときも、内容理解にはほど遠かった。それでも、みずみずしいヘーゲル哲学の形成過程に立ち会ったという気持ちだけは残り、旧来のヘーゲルの思想像を刷新しようとする先生のスタンスは刺激的であり、のちに私の研究を進める上で指針となった。私は、その後、多少回り道をして法政大学の大学院に学び、山﨑正一先生(故人)のもとで『大論理学』を読み、あるいは社会学専攻の壽福眞美先生のゼミに参加させていただいて、『イェーナ体系構想Ｉ』、『イェーナ体系構想Ⅲ』の「精神哲学」を読むなどして、ようやくヘーゲル哲学に馴染めるようになった。そうしたころを今では懐かしく思い出す。

さて、加藤先生が千葉大学に移られてから、先生を中心に都内の若手のヘーゲル研究者を集めた読書会がもたれるようになり、さらに加藤先生、上妻精先生(故人)を世話人とする「ヘーゲル研究会」が組織されるようになった(一九八六年一〇月)。そして研究発表会が年三回開かれるなどして、大学の垣根を越えた研究上の交流がよくおこなわれるようになった。私の研究が途切れることなく続いたのも、このなかで生まれた交流と、さまざまな知的刺激によるところが大きい。このような著作をまとめるのでさえ、実にたくさんの方々の恩恵を思わざるをえない。

なお、本書は、二〇〇六年度に東北大学に提出し、二〇〇七年五月に学位「博士（文学）」を受けた博士論文をもとにしている。論文の提出にあたっては、座小田豊教授には細やかなアドバイスをいただき、また主査の労をとっていただいた。論文審査と口頭試問の労をとって下さった他の三人の先生方にも併せて厚くお礼申し上げたい。

最後に、これまでご縁があり、そして日ごろご厚情を賜っている多くの方々にお礼を申し上げるとともに、ことに加藤先生には長年にわたりご芳情に与り、研究を継続する上で励みとなってきた。あらためて感謝申し上げたい。また、法政大学で私のヘーゲル法哲学研究の進展を気にかけてくださっていた濱田義文先生（故人）に本書の刊行をご報告したい。

末筆ながら、本書の刊行は、御茶の水書房社長橋本盛作氏のお勧めによる。氏の強い促しがなければ、本書はまだまとまらなかったであろう。また、組版は長年の研究会仲間でもある小林昌人さんが尽力してくださった。お二人に心からお礼申し上げたい。

二〇〇七年五月二〇日

滝口清栄

著者紹介

滝口清栄（たきぐち　きよえい）

1952年　栃木県生まれ。

1975年　東北大学文学部哲学科（倫理学）卒業。

1984年　法政大学大学院人文科学研究科（哲学）博士課程単位取得退学。

2007年　論文「ヘーゲル『法(権利)の哲学』——形成と展開」により学位取得（博士(文学)東北大学)。

現在、法政大学、専修大学、駒澤大学講師（非常勤)。

主な著訳書：

『ヘーゲルの国家論』(共編、理想社、2006年)

『ヘーゲル哲学への新視角』(共著、創文社、1999年)

『フォイエルバッハ——自然・他者・歴史』(共著、理想社、2004年)

『ヘーゲル法哲学の基本構想——公と私の脱構築』(『思想』935号、岩波書店、2002年3月)

ヘーゲル『イェーナ体系構想』(共訳、法政大学出版局、1999年)

プリッダート『経済学者ヘーゲル』(共訳、御茶の水書房、1999年)

ヘーゲル『法《ほう》(権利《けんり》)の哲学《てつがく》』——形成《けいせい》と展開《てんかい》

2007年6月15日　第1版第1刷発行

著　者　滝　口　清　栄

発行者　橋　本　盛　作

発　行　所　株式会社 御茶の水書房

〒113-0033　東京都文京区本郷5-30-20

電　話　03-5684-0751

振　替　00180-4-14774

本文組版　小林昌人

印刷・製本　平河工業社／東洋経済印刷

Printed in Japan

ISBN978-4-275-00531-1　C3010

Hegels Rechtsphilosophie: Ihre Entstehungsgeschichte und Entfaltung

von Kiyoei Takiguchi

Einleitung

Erster Teil:
Die Entstehung der hegelschen Rechtsphilosophie in seinen Jenaer Schriften

Erstes Kapitel
Bedenken um die Beurteilung der neueren Zeit und die klassische Politik:
Vom *Naturrechtsaufsatz* zum *System der Sittlichkeit*
Zweites Kapitel
Die Wandlung der sittlichen Konzeption in den Jenaer Schriften:
In der Auseinandersetzung mit dem fichteschen Naturrecht, besonders dem fichteschen Zwangsbegriff
Drittes Kapitel
Die Entzweiung in der neueren Zeit und das "intelligente Gemeinwesen":
Hegelsche neuere Konzeption in *Systementwürfe III*
Viertes Kapitel
Die Entstehung der hegelschen Ur-Rechtsphilosophie im Zusammenhang mit der Willenslehre: Hegelsche kritische Aufnahme rousseauscher Konzeption

Zweiter Teil
Die Phänomenologie des Geistes in der Entstehungsgeschichte der hegelschen Rechtsphilosophie

Fünftes Kapitel
Das rechtsphilosophische Motiv der *Phänomenologie des Geistes*:
"Das Werden der sittlichen Substanz" und "das Werden der Moralität"
Sechstes Kapitel
Das Gewissen als das grundlegende Wissen der modernen Sittlichkeit:
Im Zusammenhang mit dem fichteschen Gewissensbegriff

Siebtes Kapitel
Der Entfremdungsbegriff und die moderne Aufklärung:
die Auflösung der traditionellen Öffentlichkeit-Persönlichkeit-Beziehungen und der neuere hegelsche Ansatz

Dritter Teil
Die Entstehung der hegelschen Rechtsphilosophie und ihre Entfaltung

Achtes Kapitel
Die Bewegung für eine Verfassungsgebung und die Geburt der hegelschen Rechtsphilosophie: In Heidelberg, dann in Berlin
Neuntes Kapitel
Der Grundsatz hegelscher Rechtsphilosophie:
Die Bildung des Geistes und das System der Institutionen
Zehntes Kapitel
Hegelsche Staatskonzeption und Berliner Nachschriften von Hotho und Griesheim:
Von der Zusammenfassung der neueren Geschichte zum Standpunkt geschichtlichen Werdens
Elftes Kapitel
Die letzte hegelsche Rechtsphilosophie:
Über die englische Reformbill

Anhang
Die Forschungssituation der hegelschen Rechtsphilosophie:
Über den Diskurs um die These von Ilting

Nachwort
Personenverzeichnis
Sachverzeichnis

人名索引

ア行

アヴィネリ（S. Avineri）　6, 250
アーカスダイク（Ackersdijck）　310
アリストテレス（Aristoteles）　28, 34, 268-89, 273
アルテンシュタイン（K. Altenstein）　189, 256
イエス（Jesus, Christus）　94-5
イポリット（J. Hyppolite）　118
イルティング（K.-H. Ilting）　7, 98, 173, 215-6, 263, 265, 270
ヴァンネンマン（Wannenmann）　251, 297
小野紀明　299

カ行

加藤尚武　271, 294, 302
金谷佳一　308
金子武蔵　117, 272, 308
神山伸弘　305
カロヴェ（F. W. Carové）　267, 297
カント（I. Kant）　25, 100, 290-01
ガンス（E. Gans）　87, 206, 298, 303
キンマーレ（H. Kimmerle）　276, 286
熊野純彦　306
久保陽一　284
グリースハイム（K. G. J. von Griesheim）　215, 267
栗原隆　269
クロイツァー（G. F. Creuzer）　255
ゲーテ（J. W. Goethe）　163, 293
幸津國生　303
上妻精　273, 308

権左武志　257, 297, 301, 311
コンスタン（B. Constant）　179-81, 209, 247, 298

サ行

座小田豊　291, 304
佐藤功　298
佐藤康邦　306
佐山圭司　269
ジープ（L. Siep）　4, 9, 184, 265-66, 273, 277, 279-80, 285-86
シェーエス（E.-J. Sieyès）　296
シェリング（F. W. J. von Schelling）　45, 98, 285
シャトーブリアン（F.-R. de Chateaubriand）　179-83, 210, 298
シャムレー（P. Chamley）　268
シュタイン（K. Stein）　187, 192
シュタール（F. J. Stahl）　190, 197
シューバルト（K. E. Schubarth）　7, 190, 197, 216
壽福眞美　271
シュライエルマッハー（F. E. D. Schleiermacher）　254
杉之原寿一　283
スミス（A. Smith）　24, 34
ステユアート（J. D. Steuart）　23, 272
スピノザ（BaruchdeSpinoza）　269-70
セガ（C. Cega）　298
ソクラテス（Sokrates）　103, 292

タ行

高田純　280
高柳良治　272, 281, 283, 304
竹村喜一郎　282
多田茂　271
ターデン（N. v. Thaden）　190, 225
田中治男　299
ディドロ（D. Diderot）　163, 293
テーラー（C. Taylor）　295

トライチュケ（H. v. Treitschke） 218

ナ行

ナポレオン（NapoleonBonaparte） 82, 176
ニコーリン（F. Nicolin） 297
ニートハンマー（F. I. N. Niethammer） 176, 193, 256
ノックス（T. M. Knox） 6, 250
ノーマン（R. Norman） 120

ハ行

ハイム（R. Haym） 3, 87, 216, 250
バイメ（K. F. v. Beyme） 234
パウルス（H. E. G. Paulus） 249, 300
バウアー（B. Bauer） 87, 153
ハーバーマス（J. Habermas） 3, 269, 282
浜本隆志 284
原田哲史 304, 307
ハラー（K. L. vonHaller） 189
ハリス（H. S. Harris） 269
バーリン（I. Berlin） 91
ハルデンベルク（K. A. Hardenberg） 187, 189, 256
早瀬明 304
フィッシャー（K. Fischer） 308
フィヒテ（J. G. Fichte） 14, 25, 46, 55, 67-8, 100, 135-40, 201, 273, 275
フィンク（E. Fink） 288
フィンドレー（Findlay） 119
フォイエルバッハ（L. Feuerbach） 153
深瀬忠一 298
福吉勝男 291, 306
フーバー（E. R. Huber） 189, 235, 298
ブラック（J. Black） 239
プラトン（Platon） 34, 102-03
フリース（J. F, Fries） 301
プリッダート（B. P. Priddat） 272, 303

フルダ（H. F. Fulda） 284
フンボルト（F. W. H. A. von Humboldt） 188, 192, 256, 293
ペゲラー（O. Pöggeler） 287, 305
ヘーゲル，K.（K. Hegel） 310
ペトリ（M. J. Petry） 19, 234-35, 240, 310
ヘラー（H. Heller） 82, 250
ベンサム（J. Bentham） 239, 310
ペルチンスキー（Z. A. Pelczynski） 309
ヘンリッヒ（D. Henrich） 261, 282
細谷貞雄 283
ホトー（F. G. Hotho） 214
ホッブズ（Th. Hobbes） 90, 99, 274-5, 286
ホーネット（A. Honneth） 4
ポッパー（K. R. Popper） 6, 197, 250
ホルストマン（R.-P. Horstmann） 8, 217, 262-63, 274, 276, 278-79
ボンジーペン（W. Bonsiepen） 270, 278

マ行

マルクーゼ（H. Marcuse） 6, 250
マルクス（K. Marx） 87, 133, 153, 294
三島淑臣 273
水崎節文 299
水野建雄 311
ミル，J.（J. Mill） 239
ミル，J. S.（J. S. Mill） 239
宮沢俊義 299
ミュラー（A. H. Müller） 189
メッテルニヒ（K. W. L. Metternich） 187

ヤ行

山内廣隆 272
山﨑純 269, 308
寄川条路 274

ラ行

ラマイル（U. Rameil） 8, 257-60
リッター（J. Ritter） 6, 112, 250, 290, 302
リーデル（M. Riedel） 6, 250, 257, 270, 276-77, 287
ルイ18世（Ludwig XVIII） 182-83
ルーカス（H.-Ch. Lucas） 8, 218, 257-61
ルカーチ（G. Lukács） 270, 289, 293
ルーゲ（A. Ruge） 87, 249
ルソー（J.-J. Rousseau） 15, 67-8, 88-107, 198-99, 284
ロイトヴァイン（Ch. P. Leutwein） 94
ローゼンクランツ（K. Rosenkranz） 252, 268, 300, 307
ローゼンツヴァイク（F. Rosenzweig） 7, 216, 228, 252
ロック（J. Rocke） 24, 34
ロベスピエール（M.-F.-I. deRobespierre） 167
ローマン（E. W.-Lohmann） 236, 267

事項索引

ア行

愛国心　190
新しい人々　246
イギリス的自由　234
意志　88, 101-06, 198-99
イデアリテート(観念性)　36, 48, 191, 209, 223
一般意志　53, 67, 92
美しい魂　148
オイコス　34, 268

カ行

外化　65-6, 77, 151, 155, 293
価値　33, 77, 278
貨幣　77
カールスバート決議　173, 254-55
危急権　261, 281-82
強制　46-51
強制の体系　47
教養形成　65, -6, 201, 211
『キリスト教の実定性』基本稿　94-5
『キリスト教の実定性』続稿　89
近代のより高次の原理　102-03
君主権　180-86, 216, 225-29, 247
『経済学・哲学草稿』　153, 294
啓蒙　164-65
刑罰　78, 202
契約　33, 52
ゲマインデ(地方自治団体)　192, 223

憲法体制　2, 01
憲法体制はつねに変化する　222
権利　30, 52, 200, 302
公開性　18, 184, 205
交換　33, 76-7
公共の自由　201, 223
交互概念　51
狡知　73, 279, 286
公と私の脱構築　10-2, 79-85, 168, 242-44
行動する良心　149
公法の支配　84
事そのもの　125-30
個別意志　66, 88
個別的全体性　60-3
コルポラツィオーン(職業団体)　192-93, 206, 223, 304
古典的ポリース論　24-5, 98-9, 273-74
根源的権利　52

サ行

最近25年の経験　178, 198
最高の共同は最高の自由　89
財産共同体　270, 296
最終的な頂点(最終的な意志決定)　186, 191, 210, 226
作品　60, 72, 100
査法理性　130
自己意識　73, 112-15, 140-44, 200, 276, 279, 290
自己意識の外化　155
自己意識の共同の境位(義務)　144-45
自己を物となすこと(労働)　72
実体の外化　155
実定法　174, 253
『自然法の基礎』　51-4
自然的自由の体系　25
自然的人倫　33-5, 269-70

自然法の経験的な取り扱い　25-6, 99
自然法の形式的な取り扱い　25-6, 100
七月革命　232, 233
自分からの離反　153-64, 294
自分自身を知る個体性　65
市民社会　185, 204-06, 278
自由な意志　198, 300
『社会契約論』　88-91
シャルト（憲章）　84, 180
主権　210, 223
商業活動　33-4
承認をめぐる闘争　60-3, 275, 278
承認理論の非対称性　277, 279
女性参政権　224
所有（権）　32, 52, 56, 75, 301
人格としての承認関係　75, 77-8, 204
真の良心　203
人倫的精神　5　9, 66
人倫的実体の生成　113-22
人倫的実体とは何であるかの意識　116, 124-25
人倫的なものにおける悲劇の上演　27
生活権　205, 281
政治的な立場転換　174, 262-63
精神の概念　67, 81, 103, 142
精神の定在としての言葉　149
生死を賭した闘争　67, 75, 278
世界史の哲学　232-33, 241-42
制度　201
制度主義　282
正理論派　180
責任内閣制　183, 192
絶対自由と恐怖　164-68
絶対的統治　39
絶対的な立法権力は歴史である　221

世論　79, 85
選挙（選挙権）　224, 243-46
全面譲渡　60, 105
占有の体系　26, 28
相互制限としての自由　60-3
相互承認　52, 59-64, 67, 74, 142-43
相互に自由な自己意識の概念　73, 78
疎外　153-69, 292-93, 295
即自 - 対自 - 対他　142-52

タ行

知にもとづく共同体　66, 199-200
中間　29-33, 61
中立的権力（仲裁的権力）　181, 208, 247
ツヴィール国家（市民国家）　230
テロリズム　167, 199
転倒　163-64
『ドイツ国制論』　82-3
ドイツ的自由　83
道具　31, 61
統治権（執行権）　180-86, 210, 247
道徳性と人倫　111-13, 290
道徳性の生成　113-124
道徳的自由　202-03
『道徳論の体系』　138-40
都市条令　235-37
徳　37-8

ナ行

ニコライ書店　261

ハ行

犯罪　35, 78, 202
万人の共同作品　60

批評する意識　151
副署権　183, 210
普遍意志　66-8, 88, 286
普遍的自由へとむかう概念の叙述　185-86
普遍的統治　39-42
プロイセン憲法闘争　187-89
分業　32, 76-7, 204
法　30, 52, 66-7, 200, 302
ポリツァイ（福祉行政、公共政策）　80, 205, 303

マ行

マニュファクチャ　80
無答責　183, 191, 226
身分の自己内編成　42
『モーニング・クロニクル』　238-41

ヤ行

欲求と法の領域　23
欲求の体系　29-33, 40-1, 204
抑制作用　27-8, 46-51

ラ行

理性－現実性テーゼ　220, 265, 301
理性の象形文字　190
立憲君主制　176-86, 208-9
立法権（議会）　192, 211
立法権は生けるもの　194, 223
立法理性　129
良心　131-33, 135-52
『領邦議会論文』　83-4, 198
労働　30-1, 61, 72, 277